U0960828

2014年全球就业趋势

面临的风险：经济虽复苏　就业无增长

国际劳工组织　著
中国财政经济出版社　组织翻译

中国财政经济出版社

本书英文原版由国际劳工局（日内瓦）出版，书名为：Global Employment Trends 2014：Risk of a jobless recovery?

中国财政经济出版社获得授权翻译出版《2014 年全球就业趋势——面临的风险：经济虽复苏就业无增长》中文版。

图书在版编目（CIP）数据

2014 年全球就业趋势：面临的风险：经济虽复苏，就业无增长 / 国际劳工组织著；中国财政经济出版社组织翻译. —北京：中国财政经济出版社，2015. 4

ISBN 978 – 7 – 5095 – 6132 – 4

Ⅰ. ①2… Ⅱ. ①国… ②中… Ⅲ. ① 劳动就业 – 研究报告 – 世界 – 2014 Ⅳ. ①F249. 1

中国版本图书馆 CIP 数据核字（2015）第 061466 号

责任编辑：吴　敏　　　　责任校对：张　凡

封面设计：耕　者　　　　版式设计：录文通

中国财政经济出版社出版

URL：http：//www. cfeph. cn

E – mail：cfeph @ cfeph. cn

社址：北京市海淀区阜成路甲 28 号　邮政编码：100142

营销中心电话：88190406　北京财经书店电话：64033436　84041336

固安华明印业有限公司印装　各地新华书店经销

880 × 1230 毫米　16 开　7. 5 印张　200 000 字

2015 年 5 月第 1 版　2015 年 5 月河北第 1 次印刷

定价：28. 00 元

ISBN 978 – 7 – 5095 – 6132 – 4/F · 4943

图字：01 – 2015 – 0626

（图书出现印装问题，本社负责调换）

本社质量投诉电话：010 – 88190744

目 录

表

专栏

图

致　谢

国际劳工组织研究部就业趋势处编写了这份《2014 年全球就业趋势》报告。该研究团队由埃克哈德·恩斯特率领，埃克哈德与克里斯蒂安·维格兰和斯蒂芬·卡普索斯共同协调完成了报告的制作工作。本报告是在就业趋势处主任穆阿扎姆·穆罕穆德和研究部主任雷蒙德·托雷斯的指导下完成的。

报告中各章节作者如下：

执行概要：雷蒙德·托里斯、埃克哈德·恩斯特、斯蒂芬·卡普索斯

第一章：克里斯蒂安·维格兰、斯蒂芬·卡普索斯、西奥·斯帕布、巴莉亚·布尔姆普拉

第二章：发达经济体和欧盟：埃克哈德·恩斯特、法特恩·萨利巴、达米安·罗彻
中欧和东南欧（非欧盟）及独联体：达米安·罗彻、伊莲娜·纳斯波洛娃
拉丁美洲和加勒比地区：豪尔赫·黛沃洛斯、布伦达·萨马涅戈
东亚：普·黄
东南亚和太平洋地区：玛其克·马苏莫特、金基范
南亚：谢尔·韦丽克
中东和北美：法特恩·萨利巴、埃克哈德·恩斯特
撒哈拉以南非洲：西奥·斯帕布、迈克尔·马斯卡卡他

第三章：斯蒂芬·卡普索斯、马修·查普、斯特凡·库恩、埃克哈德·恩斯特

还应特别感谢巴莉亚·布尔姆普拉女士，她不仅根据全球就业趋势（GET）计量经济学模型对全球和地区性数据进行了估测，而且还提供了有益的研究协助。如若没有国际劳工组织就业趋势处其他成员——菲利普·贝勒特、安妮·德鲁加尔和阿兰·威特拉普——的无私奉献，该报告就不会顺利出版。

国际劳工组织各个地区及国家办事处、政策部副主任桑德拉·博拉斯基、来自署长办公室的詹姆斯·霍华德、研究部高级经济师奥雷利奥·巴利索托和利马国际劳工组织高级就业专员胡安·查卡尔塔纳对该报告草稿提出了宝贵意见和建议，在此，本团队对他们表示衷心的感谢。

《全球就业趋势》系列材料中所提供的分析数据实际上仅是可获取的输入性数据。借此机会，我们对所有参与劳务市场信息收集和传播的机构，包括各国统计局和国际劳工组织数据统计部，表示衷心感谢。我们鼓励对国家层面的数据进行力度更大的收集和传播，以在未来对本报告进行更新过程中改善对就业趋势的分析。

我们想借此机会向国际劳工组织传播和公共信息部的同事们表示诚挚的谢意，在推广《全球就业趋势》并使之吸引全世界媒体注意力的过程中，他们给予了不懈的协作和支持。

序　言

全球劳动力市场持续处于不均衡和疲软状态。受2008年全球金融危机影响最严重的发达经济体确实出现了令人鼓舞的经济复苏迹象。此外，许多新兴和发展中国家——包括近年来的撒哈拉以南非洲国家——也出现了相对强劲的经济增长。由此可见，全球经济的增速与过去三年相比可能略有增长。

但本报告认为这种经济上的增长不足以消减近年来形成的劳动力市场的严重失衡。首先，在可预见的未来，世界经济的增长很可能低于经济危机前的水平。这使得每年产生4200万个就业岗位以满足劳动力市场中日益增多的新进待业者的需求的难度增加。

其次，从根本上讲，全球金融危机的根本原因并未得到妥善解决。金融体系仍然是世界经济的致命弱点。许多银行的状况也是如此，因此许多可持续发展企业，尤其是小型企业获得贷款的机会有限，从而影响了生产性投资和就业机会的创造。许多发达和新兴经济体再次出现了严重的金融泡沫，增加了新的不确定性，影响了雇佣决策。而且，全球劳动力收入增长速度始终慢于实测生产力增长应带来的合理增长速度，因此影响了总需求量。

最后，考虑到2015年之后的发展问题，这也是一个重要的新发现——减少工作性贫困和弱势就业（如非正规工作和未申报工作）几乎毫无进展。如果证实事实如此，这种趋势无疑会延误发展目标的实现。

为确保就业形势的持续恢复，本报告突出强调将应对长期失衡的短期措施（刺激就业的宏观经济和劳动力市场政策）和进一步举措相结合的战略所发挥的作用。这一战略会促进经济复苏并为创造更多更好的工作机会铺平道路。

雷蒙德·托雷斯

国际劳工组织研究部主任

执行摘要

2013 年，全球失业人数增加了 500 万……

经济复苏不均衡和经济增长预测值的持续下调，已经给全球就业形势带来了影响。2013 年，全球失业人数接近 2.02 亿，与上年相比增加了近 500 万。这说明工作机会的增长速度不够快，跟不上日益壮大的劳动力数量。

全球失业人口大部分集中在东亚和南亚地区，两地失业人口共占新增求职人口的 45% 以上，其次是撒哈拉以南非洲和欧洲。相比之下，拉丁美洲新增失业人口不足 50000 万人——约占 2013 年新增失业人口总数的 1%。

总的来说，2008 年金融危机的爆发打开了全球范围内与危机相关岗位的缺口，除数量已经相当庞大的求职人口外，这一缺口仍在持续扩大。2013 年，这一缺口达到 6200 万，其中 3200 万为新增求职人口，2300 万人口因丧失信心放弃求职，余下 700 万为不愿进入劳动力市场的非经济活动人口。

从目前的趋势看，到 2018 年，失业人口将再增加 1300 万……

如果目前的趋势持续下去，必将导致全球失业状况的进一步恶化，尽管这种恶化是循序渐进的，但到 2018 年全球求职人口仍将超过 2.15 亿。在此期间，每年将产生约 4000 万个净新增岗位，低于每年预期进入劳动力市场的求职者人数—— 4260 万。全球失业率在未来五年将大体保持不变，比金融危机爆发前高出 0.5 个百分点。

……给年轻人带来更大的影响……

疲软、不均衡的经济复苏将继续影响年轻人的就业。据估计，2013 年约有 7450 万年龄在 15—24 岁之间的年轻人失业；几乎比上年多出了 100 万。全球青年失业率已达到 13.1%，接近成年人失业率的三倍。的确，青年与成年人失业比率已达到历史峰值。在中东、北美、拉丁美洲部分地区、加勒比海以及南欧地区，这一比值特别高。

值得一提的是，在可获取数据的国家中，自金融危机爆发以来，年轻人中“啃老族”（NEET——不就业、不接受教育及不参加就业培训的社会族群）的比例持续呈现出直线上升的趋势。在某些国家，年龄在 15—29 岁的年轻人中有大约 1/4 是“啃老族”。

……发达经济体中的长期失业情况加剧……

由于经济复苏持续疲软，处于失业状态的平均时间明显延长，这进一步说明了就业机会创造的成果甚微。在许多发达国家中，失业的持续时间与危机前的状况相比增加了一倍。以欧元区的危机国家为例，希腊的平均失业期长达 9 个月，西班牙 8 个月。甚至在美国等经济复苏迹象令人振奋的国家中，也有 40% 以上的求职人口受到长期失业的影响。

即便在经济活动加速发展已成定势的情况下，长期失业对于劳动力市场的复苏仍然非常不利。首先，长期失业给公共开支带来沉重的负担，如果不想或不能增加财政赤字，就需要政府提高税收或削减其他项目的开支。更为重要的是，长期失业会导致求职者的劳动技能逐渐丧失，且丧失的速度会越来越快，这样他们就更难找到同类职业中的或技能水平相当的其他工作。

……阻碍了劳动力参与率的初期增长……

劳动力参与率并未得到提高，仍然比危机前的水平低至少一个百分点。东亚和南亚地区的劳动力参与率的下降尤为显著，该地区许多女性离开了劳动力市场。与此同时，随着教育程度的提高，这些地区进入劳动力市场的年轻人口的年龄有所提升，巩固了未来劳动力市场的发展前景。另一方面，在发达经济体中，参与率有所下降，其原因是年轻人在劳动力市场中更难找到工作机会。而中欧和东欧等其他地区已经出现参与率的增长。在这些地区和其他社会保障制度不太完善且（正规）就业大量流失的国家中，许多非经济活动人口重返劳动力市场，他们通常会选择非正规就业以补贴家庭收入的减少。

……其次，预计弱势就业人口将达到总就业人口的48%……

弱势就业——个体经营或无酬家属工作——约占总就业人口的48%。与受雇工作者相比，弱势就业人口更有可能享受有限的、或享受不到社会保障或稳定收入。2013年，弱势就业人口数量增长了约1%左右，比危机爆发前若干年的弱势就业人数多五倍。

……再次，工作性贫困，8.39亿劳动力的日均生活水平不足2美元……

在全球范围内，工作性贫困人口数量不断下降，但下降速度与过去几十年相比已有所减缓。据估计，2013年有3.75亿劳动力（占总就业人口的11.9%）每日生活费不足1.25美元，8.39亿劳动力（占总就业人口的26.7%）仅靠2美元或更少的钱应付一天的生活。在21世纪初期，这两个群体的人数分别为6亿和11亿，与之相比，我们已经实现了贫困人口的大幅降低。但是，减少工作性贫穷方面的进展已经停滞。2013年，全球极度贫困的劳动者数量仅下降了2.7%，是过去十年中（除眼下的经济危机时期外）减贫率最低的一年。

……最后，非正规就业人数居高不下。

非正规就业普遍存在于大多数发展中国家，但存在着明显的地区差异。在东欧、独联体国家和少数发达国家中，非正规就业仍然占总就业量的20%以上。在拉丁美洲，一些国家取得了良好的进展，成功地将非正规就业率控制在50%以下，但是低收入的安第斯和中美洲国家的非正规就业率仍高达70%，甚至更高。南亚和东南亚国家的非正规就业率明显更高。在这些地区的部分国家中，非正规就业甚至占就业总量的90%。虽然这些地区在扶贫方面取得的进步最为显著，但缺乏正规就业机会很可能阻碍可持续的、进一步的扶贫工作。

应对就业和社会缺口需要刺激就业的宏观经济政策……

总需求量不足使全球劳动力市场无法实现更快的复苏。在这方面，除个人消费疲弱外，许多发达经济体当前实施的财政整顿也阻碍了产出增长的快速扩大。本报告显示，实现宏观经济政策和提高劳动力收入的再平衡将会显著改善就业前景。模拟实验结果表明，到2020年，这种再平衡会使二十国集团的高收入成员国的失业率降低1.8个百分点，相应地，产生610万个新工作机会，从而降低失业率。这些成绩还有助于财政目标的实现。模拟实验的结果实际上说明刺激就业的宏观经济政策途径会显著改善就业现状，使其明显优于当前的基线情形。

货币政策仍然持续发挥调适作用，对总需求进行有益的刺激。通过对现阶段货币政策体制的影响进行估算发现，在发达经济大国中，如果政策制定者在面临金融危机时没有迅速启动货币措施，失业率将会高出1—2个百分点。然而，当前的趋势显示，这种适应性的货币政策所产生的越来越多的额外流动资金并未进入实体经济，而是流入了资产市场。这给未来带来了出现股票和房地产价格泡沫的风险，可能会抑制可持续就业的复苏。

鉴于当前需求疲软、未来需求来源不确定和资本流动充足，大型企业倾向于回购股票并提高股东的股利支付水平，而不是投资实体经济。估计数据显示，在某些国家中，除总体需求不足外，雇用的不确定性使失业率面临上行压力，这种影响在经济活动开始复苏时仍会持续存在。其后果是就业机会创造将受到进一步的制约。

……更加重视劳动力市场和社会政策。

据估计，因灰心沮丧和长期失业而退出劳动力市场的人口数量达2300万，鉴于这一事实，应加强积极劳动力市场政策（ALMP）的实施力度，以解决不参与经济活动与技能不匹配的问题。实际上，随着越来越多的潜在劳动者逐渐失去信心，纷纷退出劳动力队伍，技能退化与过时的风险也越来越大。但是，现阶段仅有少量政府开支投入到积极劳动力市场措施当中。即便是在这方面拥有相对先进的制度与实践的经济合作与发展组织国家中，其2011年用于此类措施的平均支出也不足其国内生产总值（GDP）的0.6%。估计数据显示，如果将GDP的1.2%（接近对此类政策投入最多的国家的水平）用于积极劳动力市场政策的实施，发达经济体和欧盟地区将能创造390万个新岗位。现阶段对积极劳动力市场政策投入最少的地区有可能在改善劳动力市场运作方面受益最多。

第一章

宏观经济挑战与全球劳动力市场发展

新兴经济体陷入增长减速期，发达经济体呈现积极的复苏迹象

2013 年，全球经济增长速度放缓至 2.9%，达到 2009 年以来的最低水平，与危机爆发前十年的年均增长率相比低一个百分点多一些（图 1）。新兴经济体的经济增长明显减缓，而发达经济体的活动在接近年末时呈现出温和复苏态势。但由于总体需求疲软和宏观经济不确定性持续升高，下行风险仍在全球范围内占据主导地位。

新兴和发展中国家相对更加疲软的经济增长反映了总体需求不足，尤其是出口需求不足，以及与发达经济体的宏观经济政策条件相关的全球金融的不稳定。在期待美国缩紧其宽松货币政策的影响下，新兴市场近期的资本外流突显了这些国家易受波动性资本流动和外部政策制定的影响。[①]新兴和发展中国家的增长放缓也是破坏中期经济前景的适应性问题所致。经过快速追赶后，一些新兴和发展中大国遭遇了严重瓶颈，在基础设施和人力资本方面尤为突出，这有可能阻碍未来几年的发展。

图 1　2011—2015 年全球和地区 GDP 增长的估算与预测（百分比）

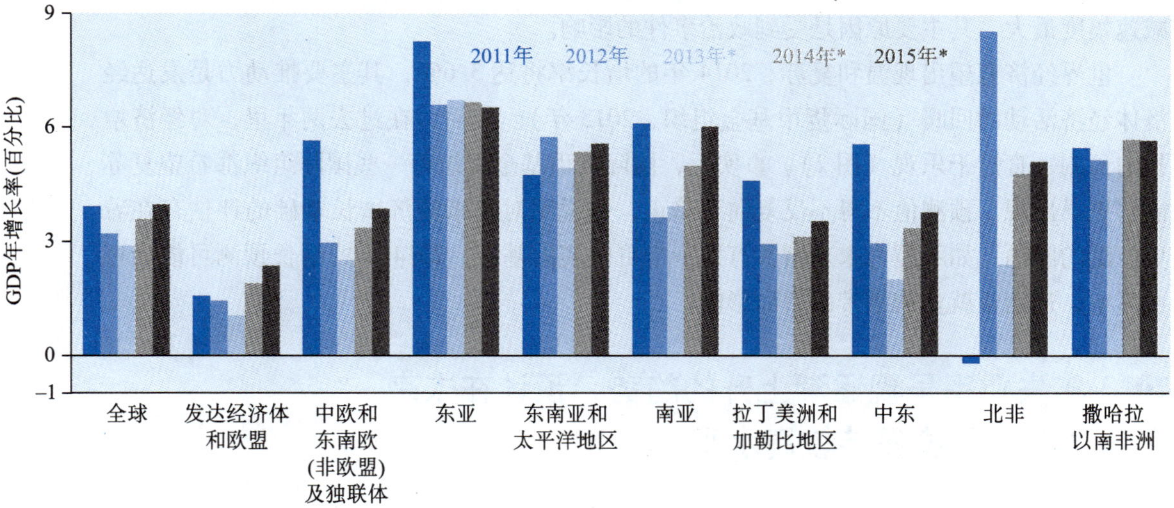

注：＊2013 年的数据为初步预估数据；2014—2015 年的数据为预测数据。

资料来源：国际货币基金组织《世界经济展望》，2013 年 10 月。

① 美联储 2013 年 5 月提出可能缩减宽松货币政策规模。事实上，有数据表明，仅因受此预期的影响，美国量化宽松政策对长期利率的影响约有 1/3 被抵消（世界银行，2013a）。

图 2　2013 年和 2014 年全球 GDP 增长的估算及预测的演变（百分比）

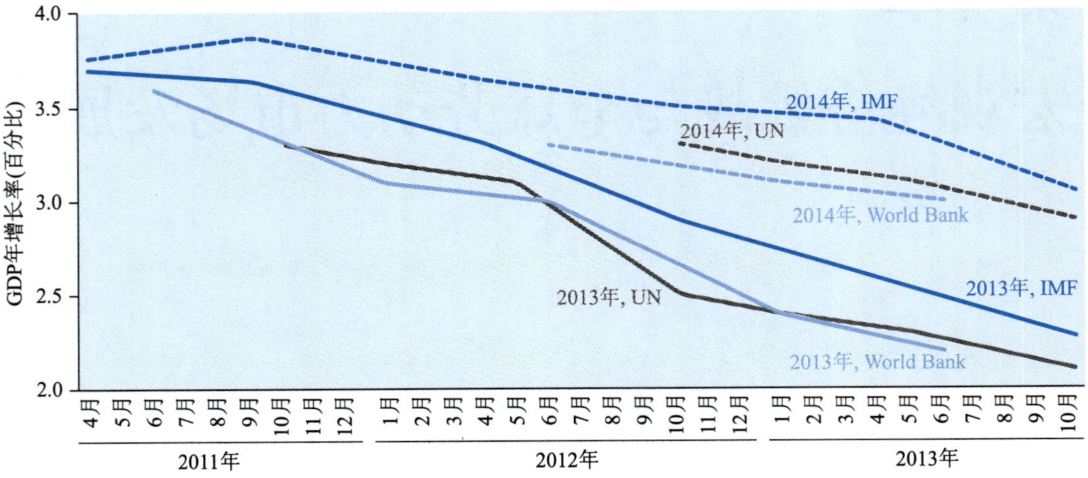

注：该图为 2013—2014 年全球 GDP 增长的估算/预测情况，由国际货币基金组织（IMF）、世界银行和联合国（UN）于不同时间点制作。

资料来源：国际货币基金组织，《世界经济展望》；联合国，《LINK 项目全球经济展望》；联合国，《世界经济形势与展望》；世界银行，《全球经济展望》（多期）。

2013 年，发达经济体和欧盟地区仅实现了 1% 的贫乏增长，比上年下降了 0.4 个百分点。美国年产出增长从 2012 年的 2.8% 下降到了 2013 年的 1.6%，而日本在转变财政和货币政策后，其增长相对强劲，保持在 2.0%，与上年持平。欧元区虽然于 2013 年成功摆脱了经济衰退，但其增长仍处于疲软状态。欧盟整体处于增长停滞状态，2013 年的增长率几乎为零。2012 年至 2013 年间，全球仅有东亚和南亚两个地区未出现增长减速，其增长率分别为 3.6%—3.9% 和 6.6%—6.7%。所有其他地区均丧失了增长动力：2013 年，中欧和东南欧的增长率为 2.5%，拉丁美洲和加勒比地区为 2.7%，撒哈拉以南非洲为 4.8%。与 2012 年相比，这些数值降低了 0.3—0.5 个百分点。东南亚和太平洋地区的减速幅度更大，增长率从 2012 年的 5.7% 下降至 2013 年的 4.9%。中东和北非的增长减速幅度最大，其主要原因是受到政治事件的影响。

世界经济有望出现温和复苏，2014 年的增长率将达 3.6%，其主要推动力是发达经济体经济活动的回暖（国际货币基金组织，2013 年）。然而，在过去两年里，对经济增长的预测一直过于乐观（图 2）。事实上，国际货币基金组织等一些国际组织都希望复苏能够更早出现。预测值不得不反复向下修正，这说明对未来经济增长基础的评估存在着更广泛的问题。如不能为未来增长打造一个更坚实的基础，2014 年的增长预测可能会再次落空，进而给就业前景带来负面影响。

2013 年失业率呈现逐渐上升的趋势，预计在未来多年失业率仍将保持较高水平

劳动力市场一直受到低于预期水平的缓慢经济复苏的影响。2013 年大部分地区的就业率增长缓慢，导致失业率进一步上升（参见专栏 1，对比当前预测值与以往预测值）。2013 年全球就业率仅增长了 1.4%——与 2012 年相比几乎没有变化，但无法与危机爆发前十年中的任何一年相比。除南亚和北非外，其他地区的就业增长情况不断恶化。实际上，与 2012 年相比，2013 年南亚地区就业率出现了强劲增长，为保持全球就业率的稳定提供了助力。中欧和东南欧及独联体、拉丁美洲和加勒比地区、东南亚和太平洋地区

图 3　与金融危机相关的全球就业缺口

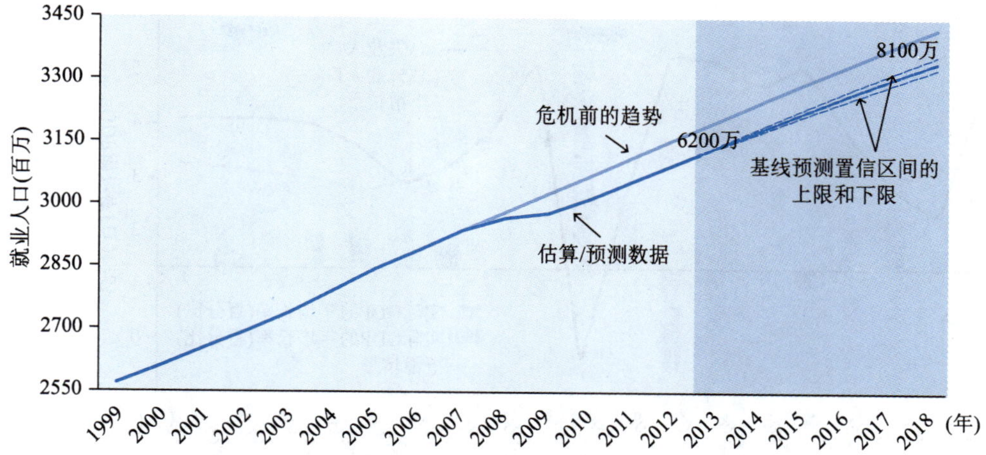

注：该图为全球就业缺口，即总体就业人数的估计值/预测值变化与按危机前的趋势发展下去所呈现的就业人数之间的差异。

资料来源：国际劳工组织，《趋势计量经济学模型》，2013 年 10 月。

就业率出现严重下降，且下降幅度最大。经测量，与危机前的就业流失相比，2013 年金融危机带来的全球就业缺口进一步扩大到 6, 200 万（图 3）。就业缺口不仅包括失业人数的增长，还包括因长期失业和/或认为找到新工作的机会渺茫而失去信心后不参与或退出劳动力队伍的人数的增长。据国际劳工组织估算，全球共有 2, 300 万人口处于这种状态，他们被称为“怯志工作者”。因失业率仍然居高不下，预计全球就业缺口在 2018 年将上升到 8, 100 万；其中包括约 3, 000 万可能永远不会重返劳动力市场的怯志工作者。

全球失业人口数量仍然占全球劳动力人口数量的 6%，这一比率自 2012 年起未发生变化。预计 2013 年全球失业人数能达到 2. 018 亿，比上年修订过的预测值 1. 969 亿增加了 490 万。2013 年，全球失业人数与 2007 年全球经济危机爆发前相比增长了 3, 180 万（图 4）。从当前宏观经济预测来看，国际劳工组织预计 2014 年全球劳动力市场不会出现任何改善，全球失业率将上升到 6. 1%，新增失业人数将达到 420 万。

图 4　2003—2018 年全球失业趋势与预测

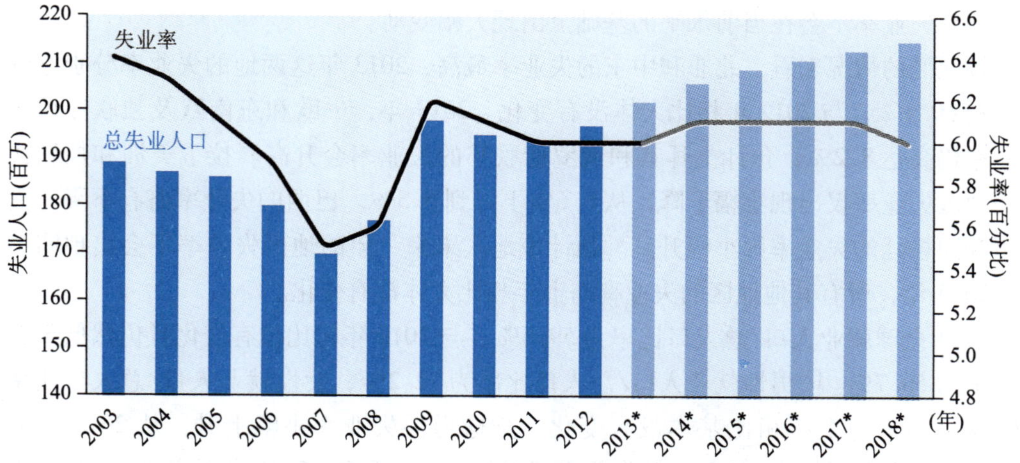

注：* 2013 年的数据为初步预估数据；2014—2018 年的数据为预测数据。该图显示了全球失业情况的过往趋势和预测数据。

资料来源：国际劳工组织，《趋势计量经济学模型》，2013 年 10 月。

图 5　2000—2018 年全球失业和 GDP 增长的年度变化情况、基线及下滑情形

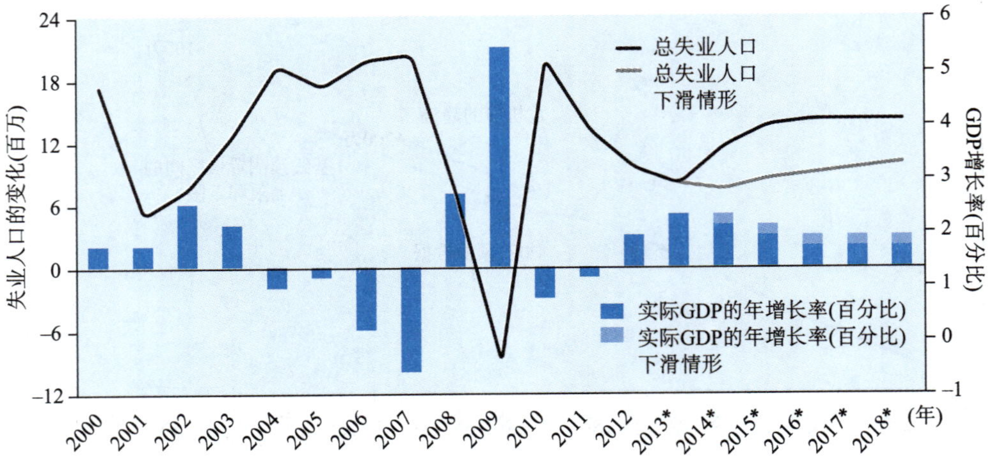

注：＊2013 年的数据为初步预估数据；2014—2018 年的数据为预测数据。该图显示了全球失业人数年度变化的过往趋势和预测数据。图中还包括在假设 2014 年以后世界经济发展衰退的情况下，全球失业人数的年度变化预测值。

资料来源：国际货币基金组织，《世界经济展望》数据库，2013 年 10 月；国际劳工组织，《趋势计量经济学模型》，2013 年 10 月。

如仍然无法实现可持续的经济复苏，下滑情形可能意味着失业率将呈现更快速的上升趋势，远远快于其基线水平（图 5）。在这种情形下，2014 年全球经济增长率将仅为 2.8%，比 2013 年低 0.1 个百分点，比基线值低 0.8 个百分点。另外，2014 年后产出增长每年将比基线值下降 1 个百分点左右。基于这些假设，预计失业人数将会上升，比 2018 年基线预测值的 2.15 亿还要多 500 万人。与基线值 6% 相比，2018 年失业率将达到 6.2%。下滑情形中显示的新增失业人口中的大部分将来自发达经济体和欧盟地区，到 2018 年失业人口将比基线情境增加近 300 万人。

不同地区和国家的劳动力市场的发展存在很大差异（表 1）。在发达经济体和欧盟地区，失业人口占劳动力人口的 8.6%，几乎比 2007 年高出 3 个百分点。美国和英国的失业率已经出现下降，而意大利和法国的失业率却出现了缓慢上升的趋势。加拿大、日本和德国的失业率仅出现小幅改善。中期，只有美国有望实现失业率的大幅下降，即便如此，预计仍将高于金融危机前的水平。对于七国集团的其他国家来说，在可预见的未来，预计其失业率不会在当前水平的基础上出现大幅变动。

从各地区的情况来看，北非和中东的失业率最高，2013 年这两地的失业率分别达到 12.2% 和 10.9%，与 2012 年相比大体没有变化。2013 年，中欧和东南欧及独联体地区的失业率仍高达 8.2%，预计土耳其和俄罗斯联邦的失业率会升高。拉丁美洲和加勒比地区的地区失业率仅出现小幅下降，从 6.6% 下降到 6.5%。巴西的失业率略有下降，而墨西哥和阿根廷的失业率则小幅升高。预计该地区未来一年的地区失业率不会出现明显变化。2013 年，所有其他地区的失业率与上年相比大体没有变化。

2013 年全球就业人口/总人口比率为 59.6%，与 2012 年相比没有变化且仍然低于金融危机前的 60.7%。① 男性就业人口/总人口比率为 72.2%，女性就业人口/总人口比率为 47.1%，两者与上年相比基本没有变化。全球男性失业率小幅上升，从 2012 年的 5.7% 上升到 2013 年的 5.8%，女性失业率仍保持 6.4% 不变。2013 年的就业人口/总人口比率以及失业率指标表明全球劳动力市场并未出现急剧或突然恶化，而是呈现出一种

① 就业人口/总人口比率用于测量就业人口在 15 岁以上劳动适龄人口中所占的份额。

表 1　2007—2016 年全球、各地区和具体国家的总失业率的估算值和预测值（百分点）

国家/地区	2007 年	2012 年	2013 年*	2014 年*	2015 年*	2016 年*
全球	5.5	6.0	6.0	6.1	6.1	6.1
二十国集团经济体	5.1	5.7	5.8	5.8	5.8	5.8
二十国集团发达经济体	5.7	8.4	8.4	8.4	8.3	8.1
二十国集团新兴经济体	4.9	4.9	5.0	5.1	5.1	5.1
发达经济体和欧盟地区	5.8	8.6	8.6	8.6	8.4	8.2
澳大利亚	4.4	5.2	5.6	5.7	5.7	5.8
加拿大	6.0	7.2	7.1	7.0	7.0	6.9
日本	3.9	4.3	4.1	4.0	4.0	4.0
美国	4.7	8.2	7.5	7.2	6.8	6.4
欧盟	7.2	10.5	11.0	11.1	11.1	10.9
法国	8.0	9.9	10.5	10.9	10.8	10.7
德国	8.6	5.4	5.3	5.3	5.4	5.4
意大利	6.1	10.7	12.2	12.6	12.7	12.7
英国	5.4	8.0	7.5	7.3	7.2	7.1
中欧和东南欧（非欧盟）及独联体	8.2	8.0	8.2	8.3	8.2	8.2
俄罗斯联邦	6.0	5.5	5.8	5.8	5.8	5.8
土耳其	10.3	9.2	9.9	10.0	9.7	9.6
中东	10.2	10.9	10.9	11.0	10.9	10.8
北非	11.1	12.1	12.2	12.2	12.1	12.1
撒哈拉以南非洲	7.5	7.6	7.6	7.6	7.5	7.5
南非	22.3	25.0	25.3	25.2	25.1	25.1
拉丁美洲和加勒比地区	6.9	6.6	6.5	6.5	6.5	6.5
阿根廷	8.5	7.2	7.3	7.4	7.4	7.3
巴西	8.1	6.9	6.7	6.6	6.5	6.5
墨西哥	3.4	4.9	5.0	4.9	4.8	4.7
东亚	3.8	4.4	4.5	4.7	4.8	4.9
韩国	3.2	3.2	3.2	3.3	3.3	3.4
东南亚和太平洋地区	5.5	4.1	4.2	4.3	4.3	4.3
印度尼西亚	9.1	6.1	6.0	6.0	6.0	6.0
南亚	4.1	3.9	4.0	4.0	4.1	4.1

注：*2013 年的数据为初步预估数据；2014—2016 年的数据为预测数据。二十国集团中各国的估算值和预测值以最少实际数据点为依据。此数据可能与各国估算值或《劳动概述》（国际劳工组织，2013a）中公布的各国估算值不同，这主要是由地理覆盖范围的差异造成的。

资料来源：国际劳工组织，《趋势计量经济学模型》，2013 年 10 月。

持续的、渐进的衰退，这是不断上升的失业率和世界劳动年龄人口增长率逐渐下降共同作用的结果。

专栏 1　造成失业率预测差异的原因是什么？

在前面几年的《全球就业趋势》中已对全球和地区失业水平和失业率进行了修正，将新的可用信息和经济增长预测的修正考虑在内。本专栏内容对自 2013 年 7 月最近一次预测值更新以来的所有修正进行了概括（表 B1.1）。因《趋势计量经济学模型》（TEM）中采用的各类输入数据存在差异，故对不同的修订内容进行了区分——包括国家失业率、GDP 增长率估计值和预测值的变化——以及劳动力数量和人口数量估计值的变化。

有关失业率的最新数据。对历史失业数据的修正或因原始资料提供方做出修正，或因时而出现的国家劳动力调查机构发布数据的长期滞后，这种滞后可达一或两年，在某些特殊情况下时间可能更长。

总的来说，2013 年 10 月的《趋势计量经济学模型》与 7 月相比共包含 37 项新观测数据；其中 17 个新数据点针对 2000—2011 年，20 个以 2012 年为对象。举例说明，新增 6 项阿塞拜疆的数据（2000—2005 年），5 项科威特的数据（2006—2008 年，2010—2011 年），2 项卡塔尔的数据（2006 年和 2008 年）和 1 项塔吉克斯坦的数据（2009 年）。

此外，印度全国家庭调查（2011 年 7 月至 2012 年 6 月期间进行的第 68 轮调查计划，由印度国家抽样调查办公室执行）数据出炉后，对印度失业率进行了向上修正（2012 年）。这项调查提供了具有国际可比性和使用性的印度失业率历史数据来源。

另外，在 2012 年之前，部分失业率输入数据得到了实质性的修改。例如，哥伦比亚（2002—2006 年）和突尼斯（2005 年）的失业率向上修正了一个百分点多，亚美尼亚（2008 年）的失业率向下修正了约 12 个百分点。

在 2013 年 7 月和 10 月的《趋势计量经济学模型》中，52 个国家的失业率估计仅为初步数据，仅部分季度的数据可用。在最新使用的模型中（《趋势计量经济学模型》，2013 年 10 月），提供最新可用数据的季度是第三季度，而在此前使用的模型中，提供最新可用数据的季度是第二季度。虽然存在这些额外信息，这些国家的点估计值并未发生实质改变。

GDP 增长率。此数据来自国际货币基金组织的《世界经济展望》数据库，不同版本的《世界经济展望》提供了不同的 GDP 增长率的估算及预测数据。例如，2013 年 7 月和 2013 年 10 月的《世界经济展望》中，博茨瓦纳的 GDP 增长率得到了修正，具体而言，将其 2009 年数据向下修正了 3.1 个百分点。2012 年，全球 GDP 增长率向上修正了 0.1 个百分点。2013 年，全球 GDP 增长率下调了 0.2 个百分点。GDP 和失业输入数据的这种修正可能会导致失业率和 GDP 增长率之间的预期关系的改变，因此主要劳动力市场指标的全球和地区估计值也需要进一步的修正。

2012 年和 2013 年的全球失业率的基线估计值分别向上修正了 0.04 个和 0.01 个百分点。2012 年和 2013 年，36% 和 46% 的修正与 GDP 增长率的修正相关，64% 和 54% 的修正是失业输入数据变化的结果。但是，当前估计值仍在先前预测数据的置信区间范围内。

劳动力估计值。国际劳工组织《经济活动人口估算和预测》（EAPEP）数据库的最新版本（2013 版）为《全球就业趋势》的估计值提供了一个新的劳动力数据基准。同时，2012 年印度全国家庭调查已经完成。在全球层面上，这次修正将 2012 年劳动力估计数据下调了 1,240 万，全球劳动力参与率估计值下降 0.2 个百分点。从整体上说，与 GDP 增长率和失业输入数据的修正相比，劳动力数据修正对全球失业率的影响是可以忽略不计的。

表 B1.1　2013 年 7 月和 10 月失业人数估算值/预测值的对比

	2007 年	2008 年	2009 年	2010 年	2011 年	2012 年	2013 年*	2014 年*	2015 年*	2016 年*	2017 年*	2018 年*
失业人口（百万）												
TEM，2013 年 10 月	170.0	177.0	197.9	195.2	193.9	196.9	201.8	206.0	208.8	211.0	213.1	215.2
TEM，2013 年 7 月	19.9	178.3	197.8	195.0	193.2	196.3	202.2	205.9	208.5	210.6	212.7	14.8
失业率（百分比）												
TME，2013 年 10 月	5.5	5.6	6.2	6.1	6.0	6.0	6.0	6.1	6.1	6.1	6.1	6.0
TME，2013 年 7 月	5.5	5.7	6.2	6.1	5.9	5.9	6.0	6.0	6.0	6.0	6.0	6.0

注：*2013 年的数据为初步预估数据；2014—2018 年的数据为预测数据。

TEM = 《趋势计量经济学模型》。

资料来源：国际劳工组织，《趋势计量经济学模型》，2013 年 7 月和 10 月。

青年劳动力市场状况进一步恶化

全球几乎所有地区的青年劳动力市场的前景都出现了恶化。2013 年，全球青年失业率上升至 13.1%，2012 年此数据为 12.9%，2007 年为 11.6%。中东地区青年失业率上升幅度最大。该地区是全球青年失业率最高的地区之一，2013 年劳动力市场中 27.2% 的年轻人失业，2012 年为 26.6%。中欧和东南欧（非欧盟）及独联体、东亚、东南亚和太平洋地区和北非的青年失业率增长显著（图 6）。2007—2012 年间，发达经济体和欧盟的青年失业率增幅最大，其青年失业人数进一步增加，占青年劳动力人口的 18.3%。

2013 年，共有 7,450 万 15—24 岁之间的年轻人失业，比上年增加了 70 万人。2013 年，在职青年人口比 2007 年少 3,710 万，同期全球青年人口仅下降了 810 万。2013 年全球青年劳动力参与率为 47.4%，比金融危机爆发前的水平低 2 个百分点多一些，因为有更多的年轻人对自身的就业前景感到失望，不断退出劳动力市场。预计 2014 年全球青年失业率将缓慢上升至 13.2%，亚洲三个地区和中东地区的预期增长部分抵消了发达经济体和欧盟地区的预期下降部分。

在 40 个可提供 2007 年和 2011—2012 年数据的国家中，有 30 个国家的“啃老族”——不就业、不接受教育及不参加职业培训的年轻人（15—29 岁）占比有所上升（图 7）。在爱尔兰和西班牙，2007 年以来“啃老族”的比例分别上升了 9.4 个和 8.7 个百分点以上。在这两个国家中，“啃老族”的比例均超过 20%。“啃老族”比例下降幅度最大的国家是土耳其和前南马其顿，但这两国的“啃老族”比例仍然很高，2011 年土耳其的“啃老族”比例为 34.6%，2012 年前南马其顿的“啃老族”比例为 32.1%。巴西的“啃老族”比例也非常高，2009 年为 18.4%，在劳动力市场各群体中显示了相当程度的异质性；巴西男性中仅有 12.1% 是“啃老族”，但女性“啃老族”达 21.1%，非裔巴西女性青年——这个高风险的群体中“啃老族”比率达 28.2%。“啃老族”的高比例和/或越来越高的比例已成为政策制定者的关注重点，因为这一群体不就业，也不投资于个人技能的提升。与在职或在校的同龄人相比，“啃老族”可能较少参与经济活动，并且对所处社会有更多的不满。

图 6　所选时间段中青年失业率的年均变化（百分点）

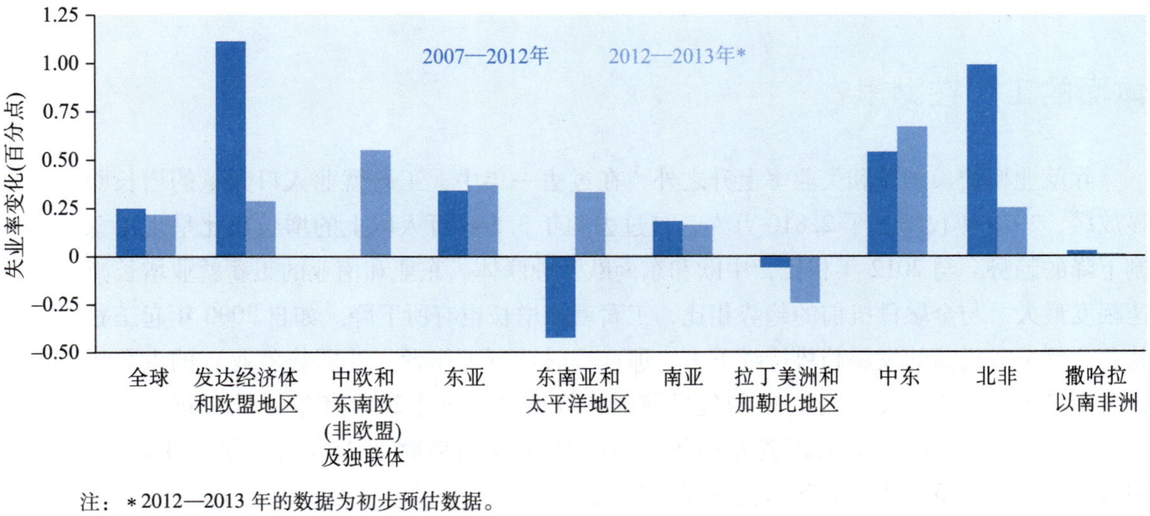

注：＊2012—2013 年的数据为初步预估数据。

资料来源：国际劳工组织，《趋势计量经济学模型》，2013 年 10 月。

图 7　不就业、不接受教育及不参加培训的年轻人占 15—29 岁人口的比例（2007 年及最近年份）

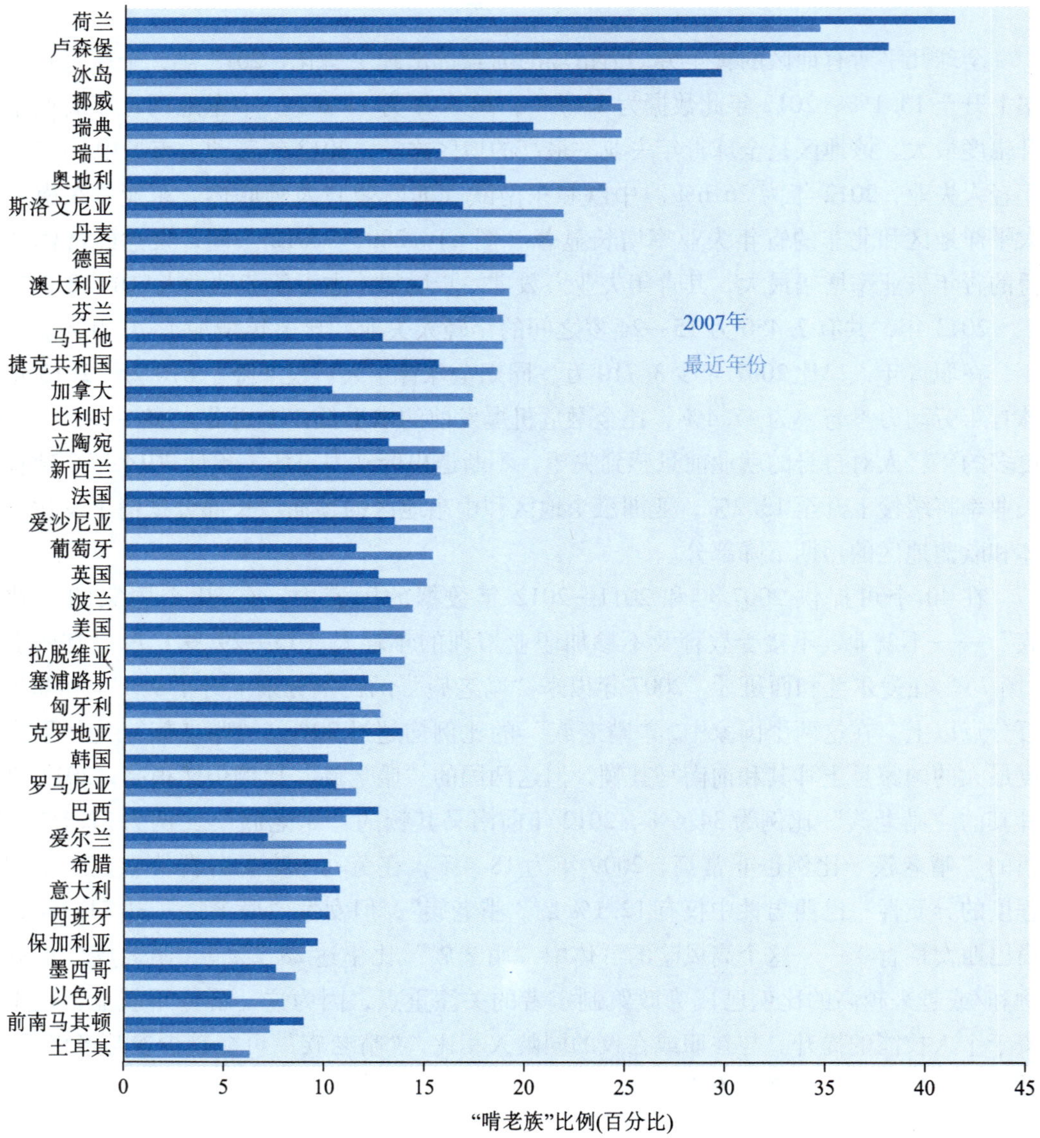

资料来源：国际劳工组织（2013e，表 10c）。

体面的工作在哪里？

除就业率增长放缓和失业率上升之外，在过去一年中，工薪就业人口数量的增长明显放缓，2013 年仅增加了 2,810 万人，与过去两年 3,500 万人以上的增长相比呈现出急剧下降的趋势。与 2012 年相比，中欧和东南欧及独联体、东亚和南亚的工薪就业增长减速幅度最大。与金融危机前的趋势相比，工薪就业增长也有所下降。如自 2000 年起工薪就业比例按危机前的发展趋势持续下去，那么按时计酬工作者（非弱势就业）的人数将比现在增加 2,200 万人（表 2）。与危机前的趋势相比，预计 2018 年这一缺口将上升到 6,000 万人以上。相对于工薪就业趋势，2013 年全球弱势就业人数增长了 1,340 万，2012 年仅增长了 530 万人，2011 年只有 330 万人。①

---

① 弱势就业群体由自负盈亏的工作者和无酬家属工作者组成，这两个就业群体的特点通常是较高的贫困率和有限的社会保障。

表 2　全球工薪就业缺口（百万）

	2007 年	2012 年	2013 年	2014 年	2015 年	2016 年	2017 年	2018 年
全球工薪就业——估算/预测数据	1394	1542	1570	1596	1622	1650	1676	1702
全球工薪就业——金融危机前的趋势持续下去	1394	1557	1592	1626	1661	1695	1729	1763
全球工薪就业缺口	0.0	15.4	21.6	30.2	38.3	45.2	52.9	60.6

注：此表显示了全球工薪就业缺口，即估算/预测工薪就业人数与危机前工薪就业所占比例的发展趋势（2000—2008 年）所指示的工薪就业人数之间的差异。

资料来源：国际劳工组织，《趋势计量经济学模型》，2013 年 10 月。

从不同部门来看，2013 年就职于服务业的人口数量占全球就业总人数增长的一半以上，而农业部门就业人数约占 1/4。总的来说，2013 年仅有不足 32% 的全球劳动人口受雇于农业部门，与此前 20 年相比下降了 11.7 个百分点。2013 年，就职于服务业劳动者数量占全球劳动者的 45.1%，同比增长了 10.1 个百分点。目前，工业部门就业人数约占全球就业总人数的 23%，在过去 20 年中仅提高了 1.6 个百分点。2013 年，工业领域就业人数增长了 970 万，而 2010—2012 年间工业领域平均每年产生 2100 多万个新的工作机会。

劳动生产率增长趋势提供了与观测到的全球劳动力市场动态有关的进一步见解。全球生产率增长（以个体劳动者的产出增长衡量）从 2012 年的 1.6% 下降到 2013 年的 1.4%，达到了过去十年中的第二低值（图 8）。从这个角度看来，企业和经济体产出增长缓慢的原因是劳动力投入未能实现显著增长以及与以往年份相比，生产率增长更加缓慢。

生产率和就业增长的放缓与企业利润和全球债券市场的强劲复苏同时出现。截至 2013 年 12 月中旬，富时全球股票指数——追踪 47 个国家的 7,200 支公开交易股票情况——增长了 18% 以上，与 2009 年 3 月最低点相比增长了 158% 以上。2013 年，全球利润和股价的增长趋势与全球劳动力市场增长趋势之间的差距进一步扩大。近年来，全球薪资增长相对温和，并且许多国家的国家收入中劳动力收入所占份额长期下降，从而进

图 8　在所选时间段中世界和各地区每个劳动者的年产出增长（百分比）

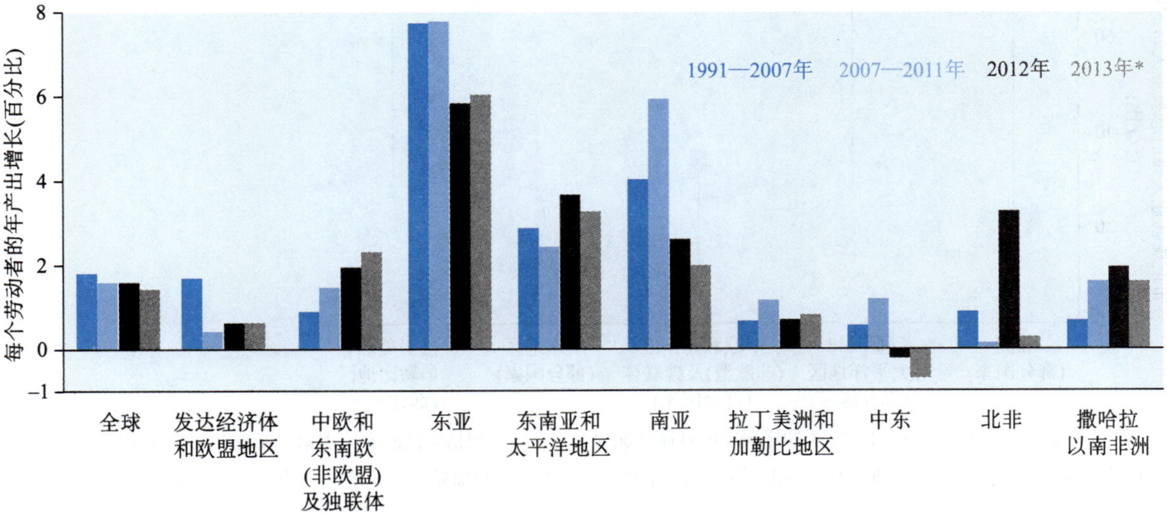

注：*2013 年的数据为初步预估数据。

资料来源：国际劳工组织，《趋势计量经济学模型》，2013 年 10 月；世界银行，《世界发展指标》数据库，2013 年；国际货币基金组织，《世界经济展望》数据库，2013 年 10 月。

一步证明了上述效应（国际劳工组织，2013b）。

此外，一定要应注意在大部分发达国家的中央银行持续将利率设定为零或接近零，部分大型中央银行仍然参与大规模量化宽松计划的情况下，会出现全球资产价值的大幅提升。中央银行保持利率走低的成功虽然在一般情况下有助于经济复苏，但在企业激励机制和市场参与者的整体风险偏好方面可能会出现意想不到的后果。在许多经济体中，股票回购和股息已达到或接近历史最高值，但招聘依然疲软，第三章将深入探讨这一问题。

部分国家采取非常规货币政策的同时，资产价格强劲上涨，从而引发了对潜在泡沫的担忧，这可能会再次给经济增长和劳动力市场的前景造成威胁。再者，一些国家房价的大幅增长对竞争力造成负面影响，进而给就业机会的创造带来不良连锁反应，相关内容将在第二章进行详细论述（专栏 3）。

高比例的非正规就业阻碍了减贫工作的可持续发展

在发展中国家，许多劳动者在不稳定条件下从事个体经营，或在无劳动合同或社会保障的情况下临时受雇。这类就业形式被视为非正规就业。一般说来，非正规就业是无法找到正规职位和缺乏私人或公共社会保障的劳动者迫不得已的选择。有时，非正规就业也是避免税收和监管的一种手段。在多数情况下，与正规就业相比，非正规就业的收入更低、更不稳定，工作条件更加恶劣。与男性相比，女性持续面临更高的非正规就业风险，因为她们通常享有较少的法律和社会保护。劳动力市场中的青年群体也提高了非正规就业的风险。最后，发展中国家中个体经营者面临的风险要高得多，其中一部分原因是多数发展中国家法律框架的无力及劳动者从事的活动的生产率低（如，街头贩卖）。

2011 年对非正规就业的劳动者比例的最新估计显示，非正规就业在非洲、亚洲地区以及拉丁美洲和加勒比地区尤为普遍，各国非正规就业人数平均占比在 40%—50% 之间（图 9）。中欧和东南欧（非欧盟）及独联体以及中东地区的估计值相对更低，但仍然在

图 9　2011 年非正规就业所占比例的估算值（百分比）

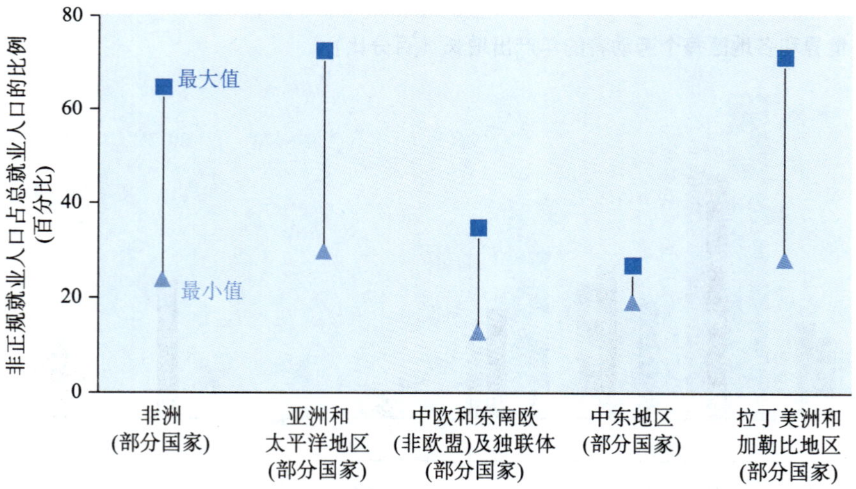

注：最大值与最小值的计算以 49 个抽样国家的具体情况为基础，其中包括非洲的 8 个国家、亚洲和太平洋地区的 11 个国家、中欧和东南欧（非欧盟）及独联体的 11 个国家，拉丁美洲和加勒比地区的 11 个国家、中东地区的 3 个国家。

资料来源：黛沃洛斯和厄恩斯特（即将出版）；国际劳工组织员工的计算。

15%—30%之间徘徊。为减少工作性贫困、改善工作条件并产生政府加强社会福利制度所需的税收收入，让更多的劳动者脱离非正规就业仍然非常重要。但是，在过去的十年中，在可提供数据的49个国家中，仅有26个国家的非正规就业劳动者份额出现了下降的趋势。

失业状态将更加持久

许多经济体的平均失业持续期已经延长（图10）。在金融危机爆发前，美国失业劳动者找到工作平均需要3—4个月，但在2012年，平均失业持续期延长到6个月左右。在西班牙，失业持续期从2008年的约5个月延长到2012年的8个月。希腊的平均失业持续期始终居高不下，失业者平均需等待9个月以上才能重返劳动力队伍，与2009年相比增加了一个多月。其他发达国家也出现了相似的失业持续期延长的情况。一些发展中国家和新兴国家出现了相反的情况，其平均失业持续期呈现下降趋势，全球经济危机对失业持续期仅产生了轻微的影响。2008年到2011年间，只有南非的平均失业持续期出现了延长，延长幅度为半个月，达到9个月以上。

失业期的延长可能会产生持久的影响。随着失业期的延长，劳动力市场依附趋于减少，技能贬值。据观测，一些国家中出现的平均失业持续期的延长增加了求职难度，使失业状态更持久（如夏默，2008年）。这种失业人员情况构成的改变可能是抑制劳动力市场复苏的另一个因素。

失业造成了相当大的个人和社会成本，如生活满意度下降和耻辱感。而且，失业的财政成本——无论是短期，还是中到长期成本，常常被过低估计。失业率增长最明显的短期财政成本是更高额的失业津贴和福利支出的直接成本。例如，西班牙用于失业福利和提前退休计划的财政支出从2007年占GDP的1.5%增长到2011年的2.9%，增加了国家的公共债务。爱尔兰这类支出的增长速度更快，其在GDP中的比例从2007年的0.9%

图10　部分经济体的平均失业持续期（月）

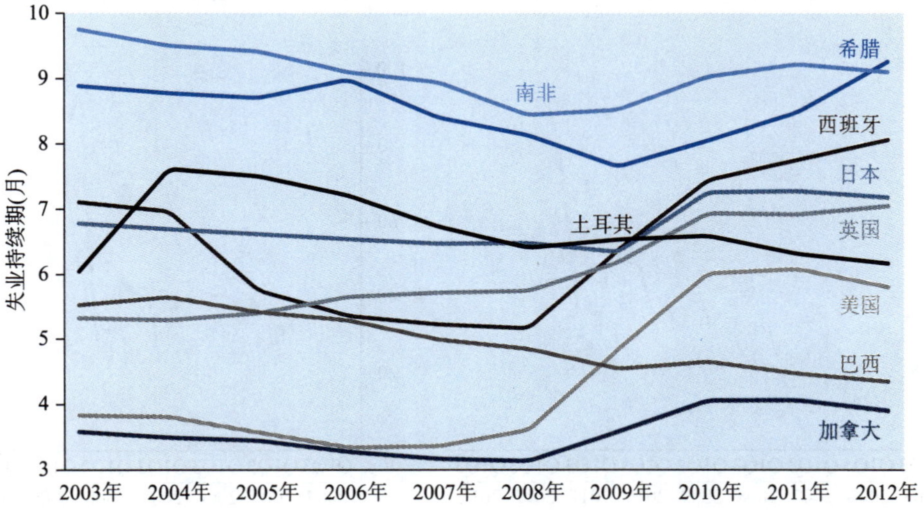

注：为计算平均值，假设不同持续期分类中的失业时间为均等分布状态，例如：失业期超过3个月但少于6个月的失业人口的平均失业持续期为4.5个月。对于平均失业至少12个月的失业人口，其平均失业持续期被定为12个月整。

资料来源：国际劳工组织（2013e）。

增长到2011年的2.6%。① 除了直接支出，失业水平的提高说明一个经济体的产量低于其生产潜力，这反过来对经济增长和相关的税收收入产生负面影响，迫使政府削减支出或增加债务持有。

失业还会带来负面的中长期财政影响。由于失业持续期的延长降低了劳动者职业生涯的收入，损失了更多的税收收入。另外，失业者的平均健康状况往往比在职时更差，这提升了对公共健康支出的需要，收入降低至少是导致这种现象出现的部分原因。这是未来几年公共预算必须要应对的支出。

经济不确定性仍然很高，对雇佣产生了负面影响

2007年经济危机爆发期间雇佣不确定性的升高是使劳动力市场承受压力的因素之一（图11）。鉴于总需求的持续疲软和未来经济复苏的力度和速度的不确定性，企业等待新的消息和进一步的发展，然后再进行投资和招聘（参见国际劳工组织，2013c）。2013年，因政策协调的缺乏和重要决策的持续延迟，这种不确定性在一些国家持续加剧。有

图11　部分经济体的宏观经济不确定性

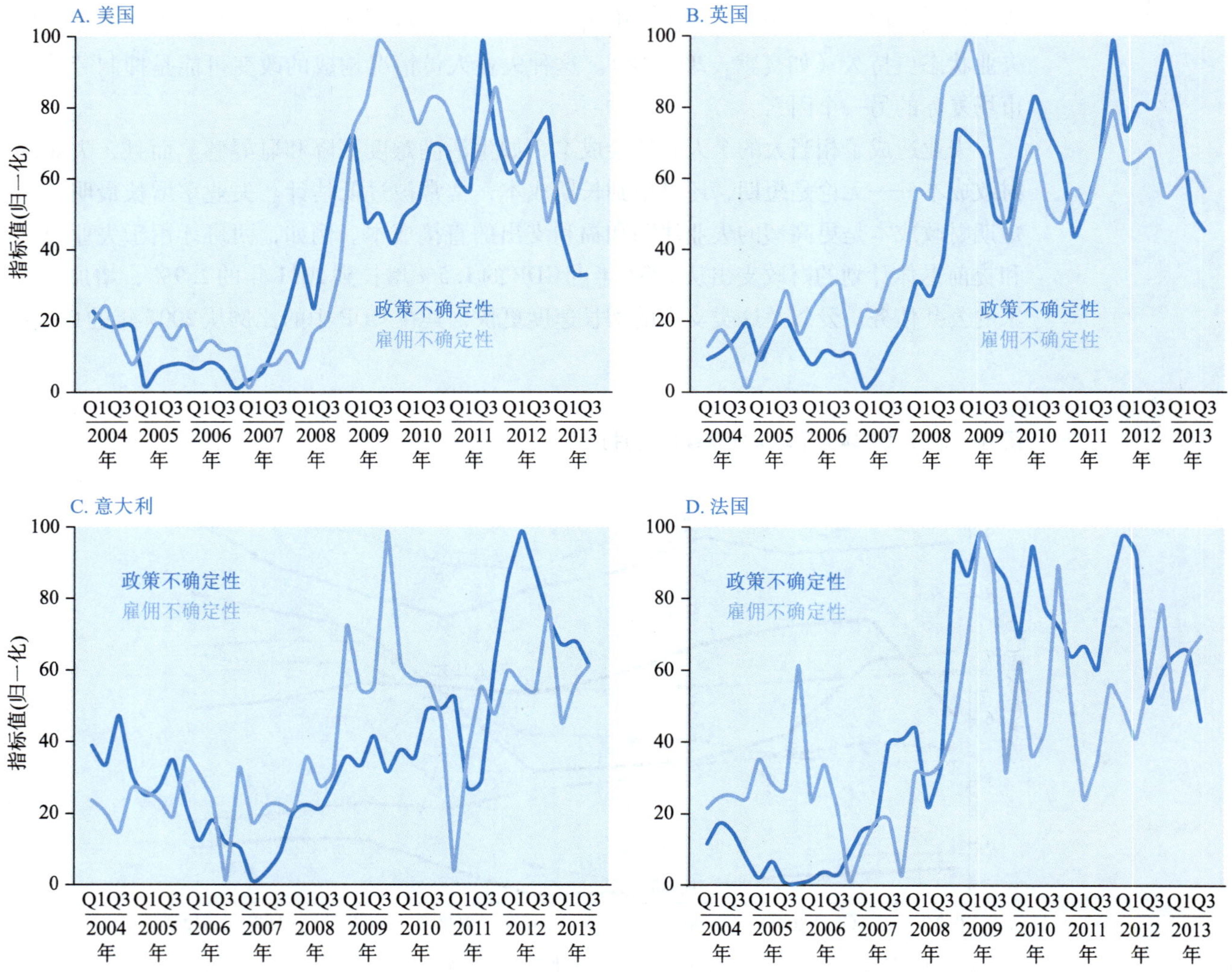

注：2004—2013年不确定性指标范围显示为0—100。Q = 季度。

资料来源：厄恩斯特和维也基拉（即将出版）；贝克、布鲁姆和戴维斯（2013年）。

① 这些数字的计算以来自欧盟统计局的数据为依据。

图 12　2007 年以来美国雇佣不确定性对失业率增长的影响（百分点）

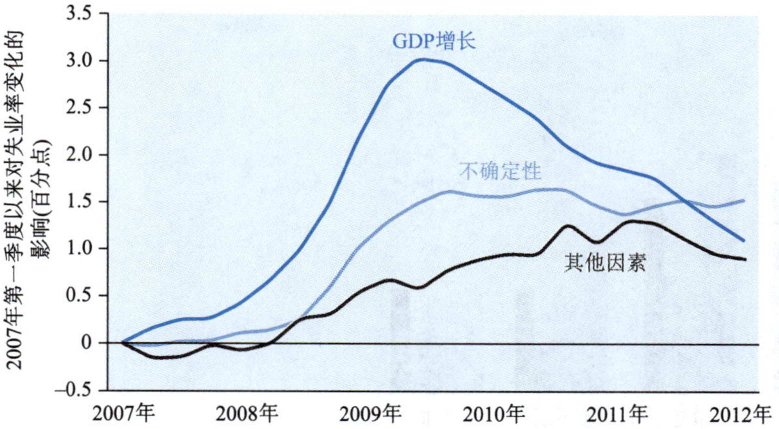

注：本图以结构向量自回归模型的估计值为依据，描述了自 2007 年第一季度以来，不确定性、GDP 增长和其他因素对美国失业率变化的影响。

资料来源：厄恩斯特和维也基拉（即将出版）。

些经济体的薪资计划将管理人员薪资的重要组成部分直接或间接地与企业的短期盈利能力相挂钩，在这类经济体中，不确定性水平的上升不利于就业。由于投资需要前期成本且仅产生中期或长期回报，几乎没有任何因素刺激管理人员进行投资（史密瑟斯，2013 年），他们可能会觉得回购公司股票或增加股息更有吸引力（参见第三章）。如果生产性投资的回报的不确定性继续升高，那么刺激因素会进一步减少。因此，导致了企业投资和雇佣率下降。

雇佣不确定性用于衡量影响雇主做出雇佣新员工决策的不确定性。[①]相比之下，政策不确定性用于衡量与政府经济政策决策相关的不确定性。七国集团中的大部分国家的雇佣不确定性和政策不确定性水平与危机前相比都有所提高（图 11）。对于所有国家来说，这两个不确定性指标是紧密联系的，这说明招聘管理人员面对的多数不确定性也会给政策制定者的决策带来影响。因此，企业对投资的举棋不定不可能只是受到经济基本面的影响。

在一些国家中，不确定性可能是影响失业率、导致失业更加持久的重要因素。以美国为例，估算数据表明自 2007 年以来的失业趋势在很大程度上与产出增长变化相关。总需求不足是导致金融危机期间失业率上升的最重要因素。不确定性的确影响了失业水平，使失业率额外增加了 1.5 个百分点（图 12）。

新兴经济体的增长放缓对劳动力市场的发展产生了怎样的影响?

2011 年至 2013 年，新兴国家的经济增长明显放缓，这是影响全球劳动力市场的另一个主要趋势（图 13）。中国在过去十年的年增长率为 10.5%，但在 2013 年，增长率减速到 7.6%，预计 2014 年至 2018 年间其增长会进一步放缓，平均增长率达到 7.0%。2012 年，印度经济增长率仅为 3.2%。虽然其经济增长在 2013 年再次加速，增长率达到 3.8%，但这个数字仍然远远低于 2001 年至 2010 年的观测平均值 7.6%。与 2012 年相比，巴西也实现了较大增长，但与 2001 年至 2010 年间的增长数字相比下降了 1 个多百

① 参见附件，了解国际劳工组织雇佣不确定性指标及其设置的探讨。

图 13　金砖四国的 GDP 增长率（百分比）

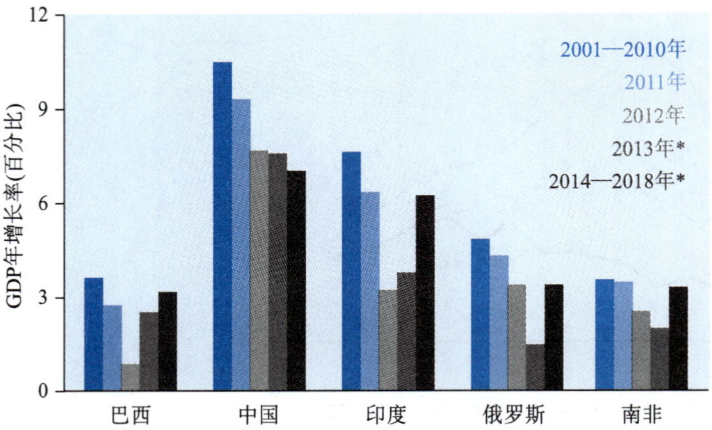

注：*2013 年的数据为初步预估数据；2014—2018 年的数据为预测数据。

资料来源：国际货币基金组织，《世界经济展望》数据库，2013 年 10 月。

分点。2013 年，俄罗斯和南非的经济增长速度与上年相比分别下降了 1.9 个和 0.5 个百分点，当前增长仍然慢于 2001 年至 2010 年间的增长速度。除金砖四国外，阿根廷、墨西哥、泰国和越南等其他新兴和发展中经济体在过去三年中也出现了增长放缓。

在经济危机期间，依赖出口的新兴经济体遭遇了主要进口国需求不足的打击。近期以来，游浮资本流动给许多新兴经济体带来了新的压力。外国债券比例的增加使它们的经济命运更加依赖其他经济体的货币政策决策（席纳尔特，2012 年）。汇率下跌将缓和外国资本退出带来的部分影响。另一方面，这些汇率变动会给实体经济带来强烈的冲击，例如：在严重依赖进口原材料和商品的国家中，汇率下跌可能会造成生产成本的上升。虽然出口国应当获利，但进口渠道所产生的负面作用可能会占据主导地位。总体来说，游浮资本流动和汇率变动已导致具备这些因素的新兴经济体出现更大的不确定性及相应的低增长。

在许多新兴经济体中观测到的结构转型放缓进一步使这些国家的产出增长面临压力（参见国际劳工组织，2013c）。劳动者并未像过去一样快速地从农业部门流出，转而从事附加值更高的活动。政府仍需推动劳动者在部门间的流动，这一点仍然非常重要，随着时间的变迁，自给性农业领域的劳动者规模逐渐缩小。在过去，通过搬迁至城市地区和在效率更高的工业或服务业求职，原来就职于农业部门的劳动者对经济增长作出了贡献。但在一些国家中，这种经济增长的自然根源正在逐渐失去其重要性。如果想在未来维持高增长率，只依靠生产因素——劳动力和资本的增加是无法实现的，增长必须建立在全要素生产率提高的基础之上。我们面临的挑战是通过转向更高质量的细分和附加值更高的活动，实现现有资本和劳动者的高效利用。

这些趋势已经在中国显现出来。在过去的几十年中，中国以惊人的速度增长，从最不发达经济体向中等收入经济体移动（图 14）。在此期间，农业劳动者份额下降了近一半，从 20 世纪 80 年代初的 70% 下降至最近的 35%。从前就职于农业部门的劳动者被快速地吸收到制造业当中——如今，中国制造业在全球供应链中占据了相当大的份额。然而，来自其他国家的历史经验表明，工业部门的就业份额并未出现大幅增长。另外，预计中国 15—64 岁人口的绝对数量在未来几年将出现下降。[①] 因此，中国制造业劳动者的潜在规模不再有任何增长。潜在劳动力数量的减少将缩小生产基础，这促使中国建立了一种更加依靠技术升级、生产效率提高和强劲的国内消费发展的经济增长模式。

① 参见联合国《世界人口展望》，2012 年修订版。

图 14　各行业的就业份额与经济发展

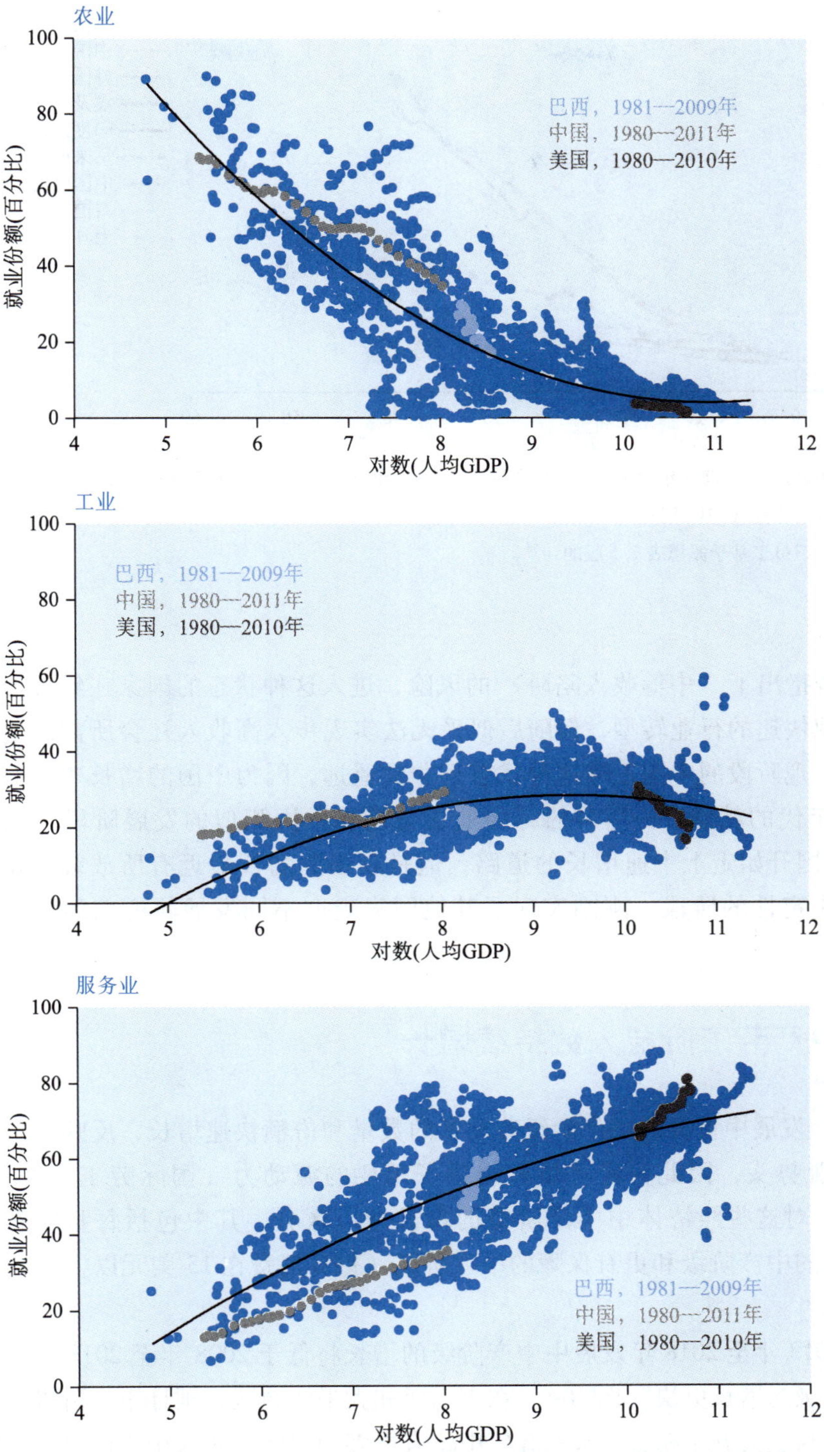

注：每个圆点代表一个数据点。此抽样调查包含 1980 年至 2012 年间 139 个国家的数据。

资料来源：国际劳工组织（2013e）；国际货币基金组织，《世界经济展望》数据库，2013 年 10 月。

巴西出现了完全不同的情况。在过去几十年里，巴西经济出现了相对温和的增长。虽然劳动者从农业部门流出，但多数转入生产率偏低的服务业，而并未进入生产率更高的制造业。此外，大部分制造业并未从重大创新或多样化中受益，因此制造业生产率的提高并未达到促进总体经济增长的水平。

图 15　一国年人均 GDP 在达到 3,000 美元前后一年的变化情况（以 2005 年购买力平价为常量计算）

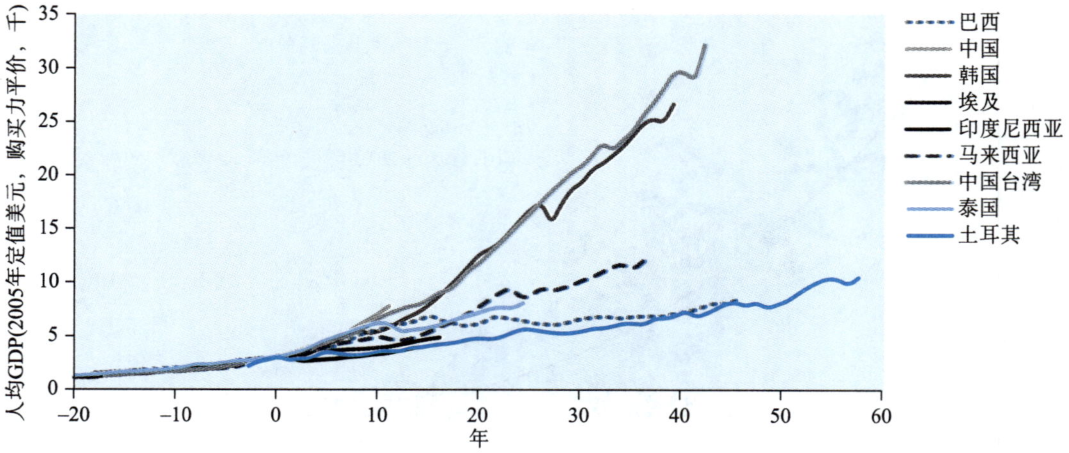

注：时间轴上的第 0 年是指，以 2005 年购买力平价为常量计算，一个国家人均 GDP 达到 3,000 美元以上的第一年。该图改编自艾亚尔等人的研究（2013 年）。

资料来源：国际劳工组织员工基于佩恩表 7.1 版的计算。

有部分分析报告指出了“中等收入陷阱”的风险，进入这种状态的国家在经济增长和发展初期会出现快速的行业转型，但随后似乎无法实现步入高收入社会所需的生产力和创新的增长。现阶段的中国距离这种状态还非常遥远，因为中国的增长速度始终快于 20 世纪 80 年代的韩国——当时的韩国处在与当前中国相似的发展阶段（图 15）。马来西亚和泰国开始走上中速增长的道路，但是泰国的增长最近有所放缓。印度当前正处在一个决定性的阶段，刚刚实现了其他国家走向不同发展轨道前的人均 GDP 水平。

发展中世界的中产劳工阶层人数持续增长

2000—2010 年，发展中世界的中产阶级劳动者的数量和份额快速增长，反映了更加强劲的投资和消费势头，因此为经济增长提供了重要的源动力（国际劳工组织，2013c）。但是，必须对这些经济体中中产阶级的增长加以区分，其中包括每日消费 4—13 美元的发展中的中产阶级和更有保障的中产阶级（每日消费在 13 美元以上）的扩大。

在东亚，预计 2013 年至 2018 年发展中中产阶级的增长将低于 2008 年至 2013 年的水平，而发达中产阶级的增长更快（图 16）。在东南亚和太平洋地区，预计中产阶级的扩张速度略有提高，与过去五年相比，未来五年中将有更多的劳动者步入中产阶级。预计南亚将出现中产阶级的强势增长，同时极端贫困劳动者的减少仍保持稳定不变。撒哈拉以南非洲的极端贫困劳动者人数将出现减少，所有其他经济阶层的人数将出现增长。在拉丁美洲和加勒比地区，预计未来五年中产阶级人口的增长将与过去五年的增长路径相似，其中大部分新的就业机会都出现在中产阶级及更高阶层。

千年发展目标提供了另一个有用的工具，用于对发展中国家的就业进展情况进行分析（参见专栏 2）。

图 16　部分地区的不同经济阶层在不同时间段内的就业变化情况

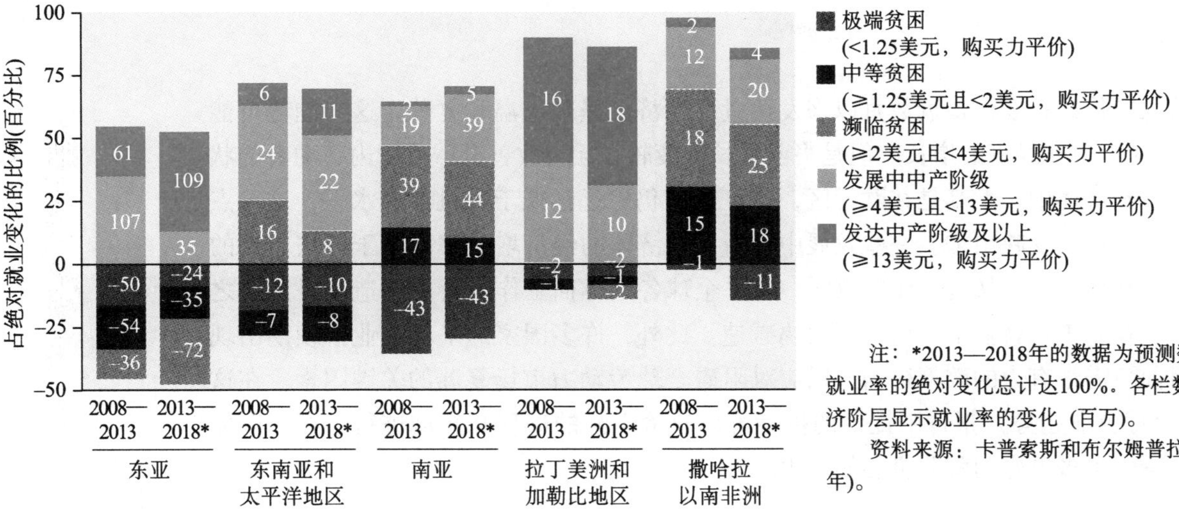

注：*2013—2018年的数据为预测数据。就业率的绝对变化总计达100%。各栏数字按经济阶层显示就业率的变化（百万）。

资料来源：卡普索斯和布尔姆普拉（2013年）。

专栏 2　千年发展目标的就业指标

世界各国首脑在 2000 年 9 月的联合国千年首脑会议上通过了《联合国千年宣言》。这项宣言已经被转化为一个包含目标、对象和指标的框架，旨在减少贫困和饥饿，应对健康损害、性别不平等、教育缺乏、清洁用水缺乏和环境退化。2008 年，有关消灭贫困和饥饿的千年发展目标①中包含体面劳动的新目标。目前，千年发展目标①由三个具体目标组成，其中具体目标 1B，致力于“让所有人包括妇女和年轻人都享有充分的生产就业和体面工作”。对具体目标 1B 的监督采用了四个就业指标：（1）每位雇员的人均 GDP 增长率（劳动生产率的增长率）；（2）就业人口/总人口比率；（3）每日生活消费在 1.25 美元以下（按购买力平价计算）的工作人口比例（工作性贫困率）；自负盈亏工作者和无酬家属工作者占就业总人口的比例（弱势就业率）。此外，2000 年通过的首批千年发展目标指标包括一个就业指标，这个就业指标包含在有关性别平等的千年发展目标③中（非农业部门工薪就业中女性所占的份额）。

这些指标为发展中经济体劳动力市场的分析提供了一个框架。劳动生产率为评估一个经济体能够生成并维持体面就业机会的程度提供了一个基点。这个指标反映了更广泛的经济发展和劳动力市场之间的关系，通过对这种关系进行调查研究，我们能够进一步了解生产率提升受限于某些行业或生产力市场细分以及将这些增长转化为更有利的就业条件等问题。第二个指标是就业人口与总人口的比率，它体现了就业量。但是，鉴于许多发展中经济体中普遍存在低质量就业，就业人口在总人口中的占比不能代表其劳动力市场的状况，这一比率的上升并不一定意味着就业状况的改善。就业人口的增长主要是受到人口特征和低质量就业增长的驱动，在低收入国家中尤其如此，这就妨碍了对以劳动者数量为依据的指标（就业率、失业率和参与率）的解读。因此，需要两个提供补充信息的就业质量指标来完善这一组指标。弱势就业通过个体劳动者（工作）层面进行测量，而工作性贫困在习惯上依据家庭消费确定。这意味着影响家庭消费的私人或公共转移还会对工作性贫困产生影响。以社会保障为例，无论具体岗位如何，社会保障范围的扩大均有助于减少工作性贫困。

2015 年后发展议程

千年发展目标就业指标已证实了其分析价值，不仅体现在全球和区域报告中（包括《全球就业趋势》系列报告），还体现在众多国家层面的报告中。对于 2015 年后发展目标的探讨仍在继续，发展议程愿景的关键要素之一是能够保证体面工作的包容性经济转型（联合国，2013a）。当前一系列的千年发展目标就业指标提供了对体面工作状况进行跟踪的基本框架，应通过多种方式对该框架进行扩展和/或完善，以便更好地体现岗位质量和劳动者生活的改善，并找出被排除在外的群体。例如，鉴于社会保障能够在创造更多包容性和可持续的发展途径中发挥根本性作用，并且对于当前多个千年发展目标的实现有所助益，各方普遍提议需要设计社会保障计划的指标（联合国，2012 年）。

要实现 2015 年后发展框架中“充分的生产就业和体面工作”的一个合理的、首要的可持续发展目标，将需要实施一系列除现有五个千年发展目标指标之外的具体目标和指标。应考虑针对工作性贫困、青年失业率、非正规就业、女性劳动力参与率和社会保障领域目标的额外指标，以便依据国情和信息可用性提供一套适用的方案[1]。对结构变化的模式进行监控也非常重要，它是发展中经济体提高生产率和创造更好的就业机会的重要驱动力。加大国家的劳动力市场数据收集力度，支持国家能力建设，应该是 2015 年后全球发展议程上的一个主要项目，对最贫困的国家来说尤为如此。

1　欲了解初步探讨，参见国际劳工组织“2015 年后”观念说明 2——《就业与生计：设定目标和监督进展的重要途径》：http://www.ilo.org/global/topics/post-2015/documents/WCMS_213209/lang--en/index.htm。

小结

尽管风险持续存在，最近数月以来发达世界经济已呈现出温和复苏，这一趋势可能会推动2014年全球经济的增长。但是当前增长太疲软，无力改善全球范围内劳动者的状况。在许多经济体中，尤其是在欧元区，GDP水平仍然远远低于危机前的水平，这一点可从高失业数据中反映出来。一些发展中和新兴经济体的经济增长率落后于过去十年的观测数据，从而导致了扶贫工作的放缓，几乎全球各地体面工作机会的创造均呈放缓之势，工薪就业和工业就业增长出现了大幅减速。此外，许多国家的平均失业持续期出现延长。目前急需强有力的政策行动，以应对阻碍全球劳动力市场复苏的关键因素。在这方面，《全球就业趋势》报告中提供的指标可对政策干预的进程和领域进行分析，以促进全球范围内更多更好的就业机会的产生。

附录：国际劳工组织雇佣不确定性指标

国际劳工组织已经制定了一个指标，用于表示七国集团国家中雇主对劳动力市场不确定性的评价。厄恩斯特和维也基拉提供了该指标计算的详细信息（即将出版）。国际劳工组织雇佣不确定性指标以麦克唐纳德和西格尔（1986 年）提出的模型为基础，其原始版模型对不可逆项目的最佳投资时机进行了研究。这个模型适用于企业做出雇佣和解雇决策，并可分析何时才是单个企业改变其劳动力规模的最佳时机。

计算不确定性指标的第一步是，将不确定性作为一个时间折现因子的函数进行推导，各公司利用时间折现因子把未来的利润进行折现，并推导出劳动生产率阈值，超过这一阈值，企业雇佣劳动者就是盈利行为。换句话说，只有当劳动生产率超过完全大于雇佣的沉没成本的阈值时，才是企业雇佣劳动者的最佳时机。假设整个经济体中的所有企业对不确定性的认知是一致的，那么同一生产率阈值将适用于整个劳动力市场。但是，从个别雇主的经济前景来看，劳动者在一些企业中可能会比在其他企业中创造更多价值、更富有成效。第二步，假设劳动生产率在公司中呈现对数正态分布。然后，劳动生产率的水平以及企业计划扩大或缩小及劳动力规模的份额准确地确定这种分布的参数和生产率阈值。

雇主的雇佣意向数据提取自万宝盛华集团《就业前景调查》——按季度发行的雇主调查报告。更具体地说，该调查可提供下季度预期出现就业增长的企业雇主的百分比以及预期出现就业下降的企业雇主的百分比。[①]有关劳动生产率的季度数据——衡量人力成本总量的产出——来自经济合作与发展组织。然后，这些数据系列被直接插入模型的不确定性方程中，按季度提供与测得同劳动生产率和雇佣意向相符的不确定性水平。

那么，这个指标反映了雇主对于未来劳动生产率波动性的评估。如果雇主认为市场不确定性偏高，则其雇佣的劳动者的工作成效将极有可能比预期低得多。这种情况会通过更高的雇佣不确定性指标表现出来。如果经济前景的不确定性减少，同时劳动者的生产率有可能接近预期水平，则该指标的值会更低。

为了解影响雇佣不确定性变化的因素，实施了多元变量回归分析，将七个国家（加拿大、法国、德国、意大利、日本、英国、美国）的所有面板数据尽量用于多个季度。对四组变量进行了雇佣不确定性指标的回归分析，具体指标包括：一般经济绩效，如 GDP 的增长和变化；整体劳动力市场的绩效（包括当前绩效和过往绩效），如失业率及其变化；与金融市场相关的变量，如国际货币基金会的金融压力指数；政策相关变量，如公共债务水平、货币政策与财政政策间的协调程度，以及监管变量，如经济合作与发展组织的产品及劳动力市场监管指标。第三章提出的分析结果显示为变量均值的边际效应。估算数据使用面板校正标准误差对数据的自动相关性和异方差特性进行说明。

---

① 参见 http://www.manpowergroup.com/press/meos_landing.cfm。

第二章

地区经济和劳动力市场发展

发达经济体和欧盟地区

经济活动复苏，就业走势低迷

2013 年，发达经济体和欧盟地区最先出现了经济活动复苏和加强的迹象，并且呈现出逐步增强的趋势。欧元区在经历了历史上最长的 18 个月的紧缩期后，于 2013 年第二季度摆脱了经济衰退的困境，此番经济复苏最早出现在增长速度超出预期水平的德国，这应归功于该国实力强大的出口部门。经过 2012 年年末的疲软期后，美国的经济增长形势也趋于稳定，2013 年第四季度其增长率已达到 4% 以上。同样，日本在克服 2012 年年末的短暂衰退后，也于 2013 年上半年进入稳定增长状态。整个地区预期产出和改进明显日趋稳固。虽然增速缓慢，但商业投资已逐渐上涨。在受金融危机余波的影响出现急剧下降后，该地区的生产率增长也呈现复苏趋势。与此同时，该地区主要危机国家的外部竞争力的提高扩大了经济复苏的范围，让国内和外部因素共同发挥作用。但是，生产率和竞争力的提高尚未强大到足以显著改善巨大就业缺口的程度。截至目前，仍然只有经济活动出现了复苏，就业状况并无改善。①

造成该地区复苏无力的部分原因是其财政整顿政策的持续实施。与积极的状况相反，如果私人部门的增长无力，一些发达经济体政府会继续通过增加税收和/或削减支出的方式减少其基本赤字。即便是一些有足够财政空间刺激可能给整个地区带来溢出效应的总需求的国家，也实行了财政整顿政策。这就使就业及财政目标更加难以实现。实际上，在经济增长较疲软的背景下，公共收入仍然低迷且公共支出难以控制。该地区公共债务与 GDP 的比率已经超过 GDP 的 100%，是所有地区中最高的。这些政策的实施越来越被认为毫无成效，并且不必要地延长了经济危机（国际货币基金组织，2013 年）。

目前，仍然存在进一步的风险。由于该地区最早出现了经济复苏的迹象，货币机构在协商其未来行动路线中面临的困难越来越多，造成投资者和企业之间本已存在的严重不确定性进一步加剧。早些时候，美国发出声明表示逐渐减少非常规措施，迅速引起了市场的反应并造成利率提高，对该国当前的温和复苏造成了威胁。在欧洲，银行持续去“杠杆化”，并已开始偿还欧洲中央银行的贷款。欧元区与美国的情况相似，虽然货币政策继续放宽，利率已开始上涨，但企业——尤其是危机国家中的企业，在获得贷款方面仍然持续受阻。到目前为止，只有日本采取了协调的货币与财政刺激策略，其经济复苏前景看好。

---

① 参见第一章的论述。

就业前景依然黯淡

2013 年，该地区的劳动力市场状况持续恶化（表 3）。2013 年，发达经济体和欧盟地区的失业率仍保持在 8.6%，即 4520 万人。到 2018 年前后，这一数字有望逐渐下降到 8% 以下，但仍大大高于 2008 年的比率。与此同时，该地区青年失业率在 2012 年达到峰值后有望下降。2013 年，该地区青年失业率达 18.3%，到 2018 年这种逐步下降将有望稳定下来。该地区男性和女性在失业率方面并无差别，但预计女性在中期有望出现的小幅经济复苏中受益相对较少；实际上，到 2018 年女性失业率将仅下降至 8.2%，而男性失业率将降至 7.6%，预计男性将从中获益。同时，在一定程度上受人口结构变化的影响，劳动力参与率持续下滑，但下滑速度较慢。尽管如此，到 2018 年，发达经济体中的劳动力仍有望增长 800 万人。

除了相当高的青年失业率外，年轻成年人（年龄在 25—34 岁之间；参见图 17）就业缺口巨大，这一趋势尤其令人担忧。在本地区某些危机国家中，这个年龄阶段的就业损失比青年人口更为显著，给劳动力市场的快速复苏带来了极为不利的后果（参见经济合作和发展组织，2013 年）。事实上，在危机期间，年轻成年人是首先面临失业的组群，因为他们资历较浅，而工作保障仅面向较年长的工作者。同时，他们往往无法从特定的青年劳动力市场计划或增加劳动力市场就业机会的再教育中受益，这就延长了该年龄段人群重返就业岗位的时间。总的来说，较年轻的年龄组是受金融危机影响最严重的人群。举例说明，2007—2012 年间希腊、爱尔兰和葡萄牙的就业岗位整体减少了 160 万，但其中的 75%（即 120 万个工作机会）都集中于较年轻的人口（年龄 15—34 岁）。在意大利，与青年人口相比，年轻成年人的就业人口/总人口比率急剧下滑，而较年长劳动者（年龄为 55—64 岁）已从 2007 年至 2012 年间就业人数的增长中获得了利益。很明显，如果政策制定者未打算采取果断措施加强工作力度，将年轻成年人纳入其范围，那么这种较年轻劳动者集中失业的情况就预示着更加快速的经济复苏将带来不良后果。

表 3　发达经济体和欧盟的劳动力市场状况与前景（百分比）

		2009 年	2010 年	2011 年	2012 年	2013 年*	2014 年*	2015 年*	2016 年*	2017 年*	2018 年*
劳动力参与率		60.4	60.2	59.9	60.0	59.9	59.9	59.8	59.8	59.7	59.6
失业率	总计	8.4	8.8	8.4	8.6	8.6	8.6	8.4	8.2	8.0	7.9
	男性	8.8	9.1	8.5	8.6	8.6	8.5	8.3	8.0	7.8	7.6
	女性	7.9	8.4	8.3	8.5	8.6	8.6	8.5	8.4	8.3	8.2
	年轻人	17.4	18.1	17.6	18.0	18.3	18.0	17.4	16.8	16.3	16.0
	成年人	7.1	7.5	7.2	7.4	7.3	7.4	7.3	7.1	7.0	6.9
就业年增长率	总计	-2.2	-0.2	0.4	0.5	0.4	0.4	0.5	0.5	0.5	0.4
	男性	-3.1	-0.4	0.7	0.5	0.4	0.4	0.6	0.6	0.5	0.5
	女性	-1.1	0.0	0.1	0.6	0.4	0.3	0.4	0.5	0.5	0.4
	年轻人	-7.5	-4.0	-1.0	-1.1	-0.6	0.1	0.3	0.3	0.1	0.0
	成年人	-1.5	0.3	0.6	0.7	0.5	0.4	0.5	0.6	0.5	0.5
备忘录项目：GDP 年增长率		-3.6	2.6	1.6	1.4	1.0	1.9	2.4	2.5	2.5	2.4

注：*2013 年的数据为初步预估数据；2014—2018 年的数据为预测数据。

资料来源：国际劳工组织，《趋势计量经济学模型》，2013 年 10 月；国际货币基金组织《世界经济展望》数据库，2013 年 10 月。

图 17　部分经济合作与发展组织国家不同年龄组的失业状况（2012 年与 2007 年）

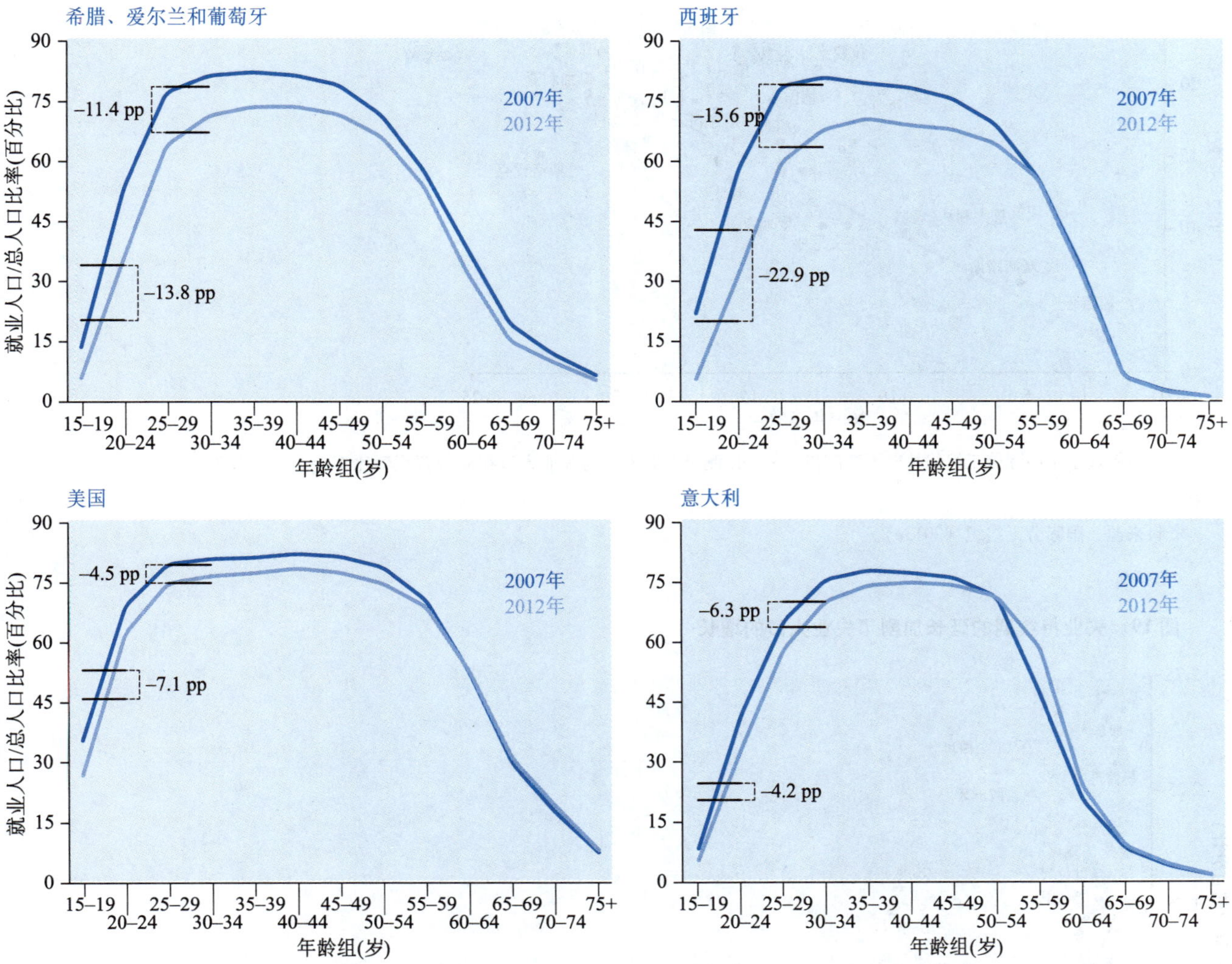

注：pp = 百分点。本图显示了 2007 年（深色线）和 2012 年（浅色线）部分经济合作和发展组织国家中以每 5 年为一组的每组就业人口/总人口比率。黑色破折号指示 2007 年至 2012 年青年人口（15—24 岁）和年轻成年人（25—34 岁）中就业人口/总人口比率的变化。

资料来源：经济合作与发展组织，在线数据库。

技能不匹配情况加剧，长期失业率上升

自从本地区许多国家的危机高峰期以来，劳动力市场错配情况有所加剧（参见图 18）。随着各行业对劳动力需求的改变，失业工作者越来越难在其原就业行业找到工作机会。在危机前从大幅增加的房产投资中受益的危机国家（如西班牙）中，建筑部门的严重就业损失导致技能需求发生了重大变化和行业就业情况的改变。然而，近年来，即便在看似成功保护劳动力市场不受危机影响的国家（如德国）中，外部需求的改变仍然造成了技术不匹配状况的加剧。劳动者自身技能与所需技能之间的不匹配的加剧将会使劳动力市场的复苏变得更加困难，因为求职者在从新的就业机会中获益前必须先掌握相关技能。因此，国家需要提供针对危机行业中失业者的有效的培训和教育投资方法。

虽然造成当前失业率居高不下的原因主要是招聘状况的疲软，而非岗位破坏，但失业持续期变得更长（参见图 19）。金融危机爆发初期，裁员情况明显上升。在可获取数据的国家中，岗位破坏已逐渐稳定或持续呈现下降趋势。但是，平均失业持续期的持续延长说明了就业机会创造的不足。综合考虑，这些趋势证实了前期分析的准确性，即金融危机实际上减缓了经济体面向增长速度较快部门的结构调整，从而抑制了快速复苏的潜力（参见国际劳工组织，2013c）。

图 18　技能不匹配：2005 年与 2012 年

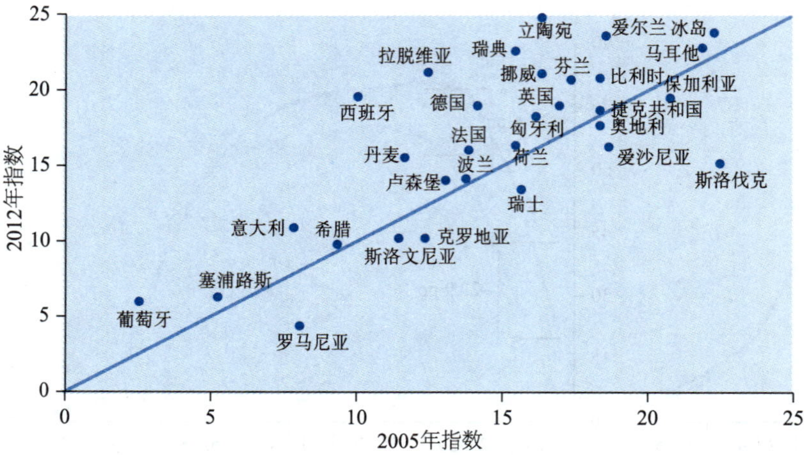

注：本图显示了国际劳工组织技能不匹配指标——以测量在职人口与失业人口在受教育程度比率差异的相异性指数为基础。

资料来源：国际劳工组织（2013e）。

图 19　失业持续期的延长加剧了失业人口的增长

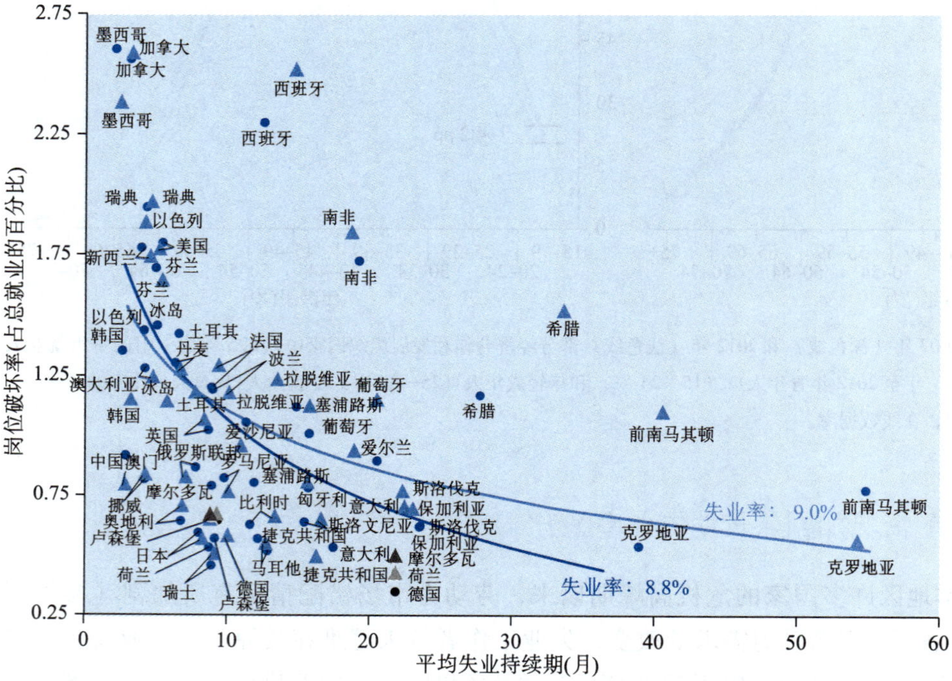

注：本图显示了 2011 年和 2012 年部分发达经济体的等量失业曲线图（等量失业曲线；参见国际劳工组织，2013c）。等量失业曲线图依据平均失业持续期绘制了指定年份中各国的岗位破坏率。等量失业曲线图向外部移动显示了失业率的上升。深色线和浅色线分别代表等量失业曲线 2011 年和 2012 年理论估算数据。图中国家的平均失业率在 2011 年达 8.8%，2012 年达 9.0%。

资料来源：国际劳工组织（2013e）。

人口结构变化和人口老龄化是造成就业机会创造放缓和平均失业持续期延长的部分原因。随着发达国家劳动力队伍中较年长人口份额的增长，求职者重返岗位会变得越来越困难。总体来说，劳动力队伍中年轻人口的工作流动率（岗位创造和岗位破坏的总数）较高。因此，在就业损失较严重且人口结构正在发生变化的国家，如欧洲大部分爆发金融危机的国家，就业复苏可能需要更长的时间。

专栏 3　房价周期是否是就业复苏放缓的原因？

与可支配收入和租金相比，许多发达经济体的房价持续高于历史平均水平（参见图 B3.1）。部分观察家认为高房价起码在一定程度上导致了这些国家失业率的大规模持续增长（阿斯科纳兹，2013 年）。

同时，作为经济增长的积极推动力，积极的房价走势为人们所接受。房价上涨和房产所有权使私人家庭更有富足感，私人消费的扩大速度预计将快于经济活动的发展速度（“财富效应”）。因此，房价的强劲上涨加快了就业机会的发展，因为其增长会推动建筑行业——就业密集型产业的发展。照此逻辑，金融危机爆发前，许多研究发现房产周期对商业活动具有积极的影响，房产投资应得到政府干预的支持——直到实现房价的持续上涨。

为评估房价对失业的影响，我们建立了针对 14 个发达国家的小型动态一般均衡模型。这个模型包含了房价增长影响失业率的三个渠道：(a) 房价上涨会促使工资增长更快；(b) 房价上涨降低了总生产率，因为建筑行业在整个经济中的规模扩大了；(c) 房价上涨加快了岗位的创造，减少了岗位破坏，因为私人消费提高并加强了总需求。同时，此模型还包含一般资产价格增长（包括房产和股票价格）渠道——对固定资本形成总额和长期利率产生影响。当前所述 14 国的模型的参数均已评估。

图 B3.1　部分发达经济体的房价走势

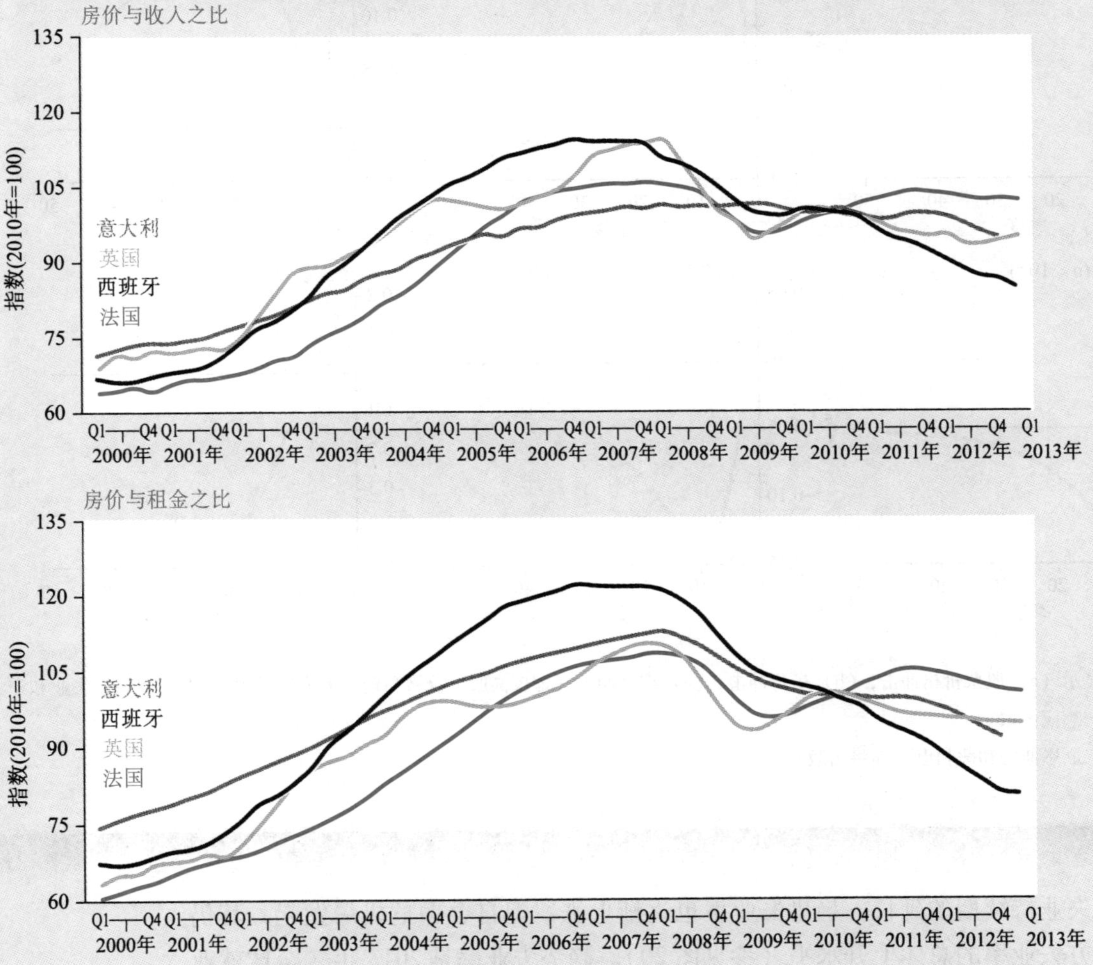

注：2010 年 = 100。Q = 季度。

资料来源：经济合作与发展组织，房价数据库，2013 年 10 月。

续

基于估计模型，图 B3.2 显示了（a）股票价格冲击，（b）房价冲击，（c）房价和股票价格联合冲击对平均失业率和产出的影响。在第一组中，仅考虑了股票价格的影响，就业率明确增长，但经济活动仅在初期有所增加；初步冲击过后，这两种影响迅速消失了。相反，第二组显示了房价对就业的负面效应超越了财富效应带来的积极影响，同时也显示了失业率上升有所放缓，但放缓幅度较小。将两种类型的冲击结合起来可以看出，与 2000 年至 2010 年间观测到的情况相似，实际上就业和经济活动的改善在短期内可以实现，但房价对于劳动力市场竞争力的影响恶化了市场前景，而且这种影响将长期存在。当前房价居高不下，在一定程度上导致了失业率持续高位不降。必须解决这一问题——尤其是在危机爆发的国家——方可实现就业的快速复苏。

图 B3.2　股票价格和房价冲击对失业率的影响

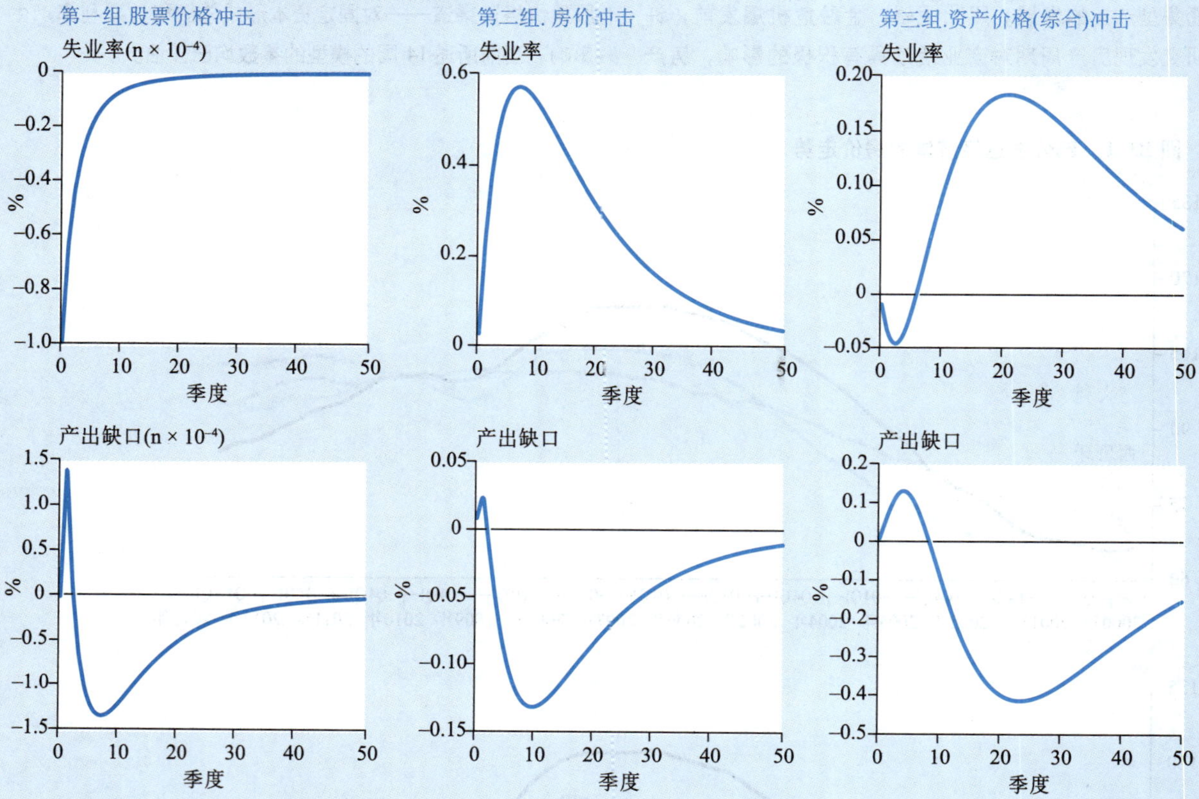

注：上图显示（a）股票价格冲击，（b）房价冲击，（c）综合冲击（即较高股票价格和较高房价）后 50 个季度期间，失业和产出缺口的冲击—响应函数。

资料来源：厄恩斯特和萨利巴（即将出版）。

随着平均失业持续期的延长，趋势失业率也逐渐上涨，但自金融危机爆发起，其仍然远远低于官方失业率的总体上升水平（参见图 20）。趋势失业率是 2013 年《全球就业趋势》报告提出的一个概念，用于衡量在商业周期过程中一个国家预期的平均失业率。它说明了劳动力市场错配状况的普遍程度——较高的不匹配水平会造成趋势失业率上升——且当经济运行处于可持续水平时，空缺岗位创造的平均强度水平。国际劳工组织测量的趋势就业率可与典型的结构性失业率相关联，但只是纯粹以劳动力市场信息为基础进行衡量，并未涉及通货膨胀率或产出缺口。趋势失业率的这种统计方法降低了其对任何特定理论的依赖并降低了数据和计算负担，因此它还适用于可用数据有限的国家。基于这种方法（参见国际劳工组织，2013c，第 3 章，附录 1，了解详细信息），经核查与

图 20　趋势失业率的变化

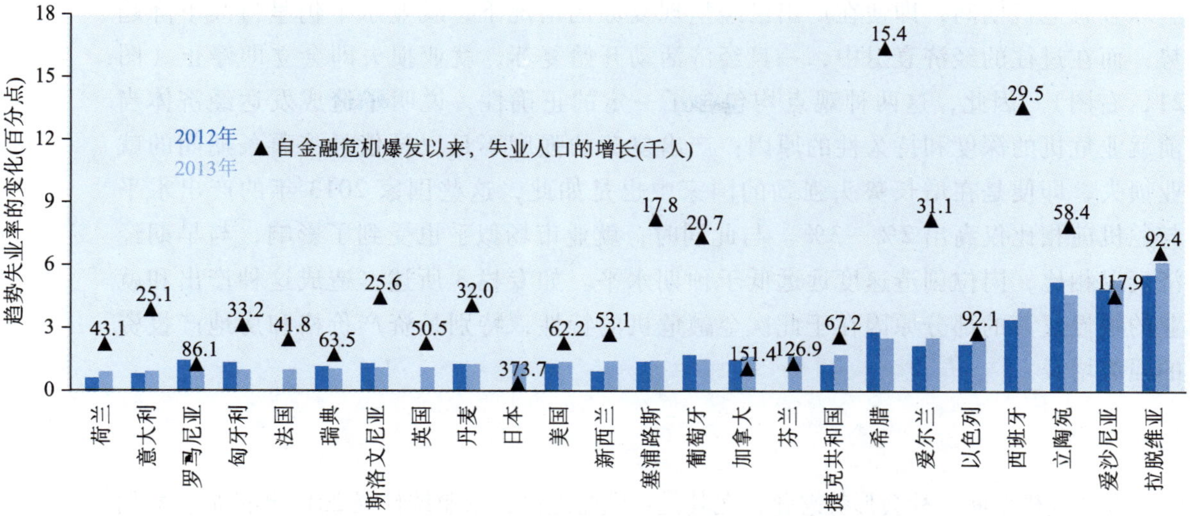

注：本图显示了自金融危机爆发以来趋势失业率的估计增长状况，并将 2012 年和 2013 年的情况进行了比较。三角形图例用于衡量 2008 年和 2012 年间失业率的增长，三角形上方数字表示 2008 年至 2012 年间求职者的绝对人数的增加。

资料来源：国际劳工组织的估算（2013e）。

2013 年的估算数据相比，一些国家的趋势失业率进一步增长，这说明在发达经济体和欧盟地区结构性劳动力市场问题变得日益突出。然而，与同期失业率的总体上升情况相比，受总需求变化影响较大的短期失业部分仍然是主导因素。因此，各国应继续致力于制定适当的加强劳动力需求的策略，并将其作为首要的政策目标。

经济活动的缓慢复苏和巨大的就业缺口激发了各方辩论，即由于 GDP 的增长程度过低，无法为更强劲的岗位创造提供支持。图 21 比较了近期全球金融危机期间七国集团经济活动和就业水平的演变，并将其与 1970 年至 2007 年经济衰退期间的相似趋势进行了对比。如图所示，全球金融危机过后，这些国家的经济活动出现了增长，与早期衰退过

图 21　经济衰退转折点前后的 GDP 和就业复苏状况（七国集团国家）

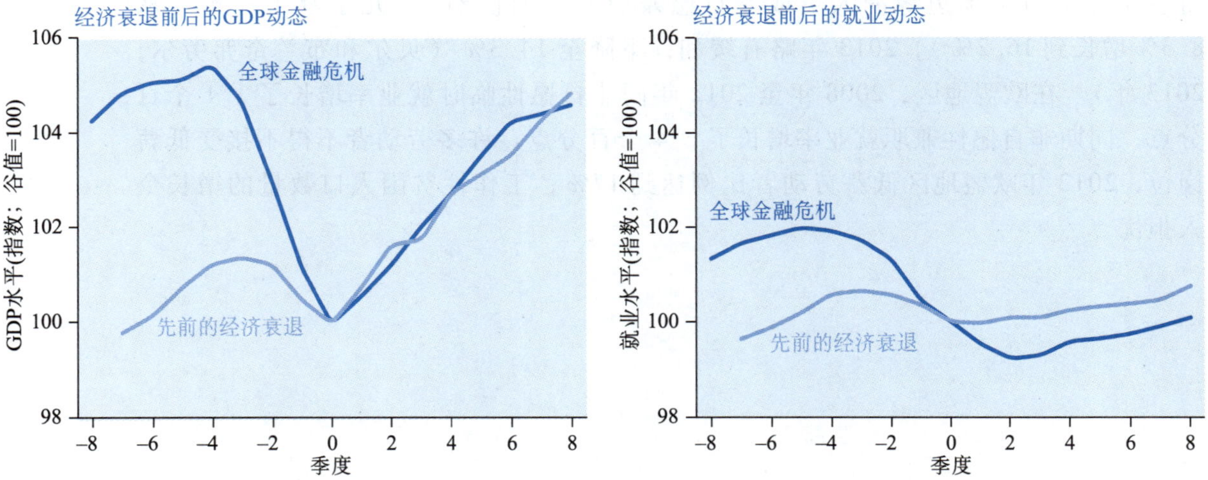

注：本图将全球金融危机和 1970 年至 2007 年间平均经济衰退状况进行了比较，显示了经济衰退转折点前后的七国集团国家经济活动和就业水平指数。

资料来源：经济合作与发展组织，《主要经济指标》；国际劳工组织员工的计算。

后的增长强度几乎相同，但此次复苏前的下降幅度相对更大（图21，左图）。同时，全球金融危机期间，即便在产出已经呈现复苏的情况下，就业水平仍呈持续下降趋势，而在过往的经济衰退中，一旦经济活动开始复苏，就业损失即会立即停止（图21，右图）。因此，这两种观点均包含了一定的正确性，说明了造成发达经济体当前就业危机的深度和持久性的原因：产出复苏的强度不足以补偿经济萧条期间的就业损失，即便是在增长势头强劲的国家中也是如此，这些国家2013年的产出水平与危机前相比仅高出2%—3%。与此同时，就业市场似乎也受到了影响，与早期经济衰退相比，岗位创造速度远远低于预期水平。如专栏3所述，造成这种产出和就业的缓慢复苏的部分原因在于此次金融危机的特性，特别是资产价格和房地产投资的强势增长。

社会发展

金融危机期间，社会形势恶化，尤其是在欧盟地区：欧盟统计局2011年的最新数据表明有1/4的人口（24.2%）处于贫困和社会排斥的危险中，这一比率在短短两年中增长了1.2个百分点，这种恶化在受经济和金融危机影响最大的国家（希腊、爱尔兰、葡萄牙和西班牙）中尤其严重，尽管这些国家的劳动力市场条件已初现适度改善，但其就业水平的起点非常低。其他国家，如奥地利、德国和北欧国家，似乎没有受到此次危机带来的社会和经济影响。相比之下，欧盟新成员国（克罗地亚除外）实际处于贫困危险的人口比率出现了整体下降，从2008年的31.7%下降到2011年的30.6%，但是不同国家的状况各不相同。然而，在危机的第二阶段，大部分欧盟国家都走上了财政整顿的道路，大幅削减福利体系和公共服务的供给，给失业人口及其家庭和社会保障体系未覆盖或低覆盖的群体（如初次求职者、非正规就业劳动者、少数民族和移民组群、单亲家庭和领取养老金的人口）造成了严重影响，进而给社会凝聚力和社会公正带来了负面后果。这些政策选择增加了社会动荡的风险，在欧盟地区尤其明显，国际劳工组织公布的欧盟地区社会动荡指数从2006年/2007年的34%增长到了2011年/2012年的46%（国际劳工组织，2013d）。

此外，由于非自愿性临时及兼职就业、在职贫困、非正规工作、岗位和工资两极分化、收入不均等问题进一步加剧，金融危机对于大多数国家的就业质量产生了负面影响。以美国为例，2007年至2009年间，其不充分就业率——即失业人群、游荡在劳动力市场边缘的人员或非自愿兼职人群的份额——几乎翻了一番（从8.3%增长到16.2%），2013年略有缓和，下降至14.3%（贝尔和布兰奇弗劳尔，2013年）。在欧盟地区，2008年至2012年间非自愿性临时就业率增长了1.1个百分点，同期非自愿性兼职就业率增长了2.4个百分点。许多劳动者不得不接受低薪岗位，2012年欧盟地区低薪劳动者比例达到17%，工作性贫困人口数量的增长令人担忧。

中欧和东南欧（非欧盟）及独联体

增长大幅放缓

2012 年，中欧和东南欧（非欧盟）及独联体面临着经济增长的急剧下滑，从 2011 年的 5.6% 降至 3%（参见表 4）。这个总数掩盖了中欧和东南欧（非欧盟）次区域与独联体次区域之间经济动态的巨大差异：独联体下降了 1.4 个百分点（GDP 增长率从 2011 年的 4.8% 下降到 2012 年的 3.4%），中欧和东南欧（非欧盟）下降了 3.7 个百分点，达到 1.6%。造成这种急剧下降的主要因素是对于碳氢化合物、金融和其他矿物（该地区许多国家的主要出口商品）的全球需求逐渐下降，以及该地区的重要贸易伙伴（欧元区）的持续危机。俄罗斯联邦商品出口疲软、国内投资活动和国内消费者需求低迷，估计其经济增长进一步降低至 1.5%，因此，2013 年这种不良发展在独联体持续存在。相比之下，中欧和东南欧（非欧盟）的经济增长略有回升，据估计 2013 年将增长约 0.6 个百分点，这在某种程度上应归功于土耳其经济的温和复苏：因公共投资急剧上升带来国内需求恢复，土耳其的 GDP 有望提高 3.6%。如果 2014 年欧盟能够真正实现预期的经济复苏，即便幅度较小，该地区将从中获益，增长将提速，但预计这种增长将远低于 2010 年至 2011 年的水平。2013 年，外国直接投资（FDI）的增长将有助于经济复苏；但是，它也会不可避免地引起经常账户收支再次恶化，对中欧和东南欧（非欧盟）国家来说尤其如此，因此加剧了未来经济不稳定的风险。

表 4　中欧和东南欧（非欧盟）及独联体的劳动力市场状况及前景（百分比）

°		2009 年	2010 年	2011 年	2012 年	2013 年*	2014 年*	2015 年*	2016 年*	2017 年*	2018 年*
劳动力参与率		59.0	59.1	59.5	59.7	59.8	59.9	59.9	59.9	59.9	59.7
失业率	总计	9.9	9.2	8.5	8.0	8.2	8.3	8.2	8.2	8.2	8.1
	男性	10.6	9.6	8.8	8.2	8.5	8.5	8.5	8.5	8.4	8.4
	女性	9.2	8.7	8.2	7.7	7.9	7.9	7.9	7.9	7.8	7.8
	年轻人	20.0	19.0	17.9	17.5	18.0	18.1	18.1	18.0	18.0	18.0
	成年人	8.2	7.6	7.0	6.6	6.8	6.9	6.9	6.9	6.9	6.9
就业年增长率	总计	-1.3	1.4	1.8	1.1	0.2	0.2	0.3	0.1	0.0	-0.1
	男性	-1.7	1.8	1.9	1.0	0.2	0.3	0.4	0.2	0.1	0.0
	女性	-0.7	1.0	1.7	1.1	0.1	0.1	0.1	0.0	-0.1	-0.2
	年轻人	-5.0	-2.2	-0.9	-4.6	-3.7	-3.3	-3.2	-3.0	-2.7	-2.4
	成年人	-0.7	2.0	2.2	1.9	0.7	0.7	0.7	0.5	0.3	0.2
备忘录项目：GDP 年增长率		-5.9	5.8	5.6	3.0	2.5	3.3	3.9	3.9	3.9	3.9

注：*2013 年的数据为初步预估数据；2014—2018 年的数据为预测数据。

资料来源：国际劳工组织，《趋势计量经济学模型》，2013 年 10 月；国际货币基金组织，《世界经济展望》数据库，2013 年 10 月。

劳动力市场前景仍然黯淡

2013 年，令人失望的经济发展情况给就业增长带来了不良影响，导致长期的就业率增长趋势暂时停滞。但如经济能够实现预期复苏，预计 2014 年就业水平和就业率均会出现回升。独联体次区域的总体就业率相对较高，但中欧和东南欧（非欧盟）国家就业率明显较低，在波黑、塞尔维亚和前南马其顿，就业率甚至下降至 40% 以下。

失业率自 2009 年金融危机高峰以来不断下降，但在 2013 年出现逆转，估计地域失业率将增长 0.2 个百分点，并在 2016 年前始终保持这一高水平。这个总数掩盖了国与国之间广泛的差异。一方面，俄罗斯联邦仍然出现了空前的低失业率水平，月失业率在 5%—6% 之间波动，虽然当前经济放缓，但 2013 年未出现失业率增长趋势。另一方面，波黑、塞尔维亚和前南马其顿的失业率稳步超过 25%，有些国家甚至在 2012 年和 2013 年上半年出现增长。自 2009 年出现快速下降以来，土耳其的失业率于 2013 年出现了首次上涨。

总体来说，中东和东南欧（非欧盟）次区域的失业水平明显高于独联体次区域，在独联体次区域，只有亚美尼亚的失业率较高（2012 年达到 17.3%）。但实际差异更小一些：在中欧和东南欧（非欧盟）被视为失业的部分人口实际上处于非正规就业状况（劳动力调查未能完全反映出这种现象），独联体次区域的就业人口中也有一大部分为非正规工作者。据国际劳工组织估计，2009 年阿塞拜疆非正规工作者约占总人口的 1/4（26.5%），土耳其非正规工作者占总人口的近 1/3（30.6%），吉尔吉斯斯坦一半以上的人口（59.2%）为非正规工作者（国际劳工组织，2011a）。非正规就业主要普遍存在于农业和服务部门，但并不限于这两个部门。有证据表明，受教育程度低的人群、年轻人、老年人及患有慢性疾病的人更有可能接受非正规就业，移民工作者尤其会冒非正规就业的风险。多数情况下，非正规工作并不是工作者的自主选择，而是在缺乏良好正规就业机会情况下的被动选择。在非正规就业中，工作者通常会面临恶劣的工作条件和低收入水平。

由于兼职工作和定期合同非常少见，非正规和低收入就业也是该地区弱势就业的主要形式。国际劳工组织估计，1999 年后弱势就业的份额稳定下降。但危机阻碍了这种有利的发展，预计到 2015 年后方有望再次出现下降趋势。但是与经济发达地区以外的全球其他地区相比，该地区在弱势就业率方面还有下降空间，因为仍有 1/5 的工作者为弱势就业群体。然而，该次区域中各国弱势就业水平之间存在着显著的差异。

巴尔干半岛西部地区国家的长期失业率处于高水平。失业持续期的延长大幅降低了求职者再就业的机会，这是因为求职者失去了相关技能和劳动力市场依附。从终身学习的角度看，应进一步提高培训的可获得性和质量。应定期收集和分享技能需要和技能预测数据，以实现循证决策的制定。此外，应进一步发展职业生涯咨询服务。但更令人关注的是，在许多家庭，甚至是在一些人口群体（如，罗姆人）中，失业问题已经给数代人带来了影响，来自这些家庭或人口群体的年轻人目前不准备进入劳动力市场。

该地区就业方面的性别差距仍然很大，且总体趋势正在进一步扩大。非正式经济中的女性更多，她们通常就职于自给农业部门。受到经济危机的影响，女性为了能够继续维持家计，往往被迫接受低于其资质等级的工作。当前的财政整顿措施和政府支出的削减严重影响了面向最弱势女性群体的社会计划的资金供应。

白俄罗斯、俄罗斯联邦和乌克兰等国的数据显示，男性和女性就业率之间的差异很小。相比较而言，阿尔巴尼亚、波黑、高加索地区和中亚国家的女性就业水平明显低于男性。土耳其是本地区就业方面性别差距最大的国家——2012 年为 38.7 个百分点（男性就业率为 65%，女性就业率仅达 26.3%）——而这一差距的缩小速度非常缓慢。

危机使年轻人受到了重创。2009 年，青年就业率降低是成年人就业率降低的五倍，青年就业增长率并未实现好转。到目前为止，这种情况并未对青年失业率产生影响，因为年轻人更多地是想接受教育或退出劳动力市场，造成了啃老族（不就业、不接受教育或培训的年轻人）比例不断攀升。金融危机彻底逆转了 2000 年后经济繁荣时期年轻人口/总人口失业比重的下降趋势。2013 年这一比例达到 2.6%，预计未来五年仍将保持这一水平。该地区不同国家的青年失业率也呈现出巨大的差异，波黑、塞尔维亚和前南马其顿的青年失业率均超过 50%。在波黑，青年失业率达 63.1%，即将近 2/3 的年轻人失业。

社会发展

按每天 2 美元贫困率水平划分，20 世纪 90 年代，该地区总就业人口中的工作性贫困工作者所占份额呈现总体急剧下降趋势，2000 年以后，这种下降速度开始放缓。但在危机期间，这种整体趋势依然延续。尽管社会发展状况总体向好，但在一些国家，尤其是高加索和中亚地区，大部分人口群体（包括农村人口、失业人口、大家庭和移民工作者）均依靠低收入生活，其收入水平远远低于国家贫困线，而且不在社会保障/援助的范围内，无法获得低收入补贴或收入补偿。

国际劳工组织全球工资数据库显示，在危机期间，许多中欧和东南欧（非欧盟）国家的实际工资下降，独联体国家的工资增长与危机前相比明显下降。由于该地区许多国家的基尼系数水平很高——基尼系数用于衡量收入在各家庭之间的分配状况（如，格鲁吉亚、前南马其顿、土耳其和俄罗斯联邦的基尼系数均接近或超过 0.4），这种不良的工资发展状况对于更贫困的阶层产生了负面影响。

本地区工资方面的性别差距很大。萨塔尔提供的数据（2012 年）显示，巴尔干半岛西部各国的男性平均工资比女性高 23%，独联体国家的这一差距更大，其中格鲁吉亚男女工资差异达 50%，塔吉克斯坦达 65%。

持久的新兴挑战

自过渡危机期间许多国家的制造业崩溃后，该地区仍然依赖于采掘业以及碳氢化合物和矿物（仅在部分国家进行进一步加工）的出口、纺织业、农业和一些农产品的出口。然而，采掘业和重工业对总体就业并没有太大帮助，而纺织业和农业就业的特点是生产率低下。服务业仅提供一部分优良岗位，其大部分岗位质量低、生产率低。促进国内生产和出口基础的多样化、提高现有岗位的生产率和质量以及创造新的高生产率岗位所需的工作力度仍然不足，需要进一步增强。

各国应通过快速降低纵向和横向劳动力市场的隔离政策及缩小工资性别差距，推行相关政策解决工作中的性别不平等问题，提高女性的经济地位。同时，工作和家庭责任的协调措施应得到进一步增强，以提高女性的劳动力参与率，从非正规就业转移到正规就业。应制定有针对性的计划，鼓励女性创业并帮助那些易受贫困影响的女性（残疾女性、罗姆女性和农村地区女性）。应进一步推动现有性别敏感的监管框架和政策框架的有效实施。

青年失业率高企仍然是本地区面临的另一大挑战，从学校向工作过渡的过程中遭遇的困难不仅与缺乏工作经验相关，还与年轻人掌握的技能与雇主所需技能之间的严重不匹配有关。各国有必要改进它们的教育和培训政策，鼓励企业更多地参与教育和培训系统的改革和资金共筹，加强就业服务和劳动力市场政策，以克服技能不匹配问题并支持年轻人进入劳动力市场。应采用灵活的培训系统来提高年轻人的就业能力，这种培训系统的目标在于创造有偿工作，提供更多更优质的就业指导服务。雇主组织和工作者组织的能力应得到进一步增强，以便提高教育、培训和终生学习政策和计划的实用性和质量。应通过私人部门的发展来推动青年就业率上升，尤其应建立激励系统，以推动青年就业和人力资本的发展（通过雇主组织和工作者组织的积极参与），并建立专门的青年创业服务。该地区老龄化人口超过半数，而这些措施对于人口老龄化的国家来说极其重要，能够预防未来将阻碍经济增长的严重的劳动力短缺。对于青年人口占多数的一部分国家（阿尔巴尼亚、阿塞拜疆、土耳其和中亚国家）来说，这些措施也具有重要的意义，能够帮助它们更好地发挥这一巨大潜力，以便加快经济和社会发展。

拉丁美洲和加勒比地区

增长放缓

2013 年，经济活动持续减缓（图 22）。2013 年经济增长下降至 2.7%，主要原因是外部条件的不确定性影响投资决策，制约了经济体（如阿根廷、巴西和巴拉圭）的总体供给。该地区所有国家的不确定性并非来自一个源头：南美国家更易受到欧元区和中国的冲击的影响，而中美洲国家主要与美国经济相关联（联合国拉丁美洲和加勒比经济委员会，2013 年）。加勒比地区的经济增长也出现减速，多米尼加共和国、海地和牙买加的经济增长率均在 3% 以下。相反，多民族的波利维亚、智利、哥伦比亚、秘鲁和委内瑞拉的经济增长率均高于平均增长率，这主要得益于这些国家强大的商品出口市场（出处同上）。

近年来的地区经济表现应归功于降低通货膨胀率的宏观经济稳定性的改善。为公共投资的可持续比率提供支持的财政改革有助于增强经济体的实力。一些国家通过扩大财政空间为缓解贫困和不平等的干预措施提供支持，这有助于加强总需求的扩大。由于主要贸易合作伙伴商品市场的波动和强劲复苏的缺乏对该地区造成溢出效应，该地区良好的宏观经济环境开始面临压力。自 2012 年中期以来，经济环境略显稳定，但 2013 年这些溢出效应进一步降低了该地区的经济增长。预计随着外部环境的改善，2014 年经济活动和增长将出现适度转机。

近年来，与各主要金融中心的低回报率历史记录相比，国际资本市场资本流动性高，投资者试图提高投资回报率，因此促使部分地区经济体从大量资本流入中受益。然而，预计美国货币政策正常化将最终推高利率，促进美元升值，一些经济体的资本流出量显著提高，显示了早期资本流入的自由特性。

图 22　1991—2018 年拉丁美洲的年 GDP 增长（百分比）

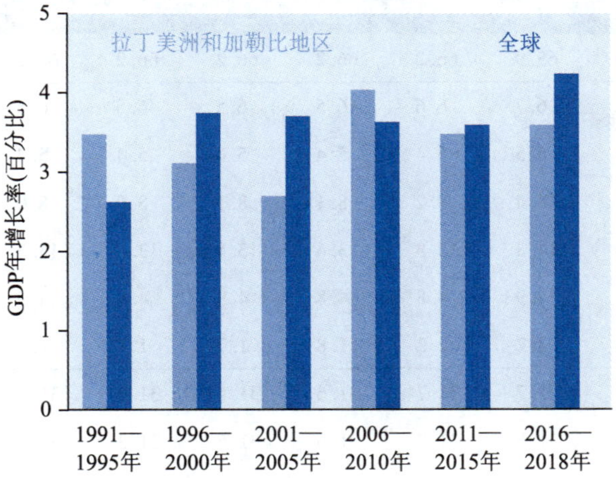

注：自 2013 年起的预测数据。

资料来源：国际劳工组织员工根据国际货币基金组织《世界经济展望》（2013 年 10 月）数据库的计算。

就业增长持续超出劳动力的扩张

随着经济活动的减速，就业增长从 2010 年的 2.4% 放缓到 2013 年的 2% 以下（参见表 5）。尽管如此，失业率仍然随着劳动力增长的下降而持续下降。2013 年，预计该地区的求职总人数占经济活跃人口的 6.5%。尽管预计产出将恢复增长，但 2014 年及以后年份就业将呈现温和增长态势，因此，2018 年预测期结束前，失业率将继续下降。

岗位质量持续提高。具体来说，过去十年中工作性贫困人口（或家庭人均每天消费在 2 美元以下的工作者）的份额出现了明显、持续的改善，其在总就业人口中的占比从 2003 年的 15% 下降到 2013 年的 6.7%。受到较高的地区经济增长率和政策干预的驱动，当前劳动条件与 20 世纪 90 年代（工作性贫困人口比率仍保持在 15%—20%）相比得到了显著改善。虽然增长速度放缓，但 2018 年工作性贫困人口有望进一步下降至 6% 以下。

年轻劳动力进入劳动力市场时面临着特殊障碍。因此，青年失业率是成年人失业率的两倍以上。而且，青年岗位和成年人岗位的质量有所不同，面向年轻人口的岗位稳定性低。展望 2018 年，预计年轻人口/总人口失业比重仅出现适度降低，从 2012 年的 2.8% 下降到 2018 年的 2.6%，因此年轻人的就业前景并无明显改善。

该地区的弱势就业人口虽略有下降，但仍有 1/3 的在职人口属于弱势劳动者。弱势就业指数用于表示较差的劳动条件，这一指数对自负盈亏工作者和无酬家属工作者的重要性进行了评估，因为这部分群体不太可能拥有正规工作安排并被纳入社会保障体系和拥有固定收入。鉴于这两个群体的就业指数的高度关联性，到 2018 年，弱势就业形势将略有改善，这将有助于降低非正规就业率。非正规就业率是一个更加直接的岗位质量指数，可对正规部门内部和外部的非正规岗位进行识别。[①] 大多数非正规就业存在于正规部门之外，但正规部门中的非正规就业比例（11% 以上）也相当大（图 23）。虽然该地区许多国家的非正规就业率有所减少，但对于失去正规部门工作或无法在正规部门找到工作的群体来说，非正式经济仍然是一个重要保障，因为该地区大部分国家缺乏覆盖范围全面、充分的社会保障体系。以墨西哥为例，在经济衰退期间，非正式经济中就业率的增长降低了正式经济中就业可能性下降造成的影响，危机前墨西哥非正规就业已经呈现的下降趋势因此而中止（参见专栏 4）。

---

① 非正规就业的特征是在不支付工资、强制加班或额外轮班、无通知或无赔偿裁员、工作条件不安全和缺乏社会福利（养老金、病假工资和医疗保险）情况下缺乏保护。

表 5　拉丁美洲和加勒比地区的劳动力市场状况和前景（百分比）

		2010 年	2011 年	2012 年	2013 年*	2014 年*	2015 年*	2016 年*	2017 年*	2018 年*
劳动力参与率		66.0	65.9	66.2	66.2	66.2	66.2	66.2	66.2	66.3
失业率	总计	7.3	6.7	6.6	6.5	6.5	6.5	6.5	6.4	6.4
	男性	6.0	5.5	5.4	5.4	5.4	5.4	5.4	5.3	5.3
	女性	9.1	8.4	8.2	8.1	8.1	8.0	8.0	8.0	7.9
	年轻人	15.0	14.3	13.8	13.6	13.5	13.4	13.3	13.2	13.1
	成年人	5.4	4.9	4.8	4.8	4.9	4.9	4.9	4.9	4.9
就业年增长率	总计	2.4	2.2	2.3	1.8	1.7	1.7	1.6	1.6	1.5
弱势就业率	总计	31.8	31.7	31.7	31.6	31.5	31.3	31.1	31.0	30.8
	男性	31.6	31.5	31.7	31.6	31.5	31.3	31.1	30.9	30.7
	女性	32.0	32.0	31.7	31.6	31.5	31.3	31.2	31.1	30.9
工作性贫困(每天 2 美元)	总计	7.5	7.2	6.9	6.7	6.4	6.1	5.8	5.5	5.3
备忘录项目：GDP 年增长率		6.0	4.6	2.9	2.7	3.1	3.5	3.7	3.7	3.7

注：*2013 年的数据为初步预估数据；2014—2018 年的数据为预测数据。由于地区覆盖范围的不同，表中的数据与《劳动概述》（*Panorama Laboral*，国际劳工组织，2013a）中公布的数字略有不同。

资料来源：国际劳工组织，《趋势计量经济学模型》，2013 年 10 月；国际货币基金组织，《世界经济展望》数据库，2013 年 10 月。

图 23　2009—2012 年非正规就业结构（百分比）

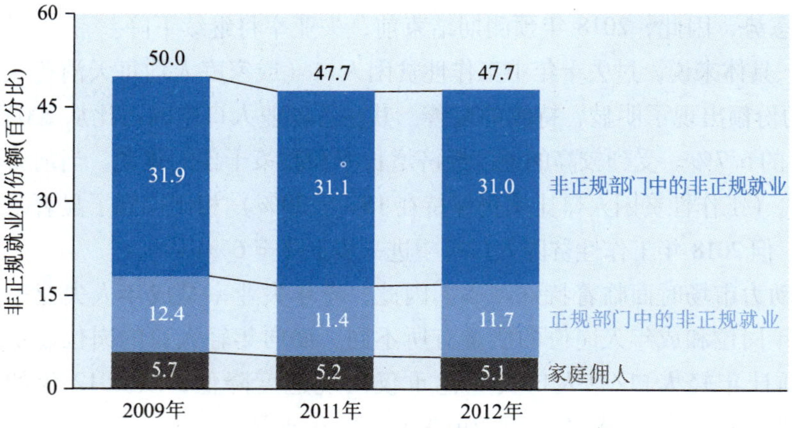

资料来源：国际劳工组织——区域办公室和 SIALC。

图 24　2000—2018 年劳动生产率指数

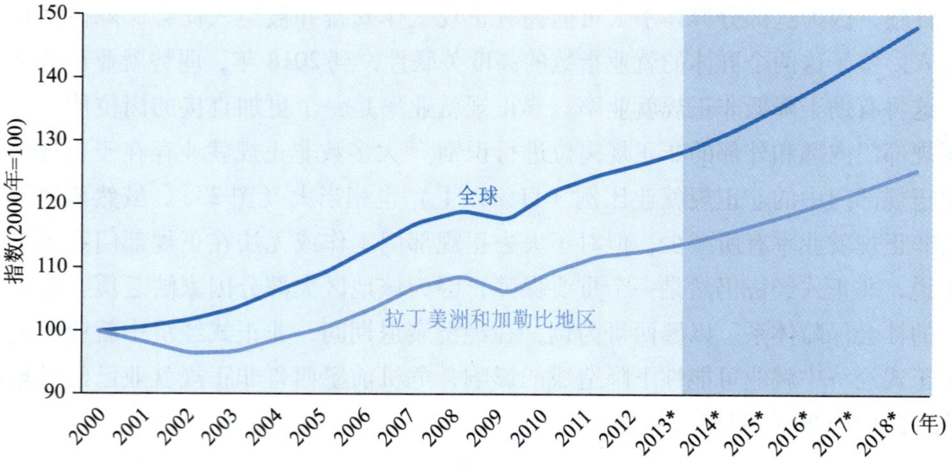

注：2000 年 = 100；*2013 年的数据为初步预估数据；2014—2018 年的数据为预测数据。

资料来源：国际劳工组织，《趋势计量经济学模型》，2013 年 7 月；世界银行，《世界发展指标》数据库，2013 年。

2009 年金融危机期间，该地区的劳动生产率出现下降，但危机后立即出现了温和复苏。虽然预计该地区的生产率增长低于世界平均水平（参见图 24），但经观察发现，2003 年以来出现的上升趋势有望持续到 2013 年以后，不过，增长水平仍低于全球平均水平。其原因在于，预测数据显示 2014 年至 2018 年经济增长和潜在的劳动生产率分布将有所改善，这说明低生产率部门将表现出较高的就业份额。[①]

专栏 4　墨西哥的劳动力流动：正规与非正规工作者的流动

通过对劳动力市场的转移动态进行分析，我们得出了关于非正式经济对于失业率周期性波动的影响的有用信息。如表 B4.1 所示，与正式经济相比，非正式经济中的平均季度求职概率（从失业人口中的流出率）要高得多（分别为 11% 和 23%）。相比之下，非正规就业与失业率并不具相关性（与季度失业率的关联系数为 -0.08），随着失业率的上升，非正规就业概率的变化并不明显。出现这样的结果主要是由于劳动者成为非正式经济雇员的概率相对略有下降（与正式经济相比），以及成为非正规个体经营者的可能性有所增加。换句话说，成为非正式经济中的个体经营者的概率实际上具有反周期性，足以抵消非正规雇员群体就业率下降造成的影响。

对于正式和非正式经济来说，在失业率高的阶段，其离职风险（失业流入率）都会上升，而与正规雇员相比，非正规雇员的离职风险高出一倍（1.1% 与 2.3%）。虽然非正规就业提供了更高的就业概率，从而可以缓冲失业率上升带来的压力，但因为非正式经济中缺乏合同和劳动法规，这种就业往往稳定性更低。

表 B4.1　失业人口流入和流出的转移率（百分比）

	正规			非正规			退出劳动力市场
	受雇工作者	个体经营者	总计	受雇工作者	个体经营者	总计	
流出量							
平均季度风险率	10.9	0.3	11.2	17.3	5.8	23.0	19.7
与失业率的关联	-43.8	-21.0	-46.0	-16.8	12.1	-8.2	-32.7
流入量							
平均季度风险率	1.2	0.4	1.1	1.8	0.9	2.3	1.1
与失业率的关联	66.2	61.9	67.8	78.3	82.8	83.9	66.5

资料来源：国际劳工组织依据不同年份的《墨西哥家庭调查》的估算。

在最近的经济衰退中，正式经济中求职概率的降低具有非常重要的意义（参见图 B4.1）。数据显示，造成墨西哥 2008 年 6 月至 2009 年 9 月间失业率上升的主要原因是正式经济中的求职概率较低以及正式和非正式经济中离职率较高。与此同时，非正式经济中的岗位可获得性似乎缓冲了此阶段观测到的失业率上升带来的压力。两个季度后，来自正式经济中的失业人口流入的增长开始出现逆转，随着经济衰退的逐步恶化，非正式经济中的离职率持续上升。相比之下，在以往的经济衰退中，进入正规与非正规岗位的流出人口的下降推动了失业率的上升。这些结果更加强调了一个观点——虽然非正规就业能够提供一个安全阀，以减少总体经济中失业持续期的总长度，但这种类型的就业具有高度的不稳定性，对于失业人数不断上涨的阶段来说尤其如此。

理解并量化商业周期中的这些转移对于公共政策具有重要意义，因为它表明对于失业率上涨的最佳响应将会因政策在经济低迷开始时执行或在较晚的经济衰退过程中执行而有所不同。依据企业和正规与非正规岗位工作者进行的部门间的重新分配会导致失业率的暂时下降，但鉴于非正式经济中的高度的人员流动性，这种重新分配短期后将会出现逆转。

① 库西拉和罗恩科拉图（2012 年）发现，有证据表明与发达国家相比，发展中国家的劳动生产率和就业增长率之间具有较强的负相关性。

续

图 B4.1　墨西哥各部门失业率增长期间，失业人口流入流出风险率的变化

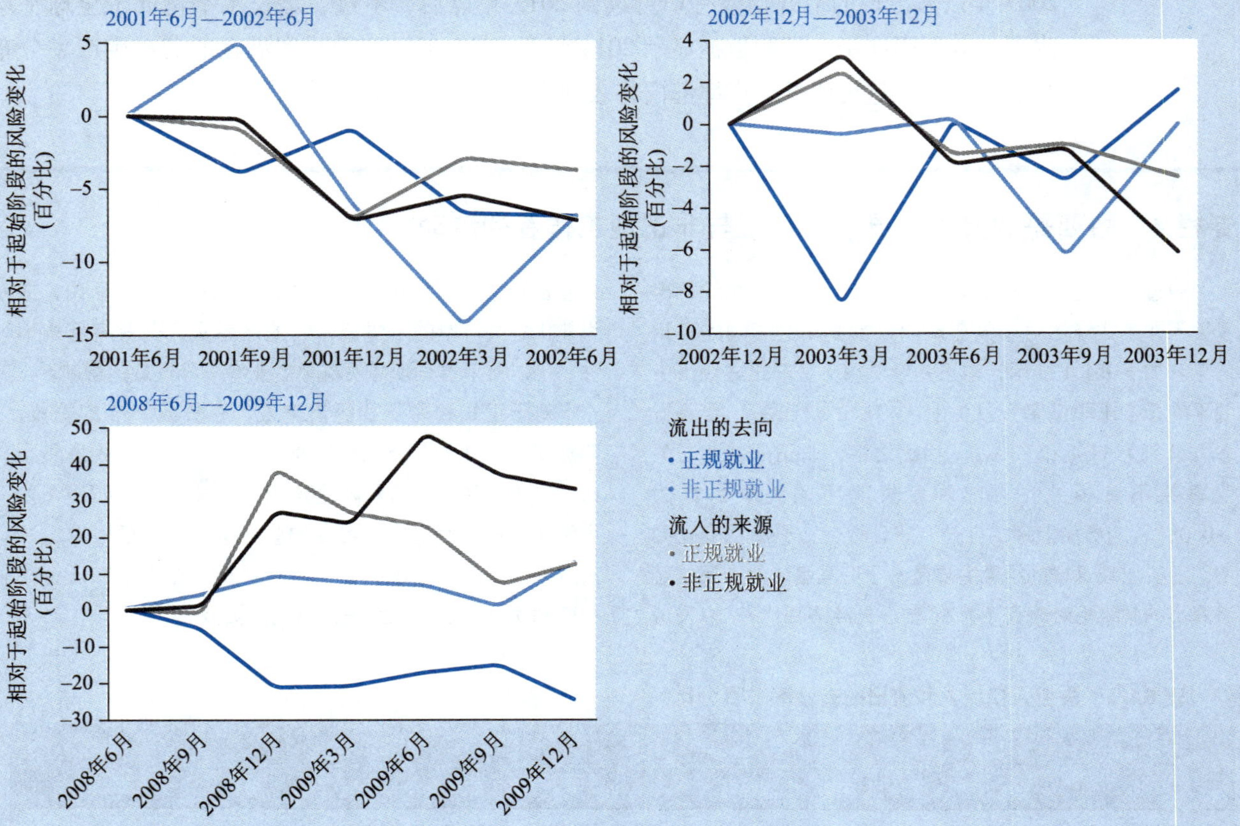

资料来源：国际劳工组织员工基于《墨西哥家庭调查》的估算。

社会发展与新挑战

即便非正规就业已呈现下降之势，就劳动力市场条件的改善来说，减少非正规就业仍然非常重要，因为它影响着将近半数的工作者。而且，国际劳工组织的估算数据显示，如果没有积极的政策支持，劳动生产率必须增长 140% 才能实现非正规就业率下降 50%，而这至少要花费 30 年的时间。因此，对于该地区的各个国家而言，减少非正规就业的积极政策是劳动力市场政策议程的核心。在这方面，2013 年 8 月国际劳工组织区域办公室发布了“拉丁美洲和加勒比地区非正规就业形式”（FORLAC）计划，同年 7 月，墨西哥政府发布了就业正规化计划（Programade formalizacíon del empleo）。哥伦比亚政府正在实施“哥伦比亚正规工作”计划，巴西、阿根廷等其他国家实施明确政策已有近十年历史。其他部分国家（秘鲁和多米尼加共和国）的具体战略目前正在讨论中。

尽管过去十年中该地区许多国家都取得了重大进展，但经济的增长仍需更具包容性。利用经济增长成果增强社会福利事业已成为本地区政策议程的首要任务。这包括减少因收入不均、公共资助服务覆盖不足造成的社会保障服务供应方面的细分，同时降低因经济波动和岗位破坏造成的劳动力市场脆弱性。在这方面，旨在缩小历史生产率差距的积极政策是根本条件，因为这些政策不仅决定了收入的分配，在社会政策的财政可持续性方面也发挥着至关重要的作用（联合国拉丁美洲和加勒比经济事务委员会，2012 年）。

东亚

全球增长支持该地区的经济活动

全球经济复苏缓慢，从而导致东亚地区经济前景继续堪忧。2013 年，东亚经济增长率为6.7%（表6），较2012 年小幅上涨。中国经济增长至8%（这是过去十年中增速较低的水平），这一适度放缓趋势在一定程度上反映了中国经济结构调整的长期战略，即从依赖出口和投资转向内需。2013 年，中国香港、韩国和中国台湾的经济增长率均在3%左右，较上一年相比，有小幅回升。2013 年，蒙古经济增长强劲，增长率高达14%，其部分原因是受到中国需求的推动，同时，虽然消费物价上涨适度放缓，但依然居于高位，上涨幅度为11.1%。①

2013 年，东亚劳动生产率增长强劲，达6.2%，超过所有其他地区。但这一增长处于该地区过去十年扩张进程中的第二低位。尽管自1993 年以来，人均产出年复合增长率为7.2%，但2013 年其生产率水平仍不足发达经济体和欧盟地区的1/4。在东亚地区，各经济体和各行业波动较大。2012 年，韩国劳动生产率是中国的三倍，韩国的工业人均产出接近服务业的两倍。②在中国，农业和工业劳动生产率差距最大，其中农业劳动生产率仅为工业的1/6。相比之下，蒙古是东亚地区人均产出最低的国家，其服务业和其他部门的劳动力生产率差距最显著。

表6　东亚的劳动力市场现状及前景（百分比）

		2009 年	2010 年	2011 年	2012 年	2013 年*	2014 年*	2015 年*	2016 年*	2017 年*	2018 年*
劳动力参与率		70.7	70.2	70.4	70.6	70.8	70.8	70.9	70.8	70.7	70.5
失业率	总计	4.4	4.2	4.3	4.4	4.5	4.7	4.8	4.9	4.9	5.0
	男性	5.0	4.8	4.9	5.0	5.2	5.3	5.4	5.5	5.6	5.7
	女性	3.7	3.5	3.6	3.6	3.7	3.8	3.9	4.0	4.1	4.1
	年轻人	9.4	9.1	9.4	9.7	10.1	10.5	10.8	11.1	11.4	11.6
	成年人	3.4	3.2	3.3	3.5	3.6	3.7	3.9	4.0	4.1	4.2
就业年增长率	总计	0.4	0.6	1.0	0.8	0.7	0.5	0.4	0.3	0.2	0.1
	男性	0.5	0.8	1.0	0.9	0.7	0.6	0.5	0.4	0.3	0.2
	女性	0.1	0.3	1.0	0.8	0.6	0.5	0.3	0.2	0.1	0.0
	年轻人	-2.3	-3.2	-2.3	-3.9	-5.2	-5.7	-5.5	-5.1	-4.8	-4.2
	成年人	0.9	1.3	1.6	1.7	1.7	1.5	1.3	1.0	0.8	0.6
备忘录项目：GDP 年增长率			9.9	8.3	6.6	6.7	6.6	6.5	6.5	6.5	6.5

注：*2013 年的数据为初步预估数据；2014—2018 年的数据为预测数据。

资料来源：国际劳工组织，《趋势计量经济学模型》，2013 年10 月；国际货币基金组织，《世界经济展望》数据库，2013 年10 月。

---

① 国家GDP 增长和消费价格上涨平均值根据2013 年4 月国际货币基金组织《世界经济展望》数据库得出。

② 各国劳动生产率的比较基于国际劳工组织发布的《劳动力市场关键指标（第7 版）》（日内瓦，2011 年）。各行业劳动生产率的比较是由国际劳工组织员工根据国家统计局、《2012 年中国统计年报》（北京）、国家劳动力调查和世界银行发布的《世界发展指标》估算得出。

劳动力市场概况

东亚劳动力状况反映了多方面的人口和社会变化。过去十年间，东亚劳动力增长相对较少，2013 年仅增长了 0.7%。其中，年轻劳动力自 2007 年以来持续减少，单在 2013 年就缩减了 630 万（4.8%）。目前，这些趋势因经济活动人口老龄化和更多年轻人选择推迟从学校过渡到劳动力市场而有所加剧。在经济参与度的全球比较方面，2013 年东亚整体经济参与率（70.8%）和年轻劳动力经济参与率（55.1%）最高。但是，由于该地区致力于解决日益加剧的劳动力短缺问题，缩短经济参与率方面的性别差距（2013 年为 14.7 个百分点）将更加重要。

劳动力增长乏力的同时，2013 年东亚就业岗位也仅增加了 560 万个，即 0.7%。但是，就业水平的不断提高使男性受益更多，因为女性在新创造的就业岗位中担任的职位不足 2/5。因此，就业人口/总人口比率方面的性别差距略有上升，达到 13 个百分点。2013 年，年轻人就业岗位减少了 610 万个，即 5.2%。更重要的是，相关人士预测未来五年内这一缩减趋势将持续，从而使即将进入劳动力市场的年轻毕业生面临日益严峻的挑战。

全球经济形势使东亚求职者的就业前景不甚明朗。自 2007 年以来，东亚失业人口增长了 800 万，达到 2013 年的 3940 万。目前，该地区的失业人口占全球总失业人口的 19.5%，这一比例位居全球第二，仅次于发达经济体和欧盟。总体而言，2013 年失业率缓慢增至 4.5%，其中男性失业率（5.2%）高于女性（3.7%）。与之相比，青年失业率从 9.7% 升至 10.1%，从 2018 年中期前景来看，青年失业率预计将继续攀升。年轻求职者失业的可能性是成年人的 2.8 倍。

社会发展

东亚过去几十年强劲的经济增长将推动社会大发展。一个很明显的例子就是，越来越多的劳动者由自负盈亏工作者（其工作更加不稳定、脆弱）或无酬家属工作者转向工薪就业（其收入更有保障、工作条件更优）。据估算，2013 年东亚有 4.15 亿劳动者从事工薪工作，是 1991 年的近一倍。而且，从 1991 年至 2013 年，按时计酬工作者在就业人口总数中的占比大幅增长，增长幅度为 18.5 个百分点，达到 50.1%（图 25）。很显然，女性从这一过程中受益。虽然相比女性工作者，男性工作者仍更有可能从事雇佣工作，但性别差距正在逐渐缩小。2013 年，受薪就业率方面的性别差距已降至 5.2 个百分点。虽然已取得上述成就，但 2013 年东亚自负盈亏工作者和无酬家属工作者的数量仍达到 39,860 万人，需要重点采取措施来帮助其转向更高质量就业。

在经济保持强劲增长和就业质量得到提升的同时，东亚的消费阶层也正在不断上升。2013 年，该地区的中等阶层劳动力人数达到 55150 万，同比增长 7.7%，20 年内增长了 14 倍，这着实令人吃惊。目前，超过 2/3 的劳动者属于中等阶层，工作性贫困在迅速减少。2013 年，日均生活水平低于 1.25 美元的东亚劳动者所占份额降至 4.5%，同样地，日均生活水平低于 2 美元贫困线的劳动者所占份额降至 11.2%。自 1991 年以来，该地区已成功地帮助 46450 万劳动者脱贫，这表明东亚在提高家庭收入和生活标准方面迈出了令人震惊和前所未有的一步。

图 25　1991—2013 年东亚受雇工作者占就业总人数的比例（百分比）和受薪就业率方面的性别差距（百分点）

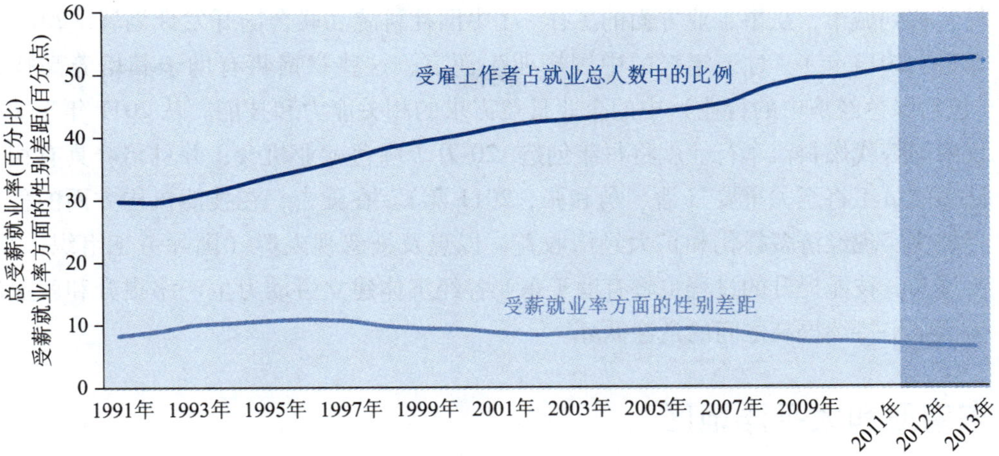

注：＊2013 年的数据为初步预估数据。

资料来源：国际劳工组织，《趋势计量经济学模型》，2013 年 10 月；国际货币基金组织，《世界经济展望》数据库，2013 年 4 月。

新挑战

东亚正在经历各种变化，这些变化将给劳动力市场带来巨大挑战。该地区的各经济体正迅速开展结构转型、进行产业升级并将劳动力从农业和劳动密集型制造业中分离出来。以中国为例，中高等技能以及技术密集型制造业出口所占份额从 1995 年的 25% 增至 2012 年的 40.8%，这表明中国正在从服装等普遍的低技能行业中转移出来（图 26）。在韩国，产业继续升级，并且起点相对较高。2012 年，其高端制造业出口所占份额达到 69%。相比之下，蒙古的这一比例不断波动并且维持在相对较低的水平，这表明蒙古经济在从大宗商品转向多样化方面面临更大的挑战。

在持续开展结构转型的同时，如果东亚求职者想在瞬息万变的劳动力市场中参与竞争，技能培养将越来越重要。以韩国为例，随着该国人口老龄化的加快，到 2020 年人类健康服务方面的就业需求预计将达到最高，并将需要相应的高等教育和培训以培养专业

图 26　1995—2012 年东亚部分经济体的中高等技能以及技术密集型制造业在制造业总出口中所占比例（百分比）

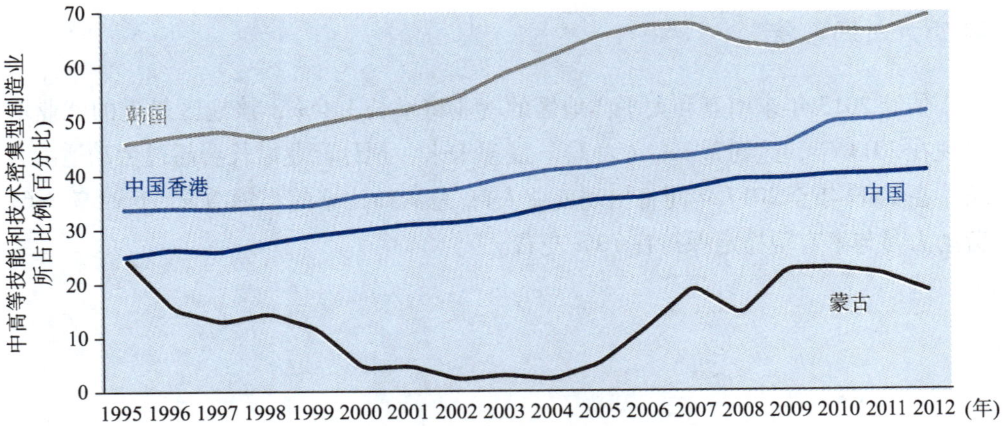

资料来源：国际劳工组织根据联合国贸易和发展会议统计数据库的估算。可登陆 http：//unctad. org/en/Pages/Statistics. aspx/，查看详情。

化劳动力（韩国就业信息服务，2012 年）。在中国，改善在劳动力市场进入和就业质量方面的培训系统将使其受益，受经协商商定的城镇化政策的影响，数百万农民工将从农村转移到城市，从事工业方面的工作。（中国社科院和联合国开发计划署，2013 年；约翰逊，2013 年）。对于年轻的中国毕业生而言，这些举措将有助于其培养高技能行业（包括绿色经济中的行业）中的企业日益需求的相关能力和技能。从 2011 年至 2020 年，仅中国替代燃料汽车行业就将每年创造 120 万个绿色就业机会，并且培养具有相关资格证书的员工将至关重要（潘、马和张，2011 年）。在蒙古，在技能机构方面的稳健投资将加快实现经济多样化和扩大经济收益，以惠及被忽视人群（国际劳工组织，2011b）。反过来，技能提升的过程也将有助于东亚各经济体建立劳动力生产率提升和就业质量及生活水平持续提高之间的良性循环。

东南亚和太平洋地区

全球增长支持该地区的经济活动

与上一年 5.7% 的增长率相比，估计 2013 年东南亚和太平洋地区的经济增长率将下降至 4.9%。具体说来，估计该地区的最大经济体印度尼西亚 2013 年的经济增长将大幅放缓至 5.3%，而与之相比，该国 2010 年至 2012 年间的 GDP 年增长率超过了 6.2%，因为经济体的出口需求减缓和美国“缩减量化宽松货币政策规模”的可能性加剧了印度尼西亚金融市场的波动（国际货币基金组织，2013 年）。相比之下，菲律宾的 GDP 增长依然强劲，2013 年该国实现了 6.8% 的经济增长，政府通过投资基础设施建设为其增长提供了支持。2013 年，太平洋次区域的经济增长率预计下降至 5.0%，其上一年的增长率为 7.6%。除了两个大型商品出口国东帝汶和巴布亚新几内亚之外，预计 2013 年该次区域的增长将下降至 2.0%。①

2008 年至 2009 年全球经济危机后，该地区的经济增长相当强劲，但各国家的驱动因素各不相同（亚洲发展银行，2013 年）。在印度尼西亚、马来西亚、缅甸、菲律宾和新加坡，实际国内资本形成总额的强势增长带来了危机后 GDP 的增长（2010 年至 2012 年）。在同一时期，实际个人消费支出增长是柬埔寨近期效益增长的潜在原因，而在泰国和越南，其实际政府消费支出的增长发挥了重要的作用。在越南，出口增长超过进口增长，有助于 GDP 的稳健增长。与危机前相比，几乎东南亚所有国家近年来的进出口增长均逐渐放缓。

劳动力市场现状

估计 2013 年东南亚和太平洋地区的就业将增长 1.6%，该地区最近的就业增长高峰出现在 2011 年，达到 2.2%（表 7）。展望未来，预计就业增长会超过劳动适龄人口的增长，在 2009 年至 2017 年间将出现就业人口/总人口比率的小幅增长（66.6%—67.0%）。劳动力参与率有望稳定保持在 70% 左右。

---

① 亚洲开发银行，《太平洋经济监测》，2013 年 7 月。

表 7　东南亚和太平洋地区的劳动力市场状况和前景（百分比）

		2009 年	2010 年	2011 年	2012 年	2013 年*	2014 年*	2015 年*	2016 年*	2017 年*	2018 年*
劳动力参与率		70.3	70.3	70.4	70.4	70.4	70.4	70.4	70.3	70.2	70.1
失业率	总计	5.1	4.7	4.4	4.1	4.2	4.3	4.3	4.3	4.3	4.4
	男性	5.1	4.4	4.2	4.0	4.1	4.1	4.2	4.2	4.2	4.2
	女性	5.1	5.0	4.6	4.3	4.4	4.4	4.5	4.5	4.5	4.6
	年轻人	13.9	14.5	12.9	12.7	13.0	13.3	13.5	13.6	13.8	14.0
	成年人	3.0	2.4	2.4	2.2	2.3	2.3	2.3	2.4	2.4	2.4
就业年增长率	总计	1.8	2.1	2.2	2.0	1.6	1.6	1.5	1.4	1.4	1.3
	男性	1.8	2.2	2.1	1.9	1.6	1.5	1.5	1.5	1.4	1.3
	女性	1.9	1.9	2.4	2.1	1.6	1.6	1.5	1.4	1.4	1.3
	年轻人	0.0	-1.4	2.3	0.5	-0.1	-0.1	-0.1	-0.2	-0.4	-0.5
	成年人	2.2	2.8	2.2	2.2	1.9	1.9	1.8	1.8	1.7	1.6
备忘录项目：GDP 年增长率		1.7	7.6	4.7	5.7	4.9	5.3	5.6	5.4	5.4	5.5

注：*2013 年的数据为初步预估数据；2014—2018 年的数据为预测数据。

资料来源：国际劳工组织，《趋势计量经济学模型》，2013 年 10 月。

近年来，该地区失业率呈现下降趋势，预计将从 2000 年至 2008 年间的平均 6% 下降到未来几年的 4.3%。2013 年 5 月印度尼西亚的失业率为 5.8%，2000 年至 2008 年，其平均失业率达 9.1%。菲律宾的情况则相反，虽然过去两年中经济增长稳健，超过 6.8%，但就业增长低迷，2012 年至 2013 年失业率保持在 7% 左右。

该地区女性的失业概率（约 4.4%）略高于男性（4.1%），以印度尼西亚为例，2013 年女生失业率为 6.3%，男性失业率为 5.5%。相反，在菲律宾，2013 年 7 月女性失业率为 7.2%，几乎与男性相同（7.3%）。青年失业率仍然是该地区面临的一个主要挑战。据估计，青年失业率（2013 年为 13.0%）几乎是总失业率的三倍，大约是成年人失业率的五倍。鉴于该地区许多国家的年轻人口统计资料，为青年提供充分的教育和技能，使之获得收入呈上升趋势的高生产率岗位，这些很可能仍然是政策关注的重点。

社会发展

虽然该地区经济表现强劲，但从过去的十年中工作者从低生产率的农业转移到高生产率的非农业经济活动方面来看，劳动力市场的结构性变化一直缓慢。农业仍然是就业规模最大的部门，2013 年预计达到 41.4%，但预计在未来若干年中服务业的就业比例将最大。造成这种情况的部分原因可能是非农业部门的岗位和职业发展前景有限（尤其是对于青年和年轻女性而言）以及农村家庭成员获得的技能和工作经验有限（尤其是青年）。对于该地区的低收入国家和一些中等收入国家来说，创造更多的生产性、有偿的农村就业机会（非农）可能仍然是一个重要问题。

该地区的劳动力市场结构与弱势就业的持续高发率密切相关，预计 2013 年将达到 59%。弱势就业对女性的影响仍然大于男性（2013 年，女性弱势就业率达 63.1%，男性达 56%），但预计到 2017 年女性弱势就业率的下降幅度将略高于男性。与此同时，每日收入低于 2 美元的劳动者份额估计将显著下降，从 2000 年的 62.3% 下降到 2013 年的

专栏 5 越南的教育和青年失业状况

在越南，拥有大专及以上学历的年轻女性和男性的失业率最高——在 2010 年至 2012 年间超过 15%（图 B 5.1）。总的来说，越南的青年失业率随着受教育程度的提高而增长。但是，由于受过高等教育的年轻人在劳动力市场上的时间相对较短，这一数据中可能还包括相当大的临时摩擦性失业。实际上，拥有大专及以上学历的成年人失业率水平持续较低，约不足 2%，近年来略有下降。

甚至受过良好教育的青年群体也遇到了找工作难的问题，这说明缺乏足够的就业机会、保留工资和期望值调整期更长，以及教育和培训机构对于不断变化的经济所需技能的响应不够充分。受过良好教育的年轻群体有助于促进生产率、创新、未来经济发展和增长，但青年失业率越来越高，向劳动力市场的过渡就越来越困难，如果不解决这些问题，中长期经济增长可能会受到限制。

图 B5.1 2010 年至 2012 年按受教育程度划分的越南青年及成年人失业率（百分比）

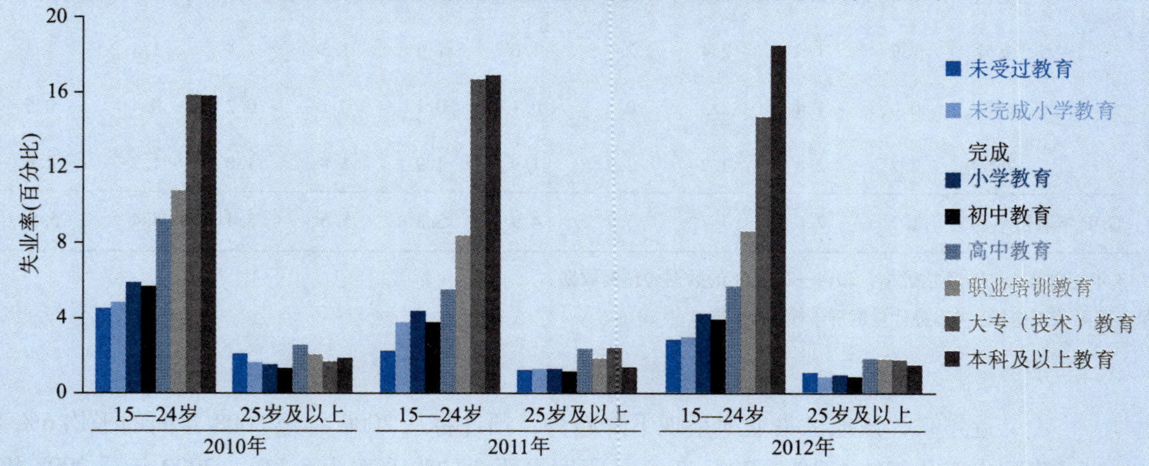

资料来源：国际劳工组织员工基于 2010 年至 2012 年 LFS 数据的估算。

30.5%。预计此份额将进一步下降近 10 个百分点，到 2018 年达到 23% 左右。同时，估计“濒临贫困”的劳动者份额（每天生活消费高于 2 美元但低于 4 美元的工作者）将显著增长，从 2000 年的 21.5% 增长到 2013 年的 36%。在东南亚和太平洋地区，预计未来几年（每天生活消费在 4—13 美元的）“中产阶级”工作者的份额将快速上涨，2013 年至 2018 年将增长近 5 个百分点。

新挑战

预计 2014 年东南亚和太平洋地区经济增长将下降至 5.3%。鉴于该地区对于外部市场的依赖度较高，该地区经济和劳动力市场发展面临着来自全球经济复苏步履维艰的巨大风险。在该地区范围内，中等收入和低收入国家的愿望和政策问题各不相同。部分中等收入国家趋势增长率放缓，引起了人们对进一步赶超发达国家收入水平的潜力的担忧。柬埔寨、老挝和太平洋岛国等低收入国家强烈希望挤进中等收入国家行列，正如它们在长期愿景中所声明的一样。

对于东盟成员国来说，2015 年东盟经济共同体在不同部门的增长前景、转变贸易模式、各国培养比较优势的必要性、技能不匹配及其对劳动力市场的影响方面将呈现机遇与挑战并存的局面。具体说来，预计东盟经济共同体中劳动力流动的自由度加大，对求职者来说预示着新的机会和挑战。在柬埔寨、老挝、马兰西亚和菲律宾，劳动力将持续较快的增长，年增长率达 1.5% 以上，而缅甸、新加坡、泰国和越南将面临劳动力增长的显著放缓，每年增长率不足 1%（表 8）。除巨大的收入差异外，该地区劳动力增长方面的这种差距和多样化的就业机会导致了工作者跨边界移动的推拉因素的出现。国家和地区层面的劳动力市场信息系统、跨国技能认可框架和就业安置机制的改善将使东盟次区域的经济体和工作者获益。

对许多太平洋岛国来说，二元结构与不完善的一体化国内经济——一方面包含货币化大型城市经济，另一方面包含大规模自给型农村经济——继续构成重大挑战。以萨摩亚群岛为例，农业和渔业下游增值链（如处理设备）的缺乏，意味着经济和就业机会的损失（罗纳斯和基姆，即将出版）。为解决这些问题，必须刺激农业生产率的广泛增长，同时需扩大对劳动密集型产业（包括旅游业）的投资，并通过大量投资教育和技能发展为其提供支持，以满足劳动力市场的需要。

此外，东南亚和太平洋地区国家面临高风险的自然灾害（德国发展援助联盟，2012 年），这反过来给维持生计和就业带来风险。2012 年，在 173 个国家中，15 个最有可能发生危险的国家中近一半位于东南亚和太平洋地区。具体来说，该地区受自然灾害的风险最为显著。这给应对自然灾害期间及灾后产生的民生后果时所需的政策、制度、团体和个人层面的准备工作带来了额外的挑战。

表 8　东盟成员国的劳动力年均增长率（百分比）

国家	2010—2014 年	2015—2020 年
文莱	1.88	1.46
柬埔寨	2.03	1.67
印度尼西亚	1.48	1.24
老挝	2.48	1.97
马来西亚	2.01	1.85
缅甸	1.38	0.97
菲律宾	2.46	2.31
新加坡	1.44	0.91
泰国	0.83	0.48
越南	1.56	0.86

资料来源：国际劳工组织，《经济活动人口——估计与预测》（第 6 版，2011 年 10 月）。

南亚

内部和外部因素造成经济增长减速

与大多数发展中地区一样，南亚在抵御全球金融危机的第一阶段（2008—2009 年）中表现良好。实际上，2010 年该地区的经济增长了 9.5%，是 20 年来最快的增长速度。这一结果受到印度经济增长的驱动，2010 年印度经济增长率达 11% 以上，而阿富汗、孟加拉国、马尔代夫和斯里兰卡的增长率均在 6%—8% 之间。2011 年年末，该地区的经济增长开始放缓，仍然以印度为首。受内部因素和发达经济体疲软的经济形势的影响，估计 2012 年南亚经济增长率仅为 3.6%，2013 年为 3.9%（参见表 9）。

总的来说，南亚经济增长在很大程度上依赖服务部门（从生产角度看）和个人消费（在总需求方面）。但是，印度 GDP 增长的构成显示，高增长率的持续有赖于工业的稳健产出（图 27，A）和高投资率（图 27，B）。换句话说，受到制造业部门效益不佳和投资水平偏低的影响，印度当前的经济增长放缓。这两个因素是南亚国家追求更高、更具可持性的增长率过程中的重大阻碍，这种增长会促进正式经济中就业机会的创造。

图 27　印度经济增长驱动力的两种观点：服务和消费

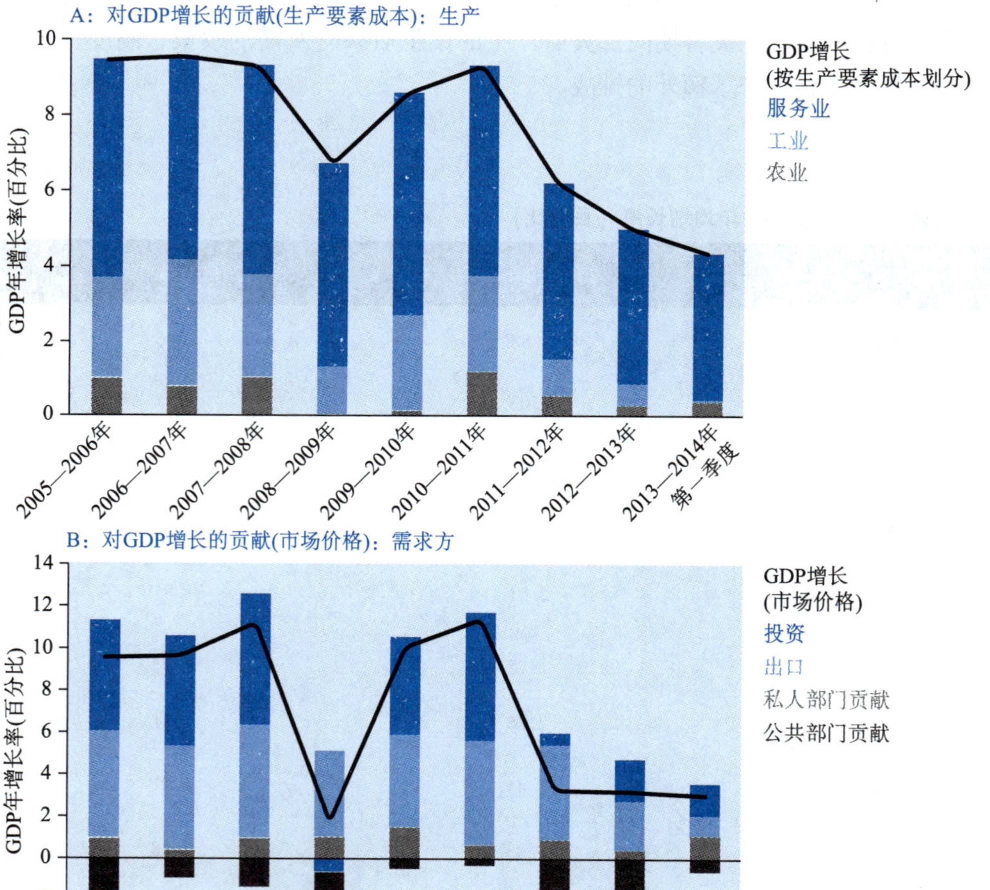

注：2014 年第一季度的数据为预测值。

资料来源：财政部、印度政府；国际劳工组织员工的计算。

除经济整体放缓外，南亚还面临着大量的宏观经济挑战和不平衡问题。首先，该地区的通货膨胀率一直居高不下，且持续时间较长：2013 年，估计平均消费价格膨胀范围从马尔代夫的 5.8% 到印度的 10.8%。其次，所有南亚国家（阿富汗除外）都存在经常账户赤字。在印度，估计 2013 年赤字占 GDP 的 4.9%，造成经济依赖于外部资本流动。[①]2013 年中期，经济放缓、政策不确定性和投资者情绪的一般变化（投资者从新兴经济体撤离）导致了印度资本流动的波动（从而造成了汇率的波动）。2013 年，斯里兰卡经常账户赤字超过 GDP 的 5%。最后，庞大的财政赤字也是造成南亚宏观经济不平衡的原因，2012 年/2013 年（财政年），印度财政赤字几乎达到 GDP 的 5%。

劳动力市场状况喜忧参半

非正规就业和农业就业人群继续主导南亚劳动力市场，这两种就业的收入很低且不受保护。对部分劳动力市场关键指标的观察揭示了部分问题。首先，南亚地区劳动力参与率是全球最低的（2013 年达 56.1%）（表 9）。但这种形式主要受到女性就业状况的影响，如下文所述。近年来南亚青年劳动力参与率有所下降，2013 年达到 39.6%，反映了学校招生率，特别是中等学校招生率的提高。

近年来，就业增长更加强势（2011 年和 2012 年达到 1.1%，估计 2013 年将为 1.0%），女性就业增长尤其显著（表 9）。有人认为印度正面临着“无就业增长”，2004 年/2005 年至 2009 年/2010 年间总就业人口中仅增长 110 万人（依据国家抽样调查），这说明其就业弹性基本为零。然而，近期印度整体就业人数出现了更加可观的增长，2011 年/2012 年度比 2009 年/2010 年度增长了 1390 万人，但是其中许多岗位都存在于非正式经济当中。[②]

据估计，2013 年南亚总失业率仅为 4.0%，2012 年为 3.9%（表 9）。然而，鉴于非

表 9　南亚的劳动力市场状况和前景（百分比）

		2009 年	2010 年	2011 年	2012 年	2013 年*	2014 年*	2015 年*	2016 年*	2017 年*	2018 年*
劳动力参与率	总计	57.8	57.1	56.6	56.1	56.1	56.2	56.2	56.3	56.3	56.3
	男性	81.8	81.4	81.0	80.6	80.7	80.7	80.7	80.7	80.7	80.6
	女性	32.7	31.6	31.0	30.4	30.5	30.6	30.7	30.8	30.9	31.0
	年轻人	42.7	41.4	40.5	39.6	39.6	39.5	39.5	39.4	39.4	39.3
	成年人	63.8	63.2	62.8	62.3	62.3	62.3	62.3	62.2	62.2	62.1
失业率	总计	4.2	3.8	3.8	3.9	4.0	4.0	4.1	4.1	4.1	4.1
	男性	4.0	3.5	3.5	3.6	3.7	3.7	3.8	3.8	3.8	3.8
	女性	4.7	4.9	4.8	4.7	4.7	4.8	4.8	4.8	4.8	4.8
	年轻人	9.8	9.7	9.7	10.1	10.2	10.4	10.4	10.4	10.4	10.4
	成年人	2.7	2.4	2.4	2.4	2.5	2.5	2.6	2.6	2.7	2.7
就业年增长率	总额	0.6	1.0	1.1	1.0	1.9	1.9	1.9	1.8	1.8	1.7
	男性	1.4	1.9	1.4	1.3	1.8	1.8	1.8	1.7	1.7	1.6
	女性	-1.3	-1.5	0.1	0.1	2.2	2.2	2.1	2.1	2.0	2.0
	年轻人	-2.3	-2.2	-1.5	-1.9	0.4	0.4	0.4	0.4	0.3	0.3
	成年人	1.4	1.8	1.7	1.7	2.2	2.2	2.2	2.1	2.1	2.0
备忘录项目：GDP 年增长率		7.4	9.5	6.1	3.6	3.9	5.0	6.0	6.2	6.5	6.6

注：*2013 年的数据为初步预估数据；2014—2018 年的数据为预测数据。

资料来源：国际劳工组织，《趋势计量经济学模型》，2013 年 10 月；国际货币基金组织，《世界经济展望》数据库，2013 年 10 月。

① 国际货币基金组织，《世界经济展望》数据库，2013 年 4 月。

② 国家抽样调查，第 61、66、68 次就业和失业调查，国际劳工组织员工的计算。

正规就业和工作性贫困的高度普遍性，失业率并不是最恰当的南亚劳动力市场困境指标。也就是说，失业数据确实显示出女性和青年群体更易受到失业的影响，正如其他大部分地区的情况一样。在这方面，2013 年南亚青年失业率达到10.2%，而成年人失业率仅为2.5%。

劳动力市场的性别差距

南亚各国的女性劳动力参与率差异较大，其中阿富汗为21%，尼泊尔为79.4%（不同年份的各国数据）（图28）。在该地区除马尔代夫和尼泊尔以外的所有国家中，女性劳动力参与率均低于40%。在尼泊尔，大部分女性就职于农业部门，其原因主要是贫困，而非自愿选择。相比之下，南亚各国间男性劳动力参与率的差异很小，其中斯里兰卡为75%，马尔代夫为82.7%。

就业质量和更好的工作机会在该地区男性和女性之间的分配持续不均。女性工作者的工资往往更低（性别工资差距），就职于低生产率岗位（通常在职业隔离的情况下），并且从事无酬家庭工作的人数过多。例如，印度21.2%的男性工作者（年龄15—59岁）有固定薪水工作（2011年/2012年），而只有13.4%的女性从事固定薪水工作（国家抽样调查办公室，2013年）。

尼泊尔的男性与女性劳动力参与率接近相同，在2008年参与非农业就业的男性工作者中，83.8%为非正规雇员，同类女性工作者中91.8%为非正规雇员。而且尼泊尔与大多数国家的情况一样，就职于农业（2008年，男性和女性工作者的中位工资分别为150和100尼泊尔卢比）与非农业部门（男性和女性工作者的中位工资分别为200和125尼泊尔卢比）中的男性工资均高于女性工资（中央统计局，2009年）。

图28　南亚各年度（2009—2012年）劳动力参与率（百分比）的性别差异

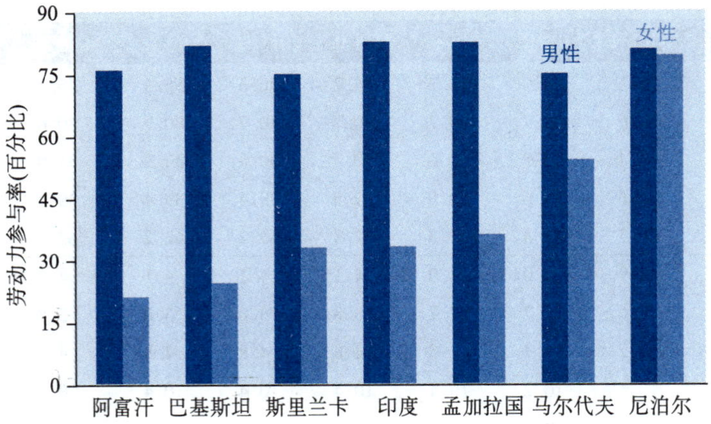

注：年龄范围：阿富汗：14岁以上；孟加拉国：15岁以上；印度：15—59岁；马尔代夫：15岁以上；尼泊尔：15岁以上；巴基斯坦：15岁以上；斯里兰卡：15岁以上。

资料来源：阿富汗：《国家风险和脆弱性评估》，2011—2012年；孟加拉国：孟加拉国统计局，劳动力调查，2010年；印度：第68次国家抽样调查，2011—2012年；马尔代夫：家庭收入和支出调查，2009—2010年；尼泊尔：国民生活水平调查，2010—2011年；巴基斯坦：巴基斯统计局，劳动力调查2010—2011年；斯里兰卡：斯里兰卡劳动力调查，2012年。

结构转型进展缓慢

该地区的大部分国家中，各种形式的非正规就业仍然十分普遍。例如，在印度，虽然非正规部门的工作者占比从2004年/2005年的86.3%下降至2011年/2012年的82.2%，但正规部门中非正规工作者的比例所有上升。换句话说，大型注册企业创造了新的职位。但是，由于合同工作者和临时工作者雇佣的增长，这些职位通常不存在固定的雇佣关系和福利。受雇工作者的占比仍然很低，2013 年南亚仅有 22.5% 的工作者领取工资/薪金，这在所有地区中是最低的。个体经营在南亚地区仍然普遍存在；2013 年，该地区 59% 的工作者为自负盈亏工作者。加之无酬家属工作者所占的百分比，弱势就业所占比例提高到了 76.1%，仅略低于上一年的数字。

结构转型缓慢的另一个表现就是南亚农业部门工作者所占比例居高不下。2013 年，仍有 51.7% 南亚工作者就职于农业部门。在尼泊尔和巴基斯坦，几乎 3/4 的职业女性从事农业活动：尼泊尔从事农业活动的女性为 73.4%（2010 年/2011 年），巴基斯坦为 74.2%（2010 年/2011 年）。[①]

前景仍不明朗

现阶段南亚经济的放缓和内部挑战意味着 2014 年及近几年创造体面劳动机会的目标仍将难以实现。然而，这些国家已具备回归或转入高增长路径（即：青年人口庞大以及基础设施和技能培养投资增长）的部分基本条件。尽管如此，该地区的许多国家面临着相当大的政治不确定性和安全威胁（阿富汗、马尔代夫、尼泊尔和巴基斯坦），所有这些国家都需要加大力度，确保将增长转化成更加体面的工作，尤其是针对未来几年将进入劳动力市场的青年男性和女性的体面工作。

中东和北非

社会动荡已经对该地区产生影响并威胁其长期发展前景

在过去的三年中，突尼斯骚乱事件造成的波及中东和北非地区其他国家的社会动荡引发了全世界的关注。该地区正在努力解决历史问题，并为当前和未来的世代政治稳定和经济增长提供明确的路径。具体说来，叙利亚和利比亚危机加剧了该地区的政治紧张局势，造成经济增长的大幅放缓。因此，周边国家（如埃及、约旦、黎巴嫩和突尼斯）已经出现了移民工作者的大幅流动（归国），对该地区的劳动力市场产生了巨大影响（参见专栏 6）。因青年失业率水平高且总体就业水平低，预计截至 21 世纪 20 年代，中东和北非地区的政治紧张局势和社会动荡形势将不断加剧（舒尔茨，2012 年）。

该地区经济增长急剧减速，2013 年下降至 2.2%，远低于全球平均水平（参见表 10）。主要商品价格下降、全球贸易减速、区域经济未能充分实现一体化，这些因素均削弱了该地区的经济前景。而且，漫长的政治过渡和不稳定进一步给该地区的经济施加压力，并且有可能减缓和拖延经济复苏，在最好的情况下，失业率也将保持在当前的高水平上。要在这种环境下实现并保持宏观经济的稳定将是 2014 年及未来几年的主要挑战。

中东和北非地区经济体受到低就业增长率行业专业化趋势的影响，同时缺乏向高生产率行业的结构转型（参见国际劳工组织，2013c）。少数商品出口部门在该地区产出量中占比最大，但几乎没提供什么就业机会。此外，这些部门没有提供与年轻人口所掌握的技能相匹配的足够的就业机会。这些部门的高工资提高了劳动力成本，并在更广泛的范围内提高了工资预期，抑制了其他就业更加密集型部门中岗位创造的强势增长。而且，中东地区的石油出口小国，尤其是海湾合作委员会（GCC）国家，将其主要出口商

---

① 参见中央统计局（CBS，2011 年）和巴基斯坦统计局（PBS，2012 年）。

专栏 6 阿拉伯之春的溢出效应：黎巴嫩的情况

世界银行对黎巴嫩的估计数据显示，2013 年约有 100 万叙利亚人逃往黎巴嫩，相当于黎巴嫩当前人口的 22%。2014 年年末前，预计还将有 60 万叙利亚人逃往黎巴嫩，难民总数将提高到 160 万。黎巴嫩等小国目前面临着资源匮乏和巨大的财政赤字，而难民的涌入给这些国家吸收这部分新增人口带来了严重问题。

预计叙利亚人大量流入黎巴嫩会对黎巴嫩经济增长和劳动力市场条件带来重大的短期和长期后果。黎巴嫩一直面临着征税（2012—2014 年间约 15 亿美元）的降低和政府支出的提高（约 11 亿美元）。世界银行应黎巴嫩政府要求所进行的经济和社会影响评估显示，因难民的涌入，该国将需要支出 26 亿美元资金以满足其对水、电、医疗和教育等公共设施的需求的不断增长。这将近一步扩大黎巴嫩的财政赤字，2013 年该国财政赤字已达 37 亿美元，占 GDP 的 8.7%。

在叙利亚危机爆发前，黎巴嫩劳动力市场已经面临高失业率问题——尤其是青年群体失业率（2013 年为 21%）、技能不匹配、普遍存在的非正规就业（在就业总人数中的占比超过 56.2%）、低生产率和低质量岗位问题。劳动力供应的迅速激增将会进一步给现有求职者带来压力，对工作条件造成负面影响，降低求职率。当前估计数据显示，劳动力供应的增长将介于 30%—50% 之间，其中大部分是无技能劳动者、女性和青年人口。这种大幅提升预计会分别将失业率和非正规就业人口在总人口的占比提高 10 个百分点。此外，到 2014 年，17 万黎巴嫩人有可能被迫回到贫困状态，逆转了早期出现的良好减贫趋势（世界银行，2013b）。为了应对这些严峻挑战，或至少稳定当前劳动力市场的状况，黎巴嫩需要有效的宏观经济政策和有针对性的积极劳动力市场政策，通过增长平均技能水平和提供就业机会，尤其是面向低技能人口的就业机会，实现生产率和岗位质量的提高。

品获得的财富通过充足的公共就业服务提供给国民以实现财富的再分配，进一步提高了国民的额外工资报酬，限制了国家在少数高生产率部门之外发展可持续商业部门的能力。

除缺乏结构转型外，该地区许多国家还面临着具有挑战性的商业环境，其特点是基础设施的落后和匮乏，如昂贵的、不可靠和低效的水电供应。这些都进一步抑制并限制了投资机会和增长。因此，以青年人口不断增长为特点的人口结构变化被视为经济的负担，而非资产。由于青年人口的就业机会十分有限，这种情况有可能加剧社会动荡和不稳定。

持续高压下的劳动力市场

在过去十年中，中东和北非地区的经济每年增长 2%。事实证明，这一增长率过低，无法为快速增长的人口提供足够的就业机会，许多工作者只能在非正式经济中找到工作（国际劳工组织和联合国开发计划署，2012 年）。事实上，该地区的失业率仍然高居全球之首，比金融危机期间经济严重恶化的发达经济体和欧盟地区的增长率高出至少 2 个百分点。但是与许多其他地区相比，中东和北非国家劳动力市场条件恶化主要是 2011 年后出现的政治不稳定所致。全球经济危机对该地区劳动力市场发展的影响不大（参见表 10）。

表 10　中东和北非国家的劳动力市场状况和前景（百分比）

		2009 年	2010 年	2011 年	2012 年	2013 年*	2014 年*	2015 年*	2016 年*	2017 年*	2018 年*
劳动力参与率		48.0	48.2	48.5	48.8	49.0	49.2	49.4	49.6	49.7	49.7
失业率	总计	10.4	10.7	11.3	11.5	11.5	11.5	11.5	11.4	11.4	11.3
	男性	8.2	8.3	8.8	8.9	8.9	9.0	8.9	8.9	8.8	8.8
	女性	18.9	19.8	20.9	21.3	21.2	21.1	21.0	20.9	20.8	20.7
	年轻人	23.8	25.0	27.0	27.9	28.3	28.6	28.8	28.9	29.0	29.1
	成年人	7.0	7.3	7.6	7.8	7.9	8.0	8.0	8.1	8.1	8.1
就业年增长率	总计	2.9	2.7	2.2	2.5	2.4	2.4	2.4	2.3	2.2	2.1
	男性	3.0	2.8	2.4	2.5	2.3	2.3	2.3	2.2	2.1	2.1
	女性	2.5	2.6	1.7	2.4	2.8	2.8	2.7	2.6	2.5	2.4
	年轻人	-0.3	-1.5	-2.8	-1.8	-1.6	-1.4	-1.1	-0.8	-0.6	-0.3
	成年人	3.6	3.6	3.2	3.3	3.1	3.0	2.9	2.8	2.6	2.5
备忘录项目：GDP 年增长率		3.1	5.1	2.7	5.8	2.2	4.1	4.4	4.2	4.2	4.4

注：*2013 年的数据为初步预估数据；2014—2018 年的数据为预测数据。

资料来源：国际劳工组织，《趋势计量经济学模型》，2013 年 10 月；国际货币基金组织，《世界经济展望》数据库，2013 年 10 月。

中东和北非国家的青年失业率仍然是全球最高的，其中，2013 年中东青年失业率为 27.2%，北非为 29% 以上，是全球平均值的两倍以上。例如，摩洛哥年轻人口的失业率约达 19%，阿尔及利亚和黎巴嫩超过 22%，埃及达 25%，约旦和沙特阿拉伯将近 30%，巴勒斯坦被占领土约 40%，突尼斯超过 42%。未来几年青年失业率有望下降，但这种下降只能提供短期的缓解：长期人口预测数据显示，截至 2020 年，青年人口将重新出现强势增长，因此该地区有必要建设一个能够利用新进入劳动力市场的人口并从人口红利中受益的劳动力市场。

在许多中东和北非国家中，受教育程度实际上增大了失业风险。举例来说，沙特阿拉伯受过高等教育的人口的失业率超过 43%，巴勒斯坦被占领土为 24%，阿联酋和摩洛哥为 22%，突尼斯为 14%，阿尔及利亚超过 11%（奥沙利文、雷和加尔维斯·门德斯，2011 年）。由于年轻人口需要花费更长的时间找到与其技能和教育程度相匹配的工作，因此该地区的青年就业率的恢复可能需要更长的时间。有些国家，比如在突尼斯，资历过高的年轻人却领取相对低的工薪，从事着不稳定的工作。相比之下，埃及和约旦等其他国家的教育体系仍在竭力为毕业生提供找到高生产率的岗位所必需的技能。从这些趋势可以看出，与发展水平相近的其他地区相比，该地区许多年轻人的资历高于或低于现有职位（参见图 29）。世界银行的企业调查结果显示，劳动力技能水平是黎巴嫩（占被调查企业的 38%）、叙利亚（36%）约旦（33%）和埃及（31%）的主要限制因素之一。

由于教育系统的严重不平等，大部分中东和北非国家的技能不匹配问题愈加严重。生活条件差的学生很少有机会完成初等教育。他们能够接受较高质量教育的概率也较低。因此，他们较少有机会接受大学教育。用于教育的公共投资的快速下滑加剧了这种不平等状况（参见图 30）。

平均而言，教育的分布不均和质量不足降低了许多人的教育回报，也阻碍了该地区从巨大的教育投资总额中获取利益。与此同时，只有少数人具备当地企业真正所需的技能，这种情况创造了大量的额外工资报酬，例如，埃及的归国移民工作者通常被认为接受过更充分的教育，他们赚取了这些额外报酬（厄兹登和希夫，2007 年）。因此，为实

图 29　部分经济体的技能不匹配、过度教育和教育不足状况（百分比）

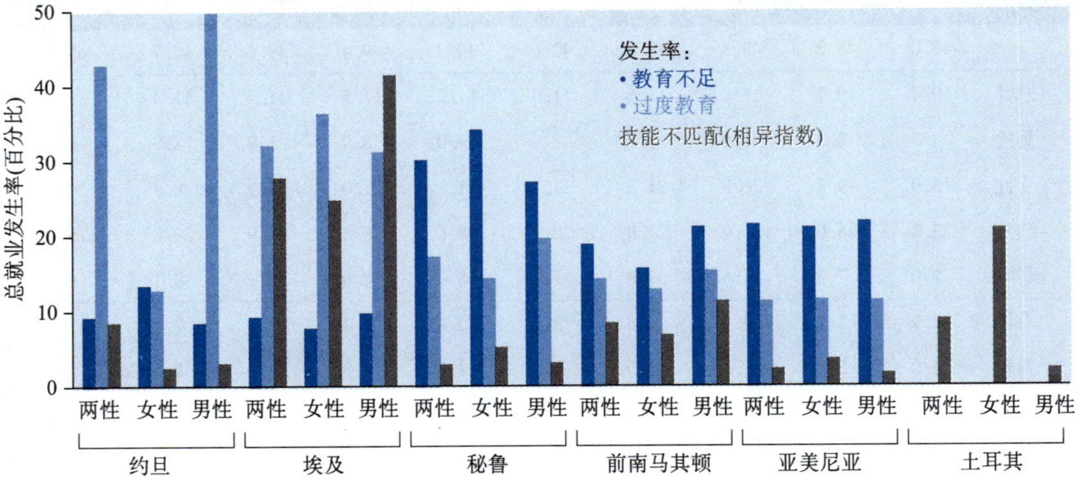

资料来源：国际劳工组织（2013e）。

图 30　中东和北非国家的教育公共投资（占 GDP 的百分比）

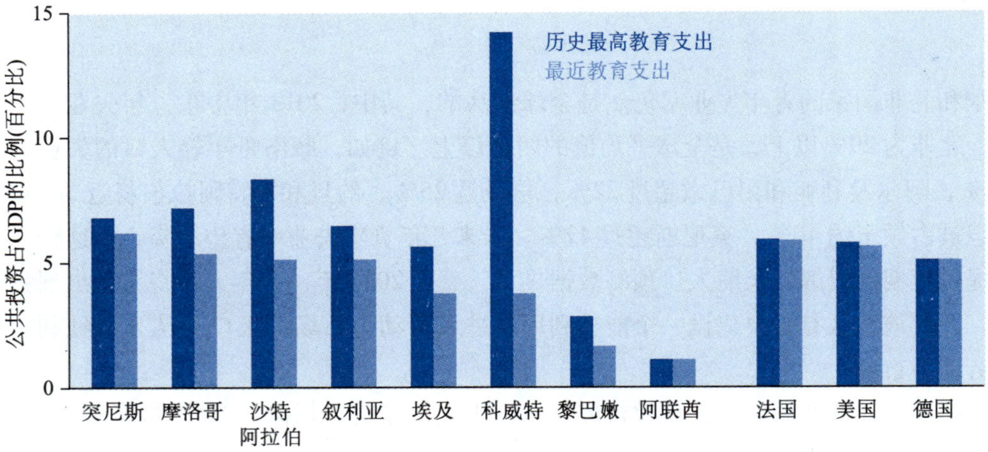

资料来源：世界银行（2013b）。

现全球范围内的扩张与成功竞争，私营企业招聘所需的劳动力时面对着供应和价格限制的双重问题。

中东和北非地区劳动力市场中女性面临着特殊的挑战，特别是在海湾合作委员会成员国中（参见国际劳工组织，2013c）。女性失业率高，男女失业率差距大。女性劳动力市场参与率低于所有其他地区，北非地区仅为 25%，中东地区甚至不到 20%。尽管如此，接受高等教育的女性人口份额仍不断上涨，但迄今为止这一份额仍然利用不足。综合起来，高失业率和低参与率造成了巨大的就业缺口以及追赶潜力，如有更多的女性决定进入劳动力市场（图 31）。

扩大针对年轻人和女性的就业机会将大大有助于人均 GDP 的增长，帮助更多人从国家创造的财富中受益（表 11）。如果将青年工作者和女生就业率提高到全球平均水平，将使中东和北非地区的就业率提高到 58% 以上，并将人均收入水平平均提高 20% 以上。如果青年失业率降低 50%，就业人数将相应增长 300 万，但是如果将青年就业率保持在当前水平（而不是在未来几年中任其增长），对人均 GDP 水平产生的积极影响最小（约 0.3%）且仍会导致岗位总数量减少（表 11）。

图 31　中东和北非国家的女性劳动力参与率和失业率（百分比）

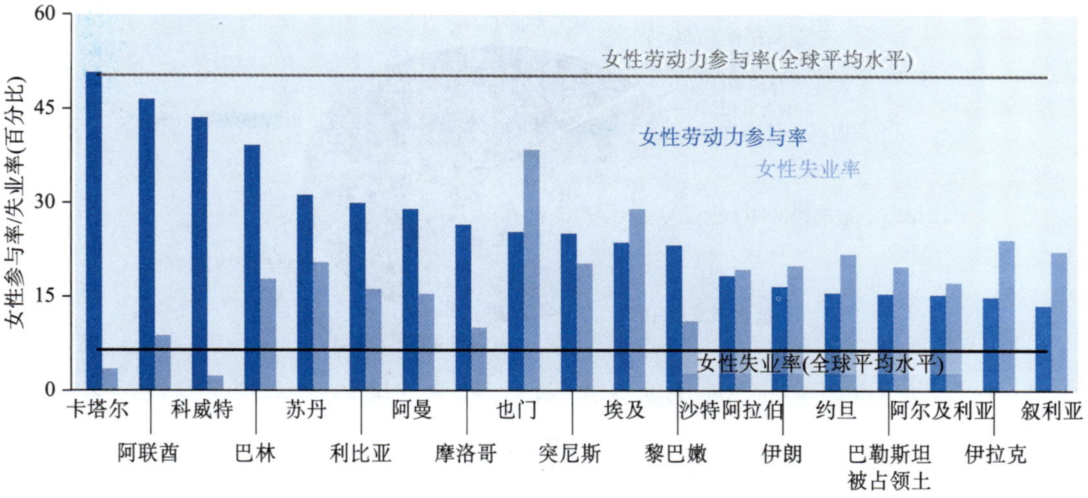

资料来源：国际劳工组织，《趋势计量经济学模型》，2013 年 10 月。

表 11　中东和北非国家的岗位缺口及对人均 GDP 的贡献率

	就业缺口（千）	人均 GDP 变化（百分比）
将青年失业率保持在当前水平	- 580	+0.3
将青年失业率降低一半	3019	+1.1
将女性和青年的就业人口与总人口的比率提高到全球平均水平	58202	+20.1

注：此表显示了与当前水平相比，不同情形下岗位的绝对数量和人均 GDP 的变化情况。第一种情形假设 2018 年之前青年失业率保持不变；第二种情形假设青年失业率与 2013 年水平相比下降一半；最后一种情形假设青年和女性就业人口与总人口的比率增长到全球平均水平。

资料来源：国际劳工组织，《趋势计量经济学模型》，2013 年 10 月；国际劳工组织员工的计算。

利用外国直接投资为就业创造机会

中东和北非地区得益于大量持续流入的外国直接投资。原则上，这种投资应直接或间接地通过刺激结构转型和岗位在各行业间的再分配（流向在高附加值行业）为更强劲的增长和就业岗位创造提供支持。但是，到目前为止，并无证据表明外国直接投资发挥了上述作用。本部分阐述了最近的发展趋势及外国直接投资对该地区岗位创造的影响有限的原因。

过去十年间，进入中东和北非地区的外国直接投资大幅增长（从 2001 年的 87 亿美元增长至 2008 年的 940 亿美元）。但是，这些流入资金仅针对少数行业，如建筑、电信和采矿业，而忽视了制造业和农业（图 32）。此外，高科技服务业仅得到了极少数的外国直接投资，限制了其对该地区生产率增长的积极溢出效应。而且，外国直接投资一直高度集中于资源丰富的国家，其中沙特阿拉伯获得的份额最大（约 44%；经济合作与发展组织和世界经济论坛，2011 年）。更重要的是，阿拉伯之春和社会抗议活动的爆发影响了该地区的政治稳定，导致外国直接投资下降了 13%，其中埃及和突尼斯的下降尤其突出。[①]到目前为止，中东和北非地区的外国直接投资对于经济发展并未出现同时期其在东欧和亚洲产生的广泛影响。

---

① 埃及投资和自由区管理局宣称，2011 年年初外国直接投资下降了 40%。同期，突尼斯的外国直接投资下降了 30%。

图 32 2003—2010 年中东和北非地区不同行业的外国直接投资流入情况（百分比）

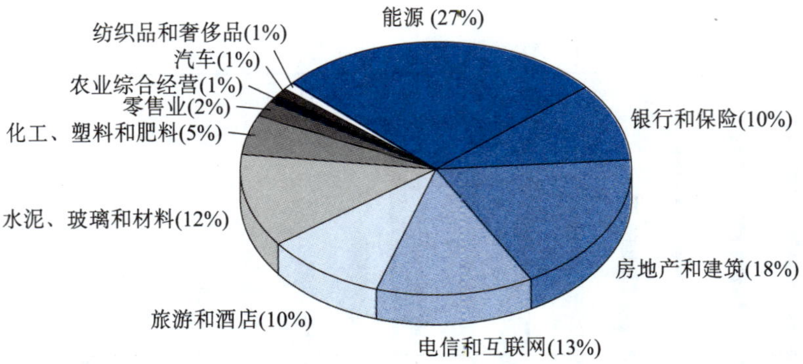

注：本图中所涉及的国家和地区包括：阿尔及利亚、埃及、黎巴嫩、利比亚、约旦、摩洛哥，巴勒斯坦被占领土、叙利亚和突尼斯。

资料来源：经济合作与发展组织和世界经济论坛（2011 年）。

原则上，外国直接投资可通过以下两个渠道创造就业机会：

- 当外国直接投资作为新设投资时，会立即产生新的就业机会，尤其是在这些投资针对劳动密集型产业（如农业、制造业、旅游业、批发零售业）的情况下。预计新设投资将对就业产生积极影响并给整个经济带来积极的溢出效应。在过去的五年中，中东和北非地区约 90% 的外国直接投资流入新建企业。
- 另外，外国直接投资也可通过并购的形式流入。这些投资在一般情况下不会创造新的岗位空缺，且在短期内还有可能导致岗位破坏。从长远来看，这种投资有望提高生产率，并通过岗位在行业间的重新分配来促进就业机会的创造。

到目前为止，任何形式的外国直接投资都没有对中东和北非地区的就业产生太大的积极影响。这在很大程度上是因为能从外国直接投资中获益的行业数量非常限，而且这些行业均不属于劳动密集型行业。大多数外国直接投资流入面向资本密集型的碳氢化合物行业。例如，阿尔及利亚和突尼斯分别有 50% 和 61% 的外国直接投资面向能源行业。在埃及，外国直接投资流入总额的 45% 面向石油行业。这些行业不仅属于资本密集型，而且仅为数量极其有限的专业提供就业机会，如石油工程师，中东和北非许多国家大量缺乏此类人士，所以需要从国外引进。在非石油出口国中，外国直接投资通常进入资本密集型行业，如电信业，创造的新岗位数量同样十分有限。例如，2000—2007 年突尼斯和摩洛哥分别有 35% 和 33% 的外国直接投资流入电信行业。

此外，在投资流入劳动密集型行业（如建筑业）的情况下，本国人口很少有机会从新增岗位空缺中受惠，这些新岗位很快会被来自其他地区的国家的移民工作者占据。事实上，这种情况在海湾国家尤其突出，本国工作者的额外工资报酬促使雇主以更低的工资雇用移民工作者（参见国际劳工组织的论述，2013c）。而且，受制于文化环境，女性很难进入一些男性主导的行业。

为保证劳动力市场从外国直接投资中获取更多利益，中东和北非地区的国家必须付出相当大的努力，来实现外国直接投资在行业间分配的多样化。进入市场的壁垒较高，治理质量偏低，并且缺乏适当的基础设施，这些因素往往给想要进入新市场的外国直接投资造成了巨大障碍。而且，该地区的一些国家似乎存在着对先行者的偏见，任何特定行业的第一个投资方都会享受相当程度的防止竞争扩大的保护政策，因此限制了外国直接投资带来的更广泛的积极就业影响。

撒哈拉以南非洲

经济增长保持稳健

撒哈拉以南非洲经济增长继续保持稳健状态。估计 2013 年其 GDP 同比增长 4.8%。这虽然略低于近年来的增长率，但其地区增长率仅次于东亚、东南亚和太平洋地区，位居第三（参见附录 1，表 A1）。与 20 世纪 90 年代相比，撒哈拉以南非洲的增长率仍然很高。1991—2000 年地区年均增长率达 2.3%，而 2001 年至 2012 年间达 5.7%。2013 年，预计撒哈拉以南非洲中有一半以上的国家至少实现了 5% 的经济增长率，仅有两个国家（中非共和国和赤道几内亚）的增长率为负数。与此同时，当前的经济前景表明，如果全球经济条件并未削弱出口或减少投资及援助资金的流入，最低 5% 的地区增长率是可持续的（国际货币基金组织，2013 年）。投资和援助资金都非常重要，这是因为不同的国家群组会从这些资金的流动中获益。低收入国家外部资金流入中的大部分为政府开发援助，中等收入国家更多的是依赖汇款、投资组合流入和外国直接投资（非洲开发银行，2013 年）。

高经济增长率有助于改善部分劳动力市场指标。例如，2001—2012 年加纳的经济年增长率达到 6.8%（1991—2000 年为 4.5%），2010 年加纳被世界银行评定为下中等收入经济体。该国人口普查数据表明，2000—2010 年该国失业率下降了 50% 以上（从 10.4% 下降到 4.2%），而加纳生活水平调查显示弱势就业工作者所占比例呈现下降趋势（此调查包括自负盈亏工作者和无酬家属工作者）。弱势就业率从 20 世纪 90 年代的 80% 以上下降到 2006 年的 75%（斯帕尔布姆和巴阿 - 博阿腾，2011 年）。与之相似，估计 2001 年至 2012 年间撒哈拉以南非洲整体平均失业率比 1991 年至 2000 年间的平均失业率低 0.5 个百分点（分别为 7.9% 和 8.4%）。通过比较这两个阶段，我们发现地区青年失业率平均下降了近 1 个百分点，从 13.4% 下降至 12.3%。

但是，加纳人口普查数据显示，2010 年 3/4 以上的在职人口仍处于弱势就业状态（国际劳工组织，2013e），这说明该国缺乏经济和劳动力市场转型。再者，撒哈拉以南非洲总体发展水平相近，2001 年至 2012 年间该地区弱势就业率仅下降了 2.3 个百分点。虽然在多数情况下其他所有发展中地区的经济增长率低于撒哈拉以南非洲，但这些发展中地区的弱势就业率的下降幅度较大。以拉丁美洲和加勒比地区为例，2001 年至 2012 年经济增长平均达 3.5%，弱势就业率下降了 4.4 个百分点（图 33）。

2013 年，撒哈拉以南非洲的弱势就业率估计达 77.4%，是所有地区中最高的。在社会保护体系不健全或不存在的情况下，该地区大部分劳动适龄人口不得不为维持家计而工作。因此，2013 年所有劳动力市场群体的劳动力参与率估计达 70.8%，预计撒哈拉以南非洲将是 2014 年和 2015 年里唯一一个成年男性劳动力参与率出现增长的地区（表 12）。

在许多发展中经济体中，制造业是有偿就业机会创造的引擎，但从大体上看，撒哈拉以南非洲并未出现这种情况。举例说明，加纳工业部门主要由采矿业和建筑业构成，但在过去 20 年中，制造业占 GDP 的份额呈持续下滑趋势（非洲开发银行，2013 年）。从地区层面上看，工业占 GDP 的份额也略有下降，从 1991 年的 30.7% 下降到 2011 年的 29.7%，但同一时期该地区的制造业份额显著下降，从 16.7% 下降到 11.1%（世界银行，2013b）。在就业方面，撒哈拉以南非洲工业部门就业人数比率非常低，估计数据显示其占比不足 10%。全球其他各地区的工业部门就业比例至少达 20%，而东亚地区则超过 30%（图 34）。

图 33　2001—2012 年不同地区的经济增长率和弱势就业率

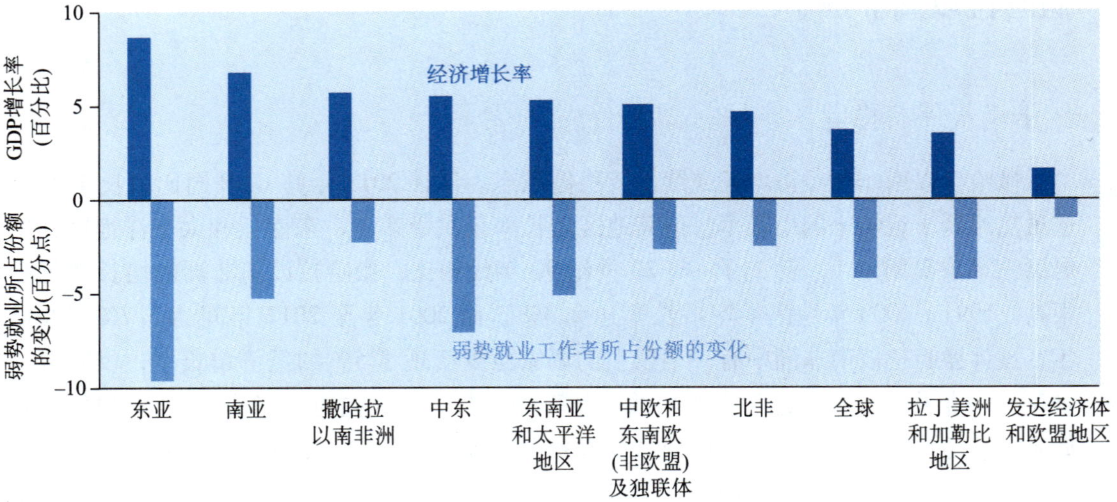

资料来源：国际劳工组织，《趋势计量经济学模型》，2013 年 10 月；国际货币基金组织，《世界经济展望》数据库，2013 年 10 月。

表 12　撒哈拉以南非洲的劳动力市场状况和前景（百分比）

		2009 年	2010 年	2011 年	2012 年	2013 年*	2014 年*	2015 年*	2016 年*	2017 年*	2018 年*
劳动力参与率	总计	70.4	70.4	70.5	70.6	70.8	70.9	71.0	71.1	71.2	71.2
	成年男性	87.4	87.4	87.4	87.4	87.5	87.6	87.7	87.7	87.8	87.9
	成年女性	71.4	71.4	71.6	71.7	71.8	71.9	72.1	72.2	72.3	72.4
	年轻人	54.2	54.1	54.1	54.2	54.3	54.3	54.4	54.4	54.4	54.3
失业率	总计	7.7	7.6	7.6	7.6	7.6	7.6	7.5	7.5	7.5	7.5
	男性	7.1	7.0	6.9	6.9	6.9	6.9	6.8	6.8	6.8	6.7
	女性	8.4	8.3	8.4	8.3	8.4	8.4	8.4	8.3	8.3	8.3
	年轻人	12.1	12.0	11.9	11.9	11.9	11.8	11.7	11.7	11.7	11.7
	成年人	6.0	6.0	6.0	6.0	6.0	6.0	6.0	6.0	6.0	6.0
就业年增长率	总计	2.8	2.9	3.0	3.1	3.1	3.1	3.1	3.1	3.1	3.1
	男性	2.7	2.9	3.1	3.1	3.1	3.2	3.2	3.1	3.1	3.1
	女性	2.9	2.9	2.9	3.1	3.0	3.1	3.1	3.0	3.0	3.0
	年轻人	2.1	2.4	2.7	2.7	2.7	2.8	2.8	2.7	2.7	2.7
	成年人	3.0	3.1	3.1	3.2	3.2	3.2	3.2	3.2	3.2	3.2
备忘录项目：GDP 年度增长率		2.6	5.6	5.5	5.2	4.8	5.7	5.7	5.6	5.5	5.7

注：*2013 年的数据为初步预估数据；2014—2018 年的数据为预测数据。

资料来源：国际劳工组织，《趋势计量经济学模型》，2013 年 10 月；国际货币基金组织，《世界经济展望》数据库，2013 年 10 月。

撒哈拉以南非洲的有偿就业劳动适龄人口比例也很低（13.7%）。图 34 显示，如工业部门就业人数份额上涨，则有偿就业人口与总人口的比率将趋于上涨。乍看之下，南亚的情况似乎与此趋势不符，因为该地区有偿就业人口与总人口的比率与撒哈拉以南非洲的水平接近，但南亚工业部门工作者的份额要大得多。但是由于南亚女性就业一般集中在服务业，其劳动力市场参与率低，因此工业部门就业人数所占比重可能看似相对较大（国际劳工组织，2012 年）。因此，在女性所占份额相当的情况下，女性就业参与率低往往会抬高就业总人数中工业工作者的份额。图 34 显示了另一个影响这种关系的因素，即工业部门个体经营和非正规就业，与撒哈拉以南非洲相比，南亚地区的这两类工

图 34　2012 年各地区工业部门有偿就业和就业情况（百分比）

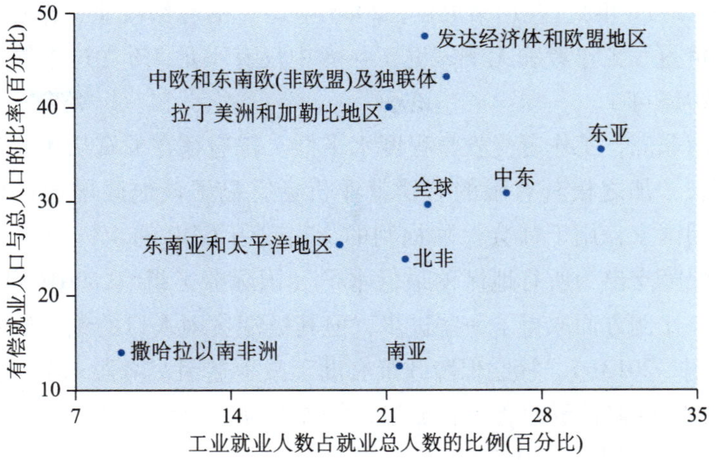

资料来源：国际劳工组织，《趋势计量经济学模型》，2013 年 10 月。

作者似乎发挥的作用更大。[①]

非洲政策制定者已经认识到当前面临的创造有偿就业机会的挑战及对经济和劳动力市场转型的相关需求。近期，该地区就 2015 年后发展议程进行了商讨，形成了四个令人满意的非洲发展成果，第一个成果是结构转型和包容性增长（联合国非洲经济委员会，2013 年）。[②]2013 年《非洲经济展望》提出了包含四个层次的发展途径，尤其是通过提高自然资源利用率来推动非洲经济转型。其中，第一个层次是创造适于结构转型的条件。这包括基础设施和提高技能的教育等基本要求，以及足够大的、有竞争力的市场。第二个层次为满足主要行业的特殊要求以促进转型，包括良好的土地管理和针对具体资源的技能和研究。第三个层次为优化自然资源收入及将其用于理性投资。第四个层次为采取积极政策推动结构转型。这些政策应重点提高农业生产率，并与采掘业建立联系（非洲发展银行，2013 年）。

正如《非洲经济展望》在第一个层次中指出的，为实现成功的结构转型和劳动力市场转型，非洲劳动力必须做好适当准备。撒哈拉以南非洲在增加初等教育机会方面取得了令人瞩目的进展，净入学率从 2000 年的 60% 增长到 2011 年的 77%。然而，从当前趋势看来，到 2015 年该地区不太可能实现普及初等教育的目标（联合国，2013b）。随时间的发展，初等教育的低入学率会转化为劳动力受教育程度低。在撒哈拉以南非洲的一些中等收入国家中，受过中等教育的工作者约占劳动力总数的 1/4。例如，2006 年博茨瓦纳有 26% 的工作者受过中等教育，而在纳米比亚，2012 年仅有 23% 的工作者达到中等教育水平。而在低收入国家中，这一比例往往更低。例如，在马达加斯加，2005 年受过中等教育的劳动力占比仅达 15%（国际劳工组织，2013e），而在马拉维在 2012 年时拥有中等教育程度的青年就业人口占比才达到这一数字（国际劳工组织，2013f）。

受教育程度低下导致劳动者普遍资历不足，降低了经济和劳动力市场转型的潜力。马拉维和多哥从学校到就业的过渡调查数据显示，2012 年两国分别有 82% 和 55% 的在职年轻人资历不足（同上）。由于有偿就业人口的受教育程度往往高于个体经营和非正规就业工作者，所以受教育程度低可能会阻碍就业的正规化发展。以加纳为例，2006 年该国就职于私营正式经济中的已取得中等教育资历的工作者占 36%，而在公共正式经济

① 理想情况下，图 34 应显示工业部门有偿就业人数在有偿就业总人数中所占的份额，但未找到相关的地区数据。

② 另外三个成果分别为创新和技术转移、人力发展、融资和合作伙伴关系。

中则达69%，这一情况属实，因为该国就职于非正式经济的人数不足7%（斯帕尔布姆和巴阿－博阿腾，2011年）。在坦桑尼亚，2006年27%的有偿就业工作者至少拥有中等教育资质，而自负盈亏工作者和无酬家庭工作者中仅有不足3%受过中等教育（斯帕尔布姆和纽布勒，2013年）。

在撒哈拉以南非洲，工作者受教育程度水平低、普遍存在的资历不足、年轻人口和劳动力的快速增长，加之极其有限的有偿就业机会突显了该地区增加社会支出的必要性。在大部分非洲国家，用于社会保障福利的支出仅占GDP的4%—6%，撒哈拉以南非洲的平均社会保障支出为所有地区的最低水平（国际劳工组织，2010年）。虽然该地区在降低贫困人口比例方面取得了一些进步，但其极端贫困人口的绝对数量仍然呈稳步上升趋势（联合国，2013b）。社会保障政策有助于减少贫困，增强未来包容性增长的基础。实践证明，社会保障能够改善教育成果，培养劳动力市场的技能，从而为包容性经济增长作出贡献（世界银行，2012年）。

第三章

政策应有利于建立更强大的劳动力市场和实现更具包容性的增长

劳动力市场和经济增长持续疲软要求我们对政策进行重新审视

进入2014年，全球仍然面临着6200万个岗位缺口——这是严酷的全球经济危机遗留问题。就业增长仍处于无力状态，失业率，尤其是年轻人口求职者的失业率持续上升，数量庞大的潜在工作者失去信心，退出劳动力市场。为获得就业机会，失业人口面临着更长的等待期，同时求职者技能和就业能力与企业和劳动力市场需求之间的不匹配将加剧。从当前经济和政策发展趋势看来，失业率有可能进一步上升，因为稳定的新一波求职者（超过2.2亿）将于未来五年进入全球劳动力市场，而市场中却没有充足的体面工作机会来吸收这些求职者。当前的趋势表明，许多新进求职者将无法找到正规的工薪就业机会，而是降级从事非正规或不稳定的工作，这类工作的社会保障低或不提供社会保障，并且获得收入的机会有限。

与此同时，持续疲软的劳动力市场和缓慢增长给公共预算施加压力。因此，许多国家已推行财政整顿政策，而这种整顿反过来又对许多发达国家产出增长的扩张造成巨大阻力，形成恶性循环。发达经济体的这种无力增长又对新兴国家和低收入国家产生了溢出效应，危及全球经济的整体复苏。政策协调性的缺乏导致不确定性上升，致使企业招聘率和投资率欠佳，家庭支出下降。

货币刺激政策阻止了后果的进一步恶化，但存在局限性且具有潜在的负面影响

货币政策仍保持着较高的适应性。为应对全球金融危机带来的经济活动的急剧和突然下降，全球各大中央银行自2008年起大幅降低短期贷款利率。在美国、日本、欧元区、英国、瑞士和其他主要货币区，2013年年末短期利率保持在0—1%之间，标志着许多全球主要经济体已连续六年保持接近零利率的环境。除紧急降低短期利率外，部分中央银行还制定了刺激经济活动和应对通货紧缩风险的非常规措施——其中最值得一提的是大规模资产购买计划或“量化宽松”政策，旨在降低债券收益率和扩大货币基础，从而鼓励借贷并刺激经济活动的增长。

货币政策立场的显著持久的改变产生了重要的分配结果（麦肯锡全球研究院，2013年）。对美国、英国和欧元区的估计数据显示，2007—2012年通过降低偿还债务成本，

加之中央银行实现并汇兑的利润，各国共获利1.6万亿美元。与此同时，这些国家的家庭损失了约6300亿美元的净利息收入，老年家庭（更加依赖计息资产）受到了尤其沉重的打击，而年轻家庭（净借款人）获得了利益。非金融公司获利约7,100亿美元，因为较低的利率降低了它们需要偿还的债务额度。平均而言，企业的资本收入远远高于家庭。

另一方面，中央银行带来的流动资金确实防止了就业率的进一步下降。美联储、英格兰银行及其他机构提出的宏观经济模型估计数据显示，非常规货币政策与“不作为”情形相比已将GDP提高了1%—3%，并使失业率下降了约1个百分点。在这方面，这些措施已成功防止了岗位缺口的进一步扩大。然而，由于大部分发达经济体工资增长远远低于趋势增长率，并且劳动收入份额持续下降，因此不具备足够的条件来提高劳动力的议价能力。总的说来，这些非常规货币措施给企业带来的利润大于家庭劳动收入，可能导致不平等问题的加剧。

长期持续的低利率和非常规货币政策措施可能给就业带来负面影响，因为它使企业的激励机制针对资本的扩张，而非雇佣的扩大。实际上，从企业利润趋势的角度考虑，当前停滞的劳动力市场趋势是一个悖论，因为2013年年末企业利润上升到了空前的高度。[①]虽然雇佣状况仍处于疲软状态，但许多企业一直利用超低利率发行债券。2012年，美国各公司共发行了1.36万亿美元债券，比2006年至2007间经济高度增长时期的已增加的发行额高出20%，与2000年至2005年间注册的平均年度债券发行额相比，增长了约90%。[②]这种趋势一直持续到2013年：当年的前十个月，美国企业债券发行额与2012年同期相比增长了5.2%。

但是，企业利润的增长和廉价借款并没有刺激实体经济的投资增长。相反，企业决定为它们的股东提供前所未有的大额股息。截至2013年9月的一年时间里，标准普尔500家上市公司的股息支付总额达到3290亿美元，是2003年总额的两倍以上，且比十年前的平均总额高出37.6%。[③]此外，各公司一直通过发行债券回购本公司股票，以达到进一步提高股票价格的目的。[④]利用超低利率回购股票，提高股东的股息支付以及雇佣人员的持续不振，可被视为一种选择，以便将更多企业资金投入到金融资本当中，而非有形资人员的本或劳动力扩张中。在美国，这些趋势至少造成了收入不均的进一步恶化。赛斯（2013年）发现，2009—2012年间排名前1%的美国家庭的平均家庭收入增长了31.4%，而排名后99%的美国家庭的收入仅增长了0.4%。根据赛斯的估计数据，美国排名前1%的家庭收入占经济复苏前两年总收入增加部分的95%。

因此，出现了这样的情况：财政资助仍然无力，无法推动强大的经济和劳动力市场复苏，而持续强劲的货币政策提供了所需的支持，可能在一定程度上造成了劳动力市场的疲软和不平等的加剧。在这种环境下，本报告提出了未来政策应关注的三个重点领域。

通过提高劳动收入，减少财政整顿，解决总体需求疲软问题

全球总需求持续疲软，多数经济体的增长与危机前相比大幅放缓。家庭支出仍然疲弱，自2009年全球深度经济危机爆发以来，私人消费增长对全球经济增长的贡献于2013年降至最低水平。在工资停滞不前和家庭债务水平处于高位的经济体中，消费仍然

---

① 数据来源：圣路易斯联邦储备银行，http：//research. stlouisfed. org/fred2/series/CP/。

② 数据来源：证券业和金融市场协会（SIFMA），http://www. sifma. org/research/statistics. aspx。

③ 数据来自：http://www. factset. com/websitefiles/PDFs/dividend/dividend_9. 16. 13。

④ 参见 http://www. reuters. com/article/2013/09/06/bonds - share - repurchases - idUSL6N0H23BF 20130906。

非常疲软。[1]这种情况反过来导致企业始终不愿为提高生产能力进行投资，因为新的需求来源仍不明朗。

2013 年投资增长对全球经济增长的贡献低于 2009 年以来的任何一年。因此，2013 年全球利润增长和股票价格趋势与全球劳动市场的发展趋势间的距离不断拉大。全球工资增长的无力突出了许多国家国民收入中劳动收入份额长期下降。疲软的消费和投资给政府收入和政府支出带来了下行压力。因此，打破这个恶性循环成为政策制定者的一个首要任务，其中包括 2013 年 7 月 20 国集团劳动、就业和财政部长发布联合公报，强调"促进增长和就业的一体化宏观经济、财政和劳动力市场政策"的必要性。[2]

另外，部分发达经济体同时实施的财政整顿措施造成了总需求下降，但又未能降低高额的公共债务（图 35）。2013 年，相对于产出，大部分发达国家的政府债务进一步增长。虽然采取了财政整顿措施，债务与产出比仍然持续升高，尤其是在美国和欧元区。欧元区周边的危机经济体已经实施了一些一揽子整顿政策，包括裁员、固定工资和养老金削减、薪水不变而工作时间延长，这些措施尤其给公务人员带来重创，给私人消费带来直接的负面影响。因此，其经济增长的降幅超过公共债务，进一步增加了许多发达经济体的债务负担（与产出相比）。日本采取了不同的政策，其中包括为实现经济的增长而选择的扩张性财政政策。2013 年，日本债务占 GDP 的比例上升，但速度慢于前几年。尽管如此，由于债务与产出之比接近 250%，预计未来数月日本将对财政整顿政策进行结构性改革，并提高消费税。

图 35　部分国家和国家群组的政府债务占 GDP 的比例（百分比）

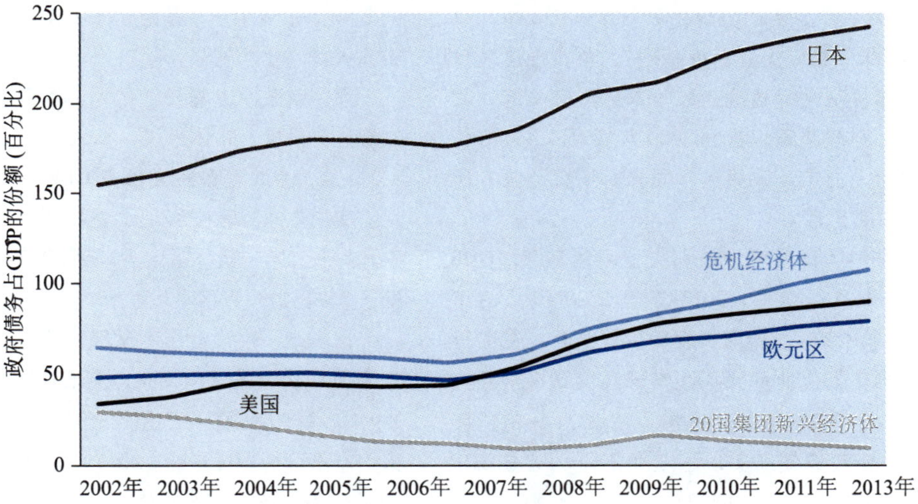

注：危机经济体包括希腊、爱尔兰、意大利、葡萄牙和西班牙。

资料来源：国际货币基金组织，《世界经济展望》数据库，2013 年 10 月。

虽然增长仍然无力并且低于趋势水平，但发达国家目前出现了一些经济复苏迹象，增长前景变得更加乐观。然而，财政整顿政策实施的速度和强度、与货币政策之间的失调以及国家间政策不协调导致经济复苏尚不稳固（参见国际劳工组织，2013c）。具体来说，许多欧元区经济体在危机期间经济大幅收缩，其当前产出低于 2007 年的观测水平（图 36）。例如，2007 年至 2013 年间，如希腊经济增速与全球金融危机爆发前 20 年的增速一样，那么现在其经济增长将比 2007 年高出 19.7%。

① 英国经济学人智库国别数据；国际劳工组织，《全球经济和就业形势与政策选择》，向治理主体的报告，第 319 次会议，2013 年 10 月。

② 参见：http：//www. ilo. org/global/publications/WCMS_218017/lang--en/index. htm。

专栏7 财政整顿与刺激就业政策的比较——模拟结果

本专栏分别将20国集团国家中财政整顿情形与刺激就业情形对就业的影响进行了比较（克里普斯，2013年）。对这些政策情形的评估采用了全球政策模型——将130个国家分为15个区组和3个收入组群的宏观经济计量模型：20国集团高收入国家、20国集团发展中国家和世界其他地区。本评估使用的数据为1970年至2011年间的年度数据。

在20国集团高收入国家中，刺激就业政策实现了较低的失业率和公共债务占GDP的较低比例

基线情形从2012年预测数据开始，并且与国际货币基金组织《世界经济展望》和国际劳工组织《趋势计量经济学模型》对GDP的预测一致。在基线情形中，预计2013年至2020年间GDP年增长率将达到1.6%。预计这一时期内失业率将出现缓慢下降，仍然高出危机前水平2.5个百分点（参见图B7.1深蓝色的线）。同样，债务占GDP的比例仅从2012年的84%略降至2020年的76%。高收入国家的整顿政策情形的目标是，到2020年将公共债务占GDP的比例降至60%。实现这一目标的方法是到2020年将公共支出降低5%。另一情形的目标是，到2020年各国将失业率变动控制在1个百分点以内（以1993年至2012年间最低失业率为基础）。要实现这一目标，需综合采用扩张性财政政策和收入分配倾向劳动收入的重新调整。财政政策包含到2020年实现4.4%的公共支出递增。劳动力市场政策包含同一时期劳动收入所占份额增长2个百分点。

财政整顿未能实现更高增长和失业率的下降。GDP的增长预计低于基线情形，2013年至2020年从每年1.6%下降到每年1.2%。除增长表现不佳之外，在实行整顿政策的情形下，失业率比基线情形高出0.4个百分点。这相当于少了240万个岗位（参见图B7.1中的橙色线）。整顿政策使政府债务实现了温和下降，从占GDP的84%下降到74%（参见图B7.2）。

相比之下，其他刺激就业政策成功地推动了经济增长。2013年至2020年间，GDP每年增长2.1%。与基线情形中的8.2%相比，失业率将下降至6.4%。与基线值相比，这意味着新增610万个就业岗位。公共债务占GDP的比重降至72%，比基线情形和财政整顿情形中的负债水平更低。与适得其反的整顿政策相比，通过采用扩张性财政政策和倾向于劳动收入（支持消费、对外部竞争力影响较小）的收入再平衡，这种向促增长政策的转移能够刺激总需求增长。

在20国集团发展中国家中，刺激就业政策提高了生产率和劳动收入

20国集团高收入国家面临高失业率的挑战，而20国集团发展中国家则面临着不同的挑战，如不充分就业、低工资和低岗位质量。在基线情形中，20国集团中低收入国家的平均失业率为5%，远远低于高收入国家的水平。发展中国家一揽子模拟政策旨在实现多个目标，以迎接这些国家正在面临的挑战。第一，20国集团中等收入国家的受雇工作者的人均产出每年增长5.5%，到2014年实现此目标的20%。第二，收入再平衡，包括实现劳动收入占GDP的50%（以市场价为标准），将物价上涨率保持在每年2%。第三，实现农业生产率差距低于GDP的20%。农业生产率差距用于衡量农业部门和其他部门工作人口的收入差距。

通过刺激投资增长、私人消费和政府支出的增长来实现这些目标。具体来说，私人消费占GDP的比重增长1.2个百分点，而政策支出占GDP的比重增长2个百分点。实施本政策旨在实现上述目标，同时控制通货膨胀率和财政赤字。具体限定为，到2020年通货膨胀率每年低于2%，财政赤字不超过5%。

该一揽子政策旨在刺激经济增长，2013—2020年的年增长率将提高到7.5%，到2020年，失业率下降至3.9%。图B7.3显示了这种政策对生产率增长率（雇员人均产出）的积极影响。2013年至2020年间，生产率年增长率从基线情形中的3.2%增长到其他情形中的5.7%。同样，平均收入以更快的速度从2012年的5%增长到2020年的6%。

图 B7.1　20 国集团高收入国家财政整顿政策情形与刺激就业政策情形中的失业率比较（百分比）

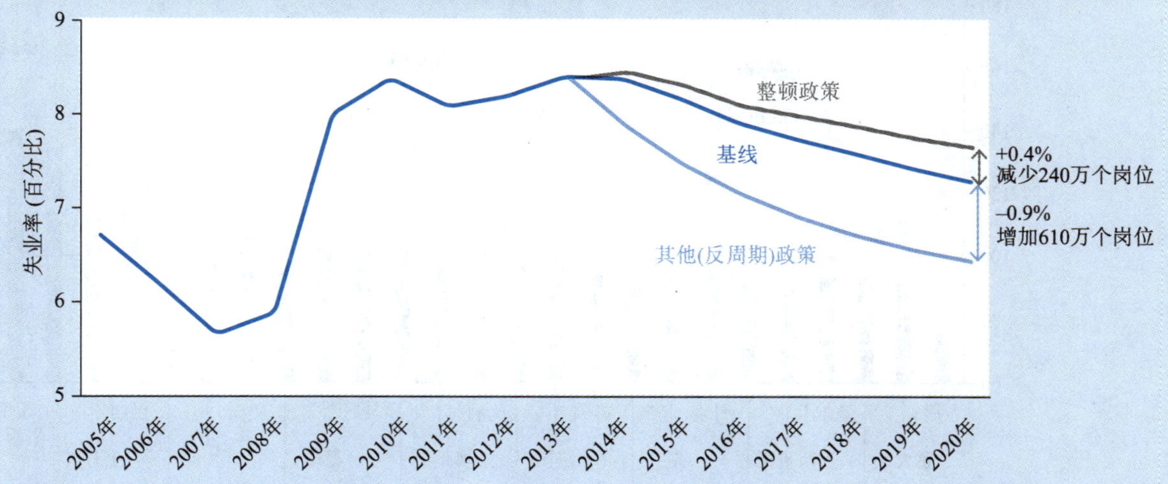

图 B7.2　20 国集团高收入国家财政整顿政策情形与刺激就业政策情形中公共债务占 GDP 份额的比较（百分比）

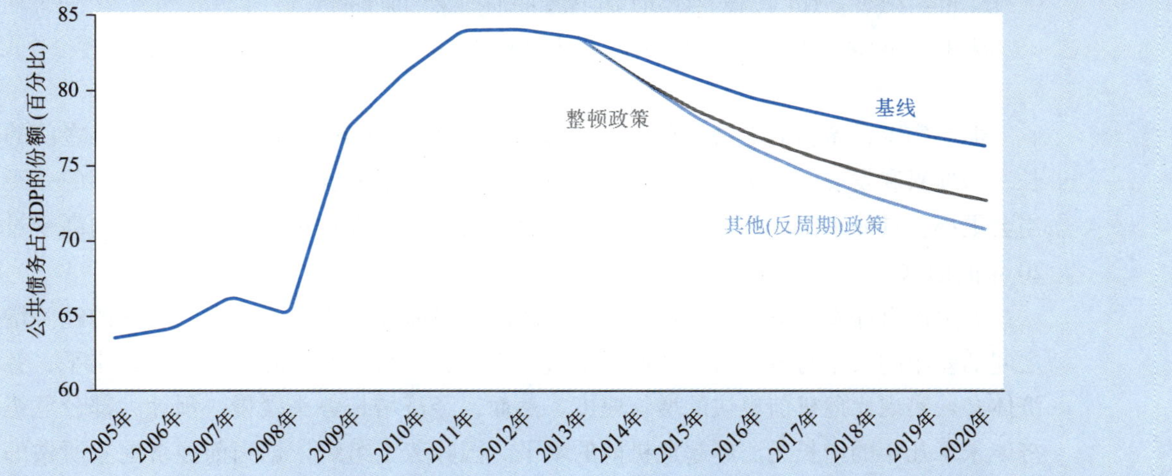

图 B7.3　（部分）20 国集团发展中国家中一揽子政策对受雇工作者人均产出的影响（2020 年年度增长率）

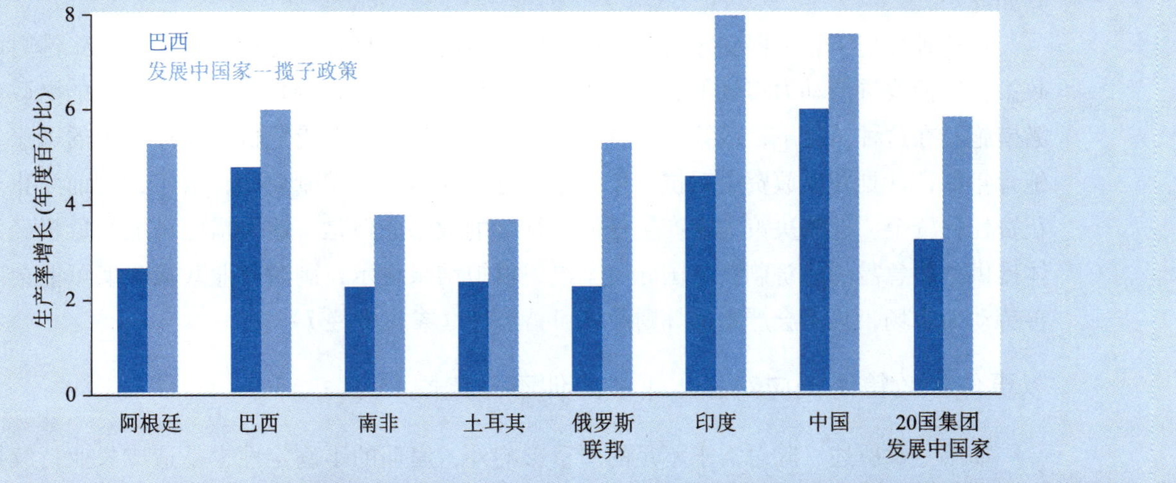

图 36　部分国家当前的 GDP 增长与按危机前趋势的增长的比较

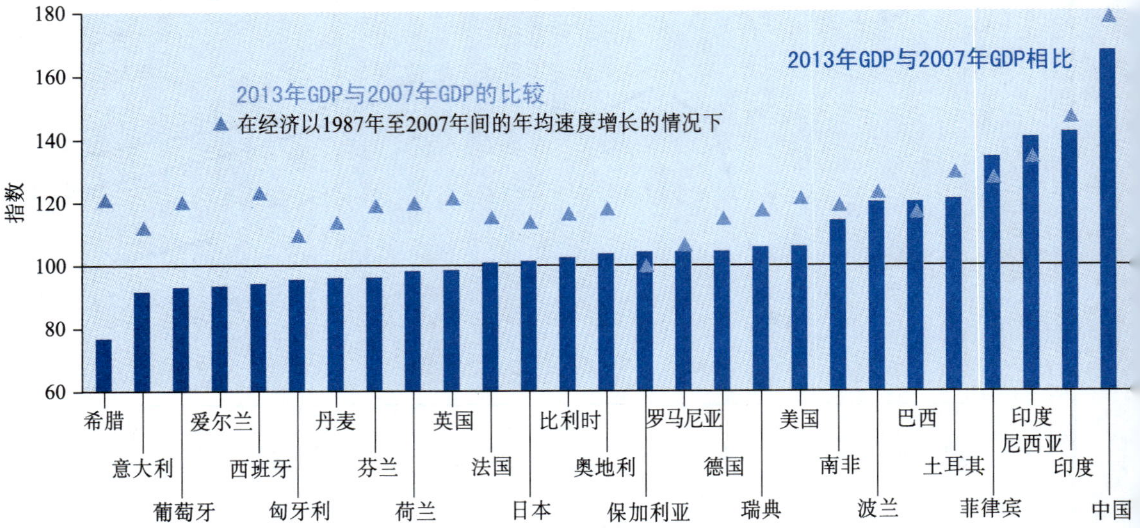

注：图中直线表示 2007 年的数据和 2013 年的数据相同的国家（100%）。

资料来源：国际货币基金组织，《世界经济展望》数据库，2013 年 10 月。

但事实上，希腊的经济增长下降了 23.5%。相比之下，如能保持 2007 年之前的增长率，新兴和发展中经济体的当前增长与过去六年中本来能够实现的增长之间的差距应当会更小。具体来说，菲律宾、印度尼西亚和巴西在过去六年的平均增长率均高于过去 20 年间的水平。

如果没有爆发这场危机，那么许多经济体的当前经济增长与其本应实现的经济增长之间的差距的大小对劳动力市场产生了重大影响，要将失业率降低至危机前水平，各经济体必须实现比危机前更快的增长速度。然而，经济增长势头缓慢，预计大部分危机经济体未来几年的增长无法赶超危机前的水平。国际劳工组织依据当前经济前景所做的预测显示，失业率要降至危机前水平可能需要花费十年以上的时间，对于危机国家来说尤其如此。

在这种环境下，一些国家可能需要采用其他的政策杠杆，比如再度推出扩张性财政政策，以便改进劳动力市场的成果。2013 年，欧盟推行了以降低失业率为目标的财政刺激措施，在这种情况下，政策制定者采纳了一项计划——在受危机影响最严重的国家实施青年保证计划并发放资金对抗青年失业问题。在本报告编制期间，由于到目前为止未花费任何资金，这些决策尚未产生任何可衡量的效果。但是，这类措施可能给危机经济体提供一些急需的经济刺激。国际劳工组织模拟结果显示，刺激就业政策确实可能会改善劳动力市场，且不会严重破坏财政的可持续性（参见专栏 7）。

以更佳的政策协调应对高水平的雇佣不确定性

如第一章所述，除总需求不足的严重影响外，雇佣的不确定性也是造成失业持续期较长的原因。对个别国家的估计数据显示，危机后高达 1/3 的失业率增长是由于雇主对于经济和劳动力市场前景的不确定性造成的，这是因为雇主很难预见新的增长点。例如，经济增长的放缓目前已经影响了公认的增长弹性较大的新兴经济体，这种增长点的不确定性更大。在这种环境下，政策协调的缺乏——如适应性货币政策环境下的财政整顿——加剧了实体经济中的不确定性。由于银行业问题未得到解决，金融市场的压力导致了问题进一步恶化，加剧了雇佣的不确定性。这些因素阻碍了企业对实际产能的投资和新员工招聘（参见霍尔，2013 年）。更确切地说，公司在预见到对自身产品和服务的需求更加稳定和持久之前宁愿保留岗位空缺。

我们对造成雇佣不确定性的因素进行深入分析后发现，造成雇佣不确定的最大原因是政策协调的缺乏和高水平的主权债务风险溢价（参见图37）。[①]私人部门的财务压力在较小程度上加剧了雇佣确定性。虽然公共债务水平在最近的政策辩论中受到了关注，但其在影响雇主对前景的看法方面似乎并未发挥突出作用。相反，在谈及公共债务时，似乎只有在出现高水平的主权债务风险溢价的情况下雇佣不确定性才会增加，即便公共债务水平相对较低时也会出现这种情况，从而体现了风险因素而非债务水平在加剧雇佣不确定性方面发挥了重要作用。这进一步支持了采取较宽松的财政整顿路径的提议，较宽松的财政整顿有助于推动总需求，降低雇佣不确定性，而这两个方面对刺激岗位创造都具有重要意义。

图37　雇佣不确定性的政策决定性因素

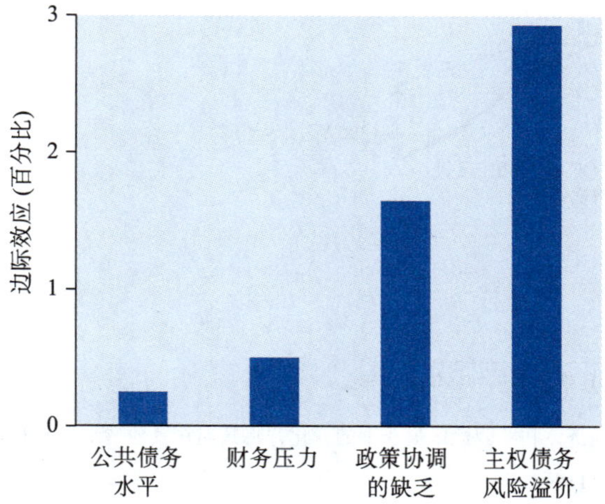

注：本图显示了1992年第二季度至2013年第二季度之间公共债务水平、财务压力水平、政策协调缺乏程度、主权债务风险溢价对加拿大、法国、德国、意大利、日本、英国和美国的国际劳工组织雇佣不确定性指标的边际效应。政策协调的缺乏通过货币政策变化和公共部门支出转移之间的相异性指数进行衡量。

资料来源：财务压力指数来自卡达尔里、伊莱克达格和拉尔（2009年）；其他资料来自经济合作与发展组织《主要经济指数》。

通过积极劳动力市场政策解决不参与经济活动和技能不匹配问题

经济复苏期间，全球岗位缺口持续扩大，2013年达到6200万个。其中，约60%为全球尤其是发达经济体失业水平的升高所致。大部分剩余缺口（约2300万）是“怯志效应”的结果，即面临暗淡的劳动力市场前景，潜在工作者没有进入、也未停留在劳动力市场中。这些个体不包含在失业人口中，但他们不参与劳动力市场，这在许多方面与失业率升高一样，对先前的经济潜力造成破坏。

随着潜在工作者不断退出劳动力队伍和失业人口平均失业期的延长，技能退化和过时的风险不断升高。相应地，除通过提高收入和消费以及限制财政整顿来应对总需求不足之外，还必须通过实施积极劳动力市场政策来改进劳动力市场的运作。这些措施为工作者提供合适的就业机会，能够激励怯志工作者重新进入劳动力市场并推动技能发展，以便工作者具备劳动力市场所需的技能。具体措施包括有效的公共和私人就业服务，投资于并支持工作者的技能开发、升级和再培训，包括职业培训和创业技能课程。专栏8强调了积极劳动力市场政策在推动就业增长方面的潜力。

---

① 欲了解更多有关雇佣不确定性的决定性因素分析的信息，参见第一章附录。

专栏 8　积极劳动力市场政策在促进增长和就业方面的潜力

积极劳动力市场政策通过改进数据和提高协调性为失业人口提供合适的空缺岗位，以及支持和鼓励适当的培训和再培训，来提高劳动力市场的效率。这有助于企业更快找到适合的工作者，从而直接提高产出，同时还能够提高总需求，其原因是新员工消费较多，从而创造一个自我增强的良性循环。然而，大部分国家的积极劳动力市场政策仍存在很大的增长空间。例如，2011 年经济合作与发展组织国家在积极劳动力市场政策方面的平均支出为 GDP 的 0.6%，而欧洲北部国家（奥地利、比利时、丹麦、芬兰、法国、德国、卢森堡和荷兰）的支出接近此值的二倍，平均占 GDP 的 1.1%。

在全球经济联系模型——具备明确建模搜索和相匹配的劳动力市场的动态一般均衡模型的帮助下，模拟了发达经济体中 2016 年前用于积极劳动力市场的双倍支出的效果（图 B8.1）。相对于全球就业趋势基线，失业率能下降 0.8 个百分点，即发达经济体新增 390 万个岗位。政府支出增长推动了劳动力市场运作的改善和总需求增长，因此实现了就业的增长。

图 B8.1　用于积极劳动力市场政策的双倍支出对发达经济体失业率的影响

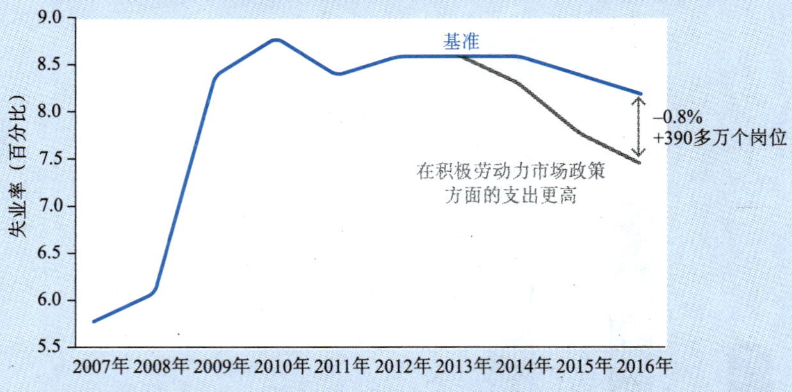

注：本图显示了当前基线预测情形下发达经济体和欧盟地区失业率的变化并将其与在其他情形（在积极劳动力市场政策方面的支出占 GDP 的比重将增至 1.2%）下的失业率进行比较。

资料来源：国际劳工组织，全球就业联系模型。

结论

2009 年 6 月，在 20 世纪 30 年代大萧条以来全球经济活动衰退幅度最大的时期，由来自全球 180 多个国家、工作者和雇主组织代表组成的国际劳工大会一致通过了《全球就业公约》，这是一系列以就业为中心的政策，旨在缩小经济复苏和体面就业机会复苏之间的时间差距。如本报告所示，四年半后，全球劳动力市场仍然深受这场危机的伤害。在复苏过程中，劳动力市场的改善甚至未能跟上 GDP 温和增长的速度，市场本身已令人失望。

虽然许多国家为应对这场危机采取了稳健的、协调良好的初步政策，尤其是支持初步复苏的 20 国集团国家，但近年来出现了积极财政整顿和对扩张性货币政策过度依赖的趋势，国际协调水平大大降低。因此，经济复苏疲软、许多劳动力市场仍然深度低迷，这些情况也就不足为奇了。在全球许多地方，不平等现象仍在持续加剧。

全球经济和劳动力市场的当前状况需要我们对政策进行重新审视，并将有关《全球就业公约》的提议放在首要位置。最值得注意的是，我们必须加大工作力度，加快就业岗位创造并为创造岗位的企业提供支持。各国应根据国情和特点，适当优先考虑积极劳动力市场政策、技能开发方案、投资公共基础设施和强大的社会保障体系。

所有国家的未来政策发展必须遵从国际劳动标准，包括基本的工作原则和权利。这些必须以有效的社会对话为基础，同时由工作者、雇主和政府合作设计和制定有效的政策以推动实体经济和劳动力市场强劲、可持续复苏。

参考文献

ADB. 2013. "Asia's economic transformation: Where to, how, and how fast?" *Key Indicators for Asia and the Pacific 2013*, special chapter, Asian Development Bank (Manila).

AfDB. 2013. *African Economic Outlook 2013. Structural transformation and natural resources*, African Development Bank, OECD, UNDP and UNECA (Tunis-Belvedère).

Aiyar, S.; Duval, R.; Puy, D.; Wu, Y.; Zhang, L. 2013. *Growth slowdowns and the middle-income trap*, IMF Working Paper No. 13/71 (Washington, DC, International Monetary Fund).

Alliance Development Works. 2012. *World Risk Report* (Berlin).

Askenazy, P. 2013. *Capital prices and eurozone competitiveness differentials*. IZA Discussion Paper No. 7219 (Bonn, Institute for the Study of Labor).

Baker, S.R.; Bloom, N.; Davis, S.J. 2013. *Measuring economic policy uncertainty*. Available at: www.policyuncertainty.com/media/BakerBloomDavis.pdf.

Bell, D.N.F.; Blanchflower, D.G. 2013. *How to measure underemployment?* Peterson Institute for International Economics Working Paper No. 13.7 (Washington, DC).

Cardarelli, R.; Elekdag, S.; Lall, S. 2009. *Financial stress, downturns, and recoveries*. IMF Working Paper No. 100 (Washington, DC, International Monetary Fund).

CBS (Central Bureau of Statistics), Government of Nepal. 2009. *Report on the Nepal Labour Force Survey 2008* (Kathmandu).

—. 2011. *Nepal Living Standards Survey 2010/11, Statistical Report Volume 2* (Kathmandu).

Chinese Academy of Social Sciences; UNDP. 2013. *China National Human Development Report 2013: Sustainable and liveable cities: Towards ecological civilization* (Beijing).

Cripps, F. 2013. *Global Policy Model: Databank update and model extension*, mimeo (Geneva, International Labour Office).

Davalos, J.; Ernst, E. Forthcoming. *The ILO's synthetic informal employment indicator*. ILO Working Paper (Geneva, International Labour Office).

ECLAC. 2012. *Structural change for equality* (San Salvador, United Nations).

—. 2013. *La coyuntura económica internacional y sus consecuencias macroeconómicas para América Latina y el Caribe* (Santiago, United Nations).

Ernst, E.; Saliba, F. Forthcoming. *Housing and labour dynamics. How do house prices affect unemployment?* (Geneva).

—; Viegelahn, C. Forthcoming. *Hiring uncertainty: A new indicator* (Geneva).

Hall, R. 2013. *Routes into and out of the zero lower bound*, Talk at the Jackson Hole meeting (Kansas City).

ILO (International Labour Office). 2010. *World Social Security Report 2010/11. Providing coverage in times of crisis and beyond* (Geneva).

—. 2011a. *Statistical update on employment in the informal economy* (Geneva).

—. 2011b. *Global Jobs Pact Country Scan: Mongolia* (Geneva).

—. 2012. *Global Employment Trends for Women* (Geneva).

—. 2013a. *Panorama Laboral. América Latina y el Caribe* (Lima).

—. 2013b. *Global Wage Report 2012/13: Wages and equitable growth* (Geneva).

—. 2013c. *Global Employment Trends. Recovering from a second jobs dip* (Geneva).

—. 2013d. *World of Work Report 2013: Repairing the economic and social fabric* (Geneva).

—. 2013e. *Key Indicators of the Labour Market*, 8th edition (Geneva).

—. 2013f. *Global Employment Trends for Youth 2013: A generation at risk* (Geneva).

—; UNDP. 2012. *Rethinking economic growth: Towards Productive and Inclusive Arab Societies* (Beirut).

IMF (International Monetary Fund). 2013. *World Economic Outlook (October). Transitions and tensions* (Washington, DC).

Johnson, I. 2013. "China's great uprooting: Moving 250 million into cities", *The New York Times*, 15 June 2013.

Kapsos, S.; Bourmpoula, E. 2013. *Employment and economic class in the developing world*, ILO Research Paper No. 6 (Geneva, International Labour Office).

Korea Employment Information Service. 2012. *Medium to long-term labour supply-demand forecast* (Seoul).

Kucera, D.; Roncolato, L. 2012. *Structure matters: Sectoral drivers of growth and the labour productivity employment relationship*. ILO Research Paper No. 3 (Geneva, International Labour Office).

McDonald, R.; Siegel, D. 1986. "The value of waiting to invest", in *Quarterly Journal of Economics*, Vol. 101, No. 4, pp. 707–728.

McKinsey Global Institute. 2013. *QE and ultra-low interest rates: Distributional effects and risks* (Washington, DC).

McMillan, M.; Rodrik, D. 2011. *Globalization, structural change, and productivity growth*. NBER Working Paper No. 17143 (Cambridge, MA).

National Sample Survey Office (NSSO). 2013. Government of India. *Employment and Unemployment Survey*, 68th Round (New Delhi).

OECD. 2013. *Employment Outlook* (Paris).

—; WEF (World Economic Forum). 2011. *Arab World Competitiveness Report 2011–2012* (Paris, Geneva).

O'Sullivan, A.; Rey, M.-E.; Gálvez Méndez, J. 2011. "Foreign investment policies and job creation in the MENA region", in OECD and WEF, Chapter 3. Available at: www.oecd.org/daf/psd/49485929.pdf.

Özden, C.; Schiff, M. 2007. *International migration, economic development and policy* (Washington, DC, World Bank).

PBS (Pakistan Bureau of Statistics). 2012. *Pakistan Employment Trends 2011: Progress towards achieving MDG Target 1B "Full and productive employment and decent work for all"* (Islamabad).

Pan, J.; Ma, H.; Zhang, Y. 2011. *Green economy and green jobs in China: Current status and potentials for 2020*, Worldwatch Report 185 (Washington, DC, Worldwatch Institute).

Ronnas, P.; Kim, K.B. Forthcoming. *Samoa Employment Situation Analysis* (Geneva, International Labour Office).

Saez, E. 2013. *Striking it richer: The evolution of top incomes in the United States*. Available at: http://elsa.berkeley.edu/~saez/saez-UStopincomes-2012.pdf.

Sattar, S. 2012. *Opportunities for men and women: Emerging Europe and Central Asia* (Washington, DC, World Bank).

Schulz, S. 2012. *After spring comes? Recent development investments into the MENA region*. Heinrich-Böll Foundation (Berlin). Available at: www.boell.de/en/2012/10/31/after-spring-comes-recent-development-investments-mena-region.

Shimer, R. 2008. "The probability of finding a job", in *American Economic Review: Papers and Proceedings*, Vol. 98, No. 2, pp. 268–273.

Sinaert, A. 2012. *Foreign investment in local currency bonds: Considerations for emerging market public debt managers*, Policy Research Working Paper No. 6284 (Washington, DC, World Bank).

Smithers, A. 2013. *The road to recovery: How and why economic policy must change* (Chichester, Wiley).

Sparreboom, T.; Baah-Boateng, W. 2011. "Ghana: Economic growth and better labour market outcomes, but challenges remain", in T. Sparreboom and A. Albee (eds): *Towards decent work in sub-Saharan Africa. Monitoring MDG Employment Indicators* (Geneva, International Labour Office).

—; Nubler, I. 2013. "Productive transformation, employment and education in Tanzania", paper presented at the 2013 UNU-WIDER Development Conference on Learning to Compete: Industrial Development and Policy in Africa, Helsinki, 24–25 June.

UN (United Nations). 2012. *Social protection: A development priority in the post-2015 UN development agenda*, Thematic Think Piece, UN system Task Team on the post-2015 UN Development Agenda (New York).

—. 2013a. *A life of dignity for all: Accelerating progress towards the Millennium Development Goals and advancing the United Nations development agenda beyond 2015*, Report of the Secretary-General, United Nations Document A/68/202, General Assembly, sixty-eighth session (New York).

—. 2013b. *The Millennium Development Goals Report 2013* (New York).

UNECA. 2013. *Outcome document of the regional consultations on the post-2015 development agenda*, United Nations Economic Commission for Africa, AUC, AfDB and UNDP (Addis Ababa).
World Bank. 2012. *Managing risk, promoting growth: Developing systems for social protection in Africa*, The World Bank's Africa Social Protection Strategy 2012–2022 (Washington, DC).
—. 2013a. *Global outlook and risks*, presentation by A. Burns at the Project LINK Meeting, New York, 21 October.
—. 2013b. *World Development Indicators* (Washington, DC).

附录 1　全球和地区性数据统计表

表 A1　全球和各地区 GDP 实际年增长率（百分比）

地区	2007 年	2008 年	2009 年	2010 年	2011 年	2012 年	2013 年*	2014 年*	2015 年*	2016 年*	2017 年*	2018 年*
全球	5.3	2.7	-0.4	5.2	3.9	3.2	2.9	3.6	4.0	4.1	4.1	4.1
发达经济体和欧盟地区	2.6	0.1	-3.6	2.6	1.6	1.4	1.0	1.9	2.4	2.5	2.5	2.4
中欧和东南欧（非欧盟）及独联体	7.9	4.3	-5.9	5.8	5.6	3.0	2.5	3.3	3.9	3.9	3.9	3.9
东亚	12.1	7.9	7.1	9.9	8.3	6.6	6.7	6.6	6.5	6.5	6.5	6.5
东南亚和太平洋地区	6.6	4.5	1.7	7.6	4.7	5.7	4.9	5.3	5.6	5.4	5.4	5.5
南亚	9.1	4.2	7.4	9.5	6.1	3.6	3.9	5.0	6.0	6.2	6.5	6.6
拉丁美洲和加勒比地区	5.7	4.2	-1.2	6.0	4.6	2.9	2.7	3.1	3.5	3.7	3.7	3.7
中东	6.1	5.1	2.8	6.1	5.6	3.0	2.0	3.3	3.8	4.0	4.2	4.3
北非	5.7	4.9	3.5	4.2	-0.2	8.6	2.4	4.8	5.1	4.4	4.2	4.5
撒哈拉以南非洲	7.1	5.7	2.6	5.6	5.5	5.2	4.8	5.7	5.7	5.6	5.5	5.7

注：* 2013—2018 年的数据为预测数据。

资料来源：国际劳工组织员工根据国际货币基金组织《世界经济展望》数据库（2013 年 10 月）的计算。

表 A2 全球和各地区按性别划分的失业率（百分比）

男性和女性	2007 年	2008 年	2009 年	2010 年	2011 年	2012 年	2013 年*		
							CI 下限值	初步预估数据	CI 上限值
全球	5.5	5.6	6.2	6.1	6.0	6.0	5.9	6.0	6.1
发达经济体和欧盟地区	5.8	6.1	8.4	8.8	8.4	8.6	8.6	8.6	8.7
中欧和东南欧（非欧盟）及独联体	8.2	8.1	9.9	9.2	8.5	8.0	8.1	8.2	8.4
东亚	3.8	4.3	4.4	4.2	4.3	4.4	4.5	4.5	4.6
东南亚和太平洋地区	5.5	5.2	5.1	4.7	4.4	4.1	4.1	4.2	4.3
南亚	4.1	4.1	4.2	3.8	3.8	3.9	3.9	4.0	4.0
拉丁美洲和加勒比地区	6.9	6.5	7.5	7.3	6.7	6.6	6.4	6.5	6.6
中东	10.2	10.1	10.3	11.1	10.8	10.9	10.7	10.9	11.1
北非	11.1	10.5	10.6	10.4	11.8	12.1	11.8	12.2	12.5
撒哈拉以南非洲	7.5	7.7	7.7	7.6	7.6	7.6	7.5	7.6	7.7
男性	**2007 年**	**2008 年**	**2009 年**	**2010 年**	**2011 年**	**2012 年**	**2013 年***		
							CI 下限值	初步预估数据	CI 上限值
全球	5.2	5.4	6.1	5.8	5.7	5.7	5.7	5.8	5.8
发达经济体和欧盟地区	5.6	6.0	8.8	9.1	8.5	8.6	8.6	8.6	8.7
中欧和东南欧（非欧盟）及独联体	8.6	8.5	10.6	9.6	8.8	8.2	8.3	8.5	8.6
东亚	4.3	4.9	5.0	4.8	4.9	5.0	5.1	5.2	5.2
东南亚和太平洋地区	5.3	5.1	5.1	4.4	4.2	4.0	4.0	4.1	4.2
南亚	3.9	4.0	4.0	3.5	3.5	3.6	3.6	3.7	3.7
拉丁美洲和加勒比地区	5.5	5.1	6.3	6.0	5.5	5.4	5.3	5.4	5.5
中东	8.2	8.0	8.3	8.8	8.5	8.6	8.5	8.7	8.8
北非	9.0	8.3	8.0	7.8	9.0	9.2	8.9	9.2	9.5
撒哈拉以南非洲	6.8	7.0	7.1	7.0	6.9	6.9	6.8	6.9	7.0
女性	**2007 年**	**2008 年**	**2009 年**	**2010 年**	**2011 年**	**2012 年**	**2013 年***		
							CI 下限值	初步预估数据	CI 上限值
全球	5.8	5.9	6.5	6.5	6.4	6.4	6.3	6.4	6.5
发达经济体和欧盟地区	6.1	6.2	7.9	8.4	8.3	8.5	8.5	8.6	8.6
中欧和东南欧（非欧盟）及独联体	7.8	7.7	9.2	8.7	8.2	7.7	7.7	7.9	8.0
东亚	3.1	3.6	3.7	3.5	3.6	3.6	3.7	3.7	3.8
东南亚和太平洋地区	5.7	5.4	5.1	5.0	4.6	4.3	4.3	4.4	4.5
南亚	4.5	4.6	4.7	4.9	4.8	4.7	4.6	4.7	4.8
拉丁美洲和加勒比地区	9.0	8.4	9.4	9.1	8.4	8.2	7.9	8.1	8.2
中东	19.4	19.6	19.3	21.6	21.3	21.4	20.8	21.1	21.5
北非	17.6	17.6	18.6	18.3	20.6	21.2	20.7	21.3	21.9
撒哈拉以南非洲	8.3	8.4	8.4	8.3	8.4	8.3	8.3	8.4	8.5

注：* 2013 年的数据为初步预估数据；CI = 置信区间。

资料来源：国际劳工组织，《趋势计量经济学模型》，2013 年 10 月；如欲了解更多详情，请参见附录 4 和“劳动力市场指标的估算和预测”，尤其是《趋势计量经济学模型》：可从以下网站获取“研究方法综述”：http://www.ilo.org/empelm/what/projects/lang--en/WCMS_114246/index.htm。与早前估算数据之间存在的差异系因世界银行和国际货币基金组织对模型中用到的 GDP 及其组成要素的估算进行了修改，以及所采用的劳动力市场信息有了数据更新。后者是基于国际劳工组织（2013e）。

表 A3　全球和各地区青年失业率和成年人失业率（百分比）

青年	2000 年	2005 年	2006 年	2007 年	2008 年	2009 年	2010 年	2011 年	2012 年	2013 年*		
										CI 下限值	初步预估数据	CI 上限值
全球	12.8	12.8	12.4	11.6	12.0	12.9	12.9	12.7	12.9	12.9	13.1	13.3
发达经济体和欧盟地区	13.5	14.3	13.3	12.5	13.3	17.4	18.1	17.6	18.0	18.2	18.3	18.4
中欧和东南欧（非欧盟）及独联体	20.0	18.2	18.4	17.5	16.9	20.0	19.0	17.9	17.5	17.7	18.0	18.3
东亚	9.4	8.7	8.4	8.0	9.2	9.4	9.1	9.4	9.7	9.9	10.1	10.3
东南亚和太平洋地区	13.2	17.4	17.0	14.8	14.1	13.9	14.5	12.9	12.7	12.8	13.0	13.3
南亚	10.3	10.1	9.8	9.2	9.5	9.8	9.7	9.7	10.1	10.0	10.2	10.4
拉丁美洲和加勒比地区	16.1	16.4	15.1	14.1	13.6	15.5	15.0	14.3	13.8	13.3	13.6	13.9
中东	25.5	25.4	25.1	23.9	24.1	23.7	26.2	26.0	26.6	26.8	27.2	27.7
北非	29.5	27.7	25.5	24.2	23.7	23.9	23.7	28.1	29.2	28.6	29.4	30.3
撒哈拉以南非洲	13.3	11.7	12.2	11.7	12.1	12.1	12.0	11.9	11.9	11.7	11.9	12.0
成年人	**2000 年**	**2005 年**	**2006 年**	**2007 年**	**2008 年**	**2009 年**	**2010 年**	**2011 年**	**2012 年**	**2013 年***		
										CI 下限值	初步预估数据	CI 上限值
全球	4.6	4.5	4.2	4.0	4.1	4.7	4.6	4.5	4.5	4.5	4.6	4.6
发达经济体和欧盟地区	5.7	5.8	5.3	4.8	5.0	7.1	7.5	7.2	7.4	7.3	7.3	7.4
中欧和东南欧（非欧盟）及独联体	8.8	7.3	7.2	6.6	6.6	8.2	7.6	7.0	6.6	6.7	6.8	6.9
东亚	3.4	3.1	3.0	2.8	3.3	3.4	3.2	3.3	3.5	3.5	3.6	3.7
东南亚和太平洋地区	2.6	3.3	3.2	3.1	3.1	3.0	2.4	2.4	2.2	2.3	2.3	2.3
南亚	2.6	3.0	2.9	2.6	2.7	2.7	2.4	2.4	2.4	2.4	2.5	2.5
拉丁美洲和加勒比地区	6.4	5.6	5.2	4.9	4.6	5.5	5.4	4.9	4.8	4.7	4.8	4.9
中东	6.9	7.0	6.8	6.5	6.4	6.9	7.4	7.4	7.5	7.4	7.6	7.7
北非	10.1	7.8	7.4	7.4	7.0	7.1	7.1	7.9	8.1	8.0	8.2	8.5
撒哈拉以南非洲	6.9	6.0	6.0	5.9	6.0	6.0	6.0	6.0	6.0	6.0	6.0	6.1

注：*2013 年的数据为初步预估数据；CI = 置信区间。

资料来源：国际劳工组织，《趋势计量经济学模型》，2013 年 10 月；同时参见表 A2 的资料来源。

表 A4　全球失业人口（百万）

	2000 年	2005 年	2006 年	2007 年	2008 年	2009 年	2010 年	2011 年	2012 年	2013 年*		
										CI 下限值	初步预估数据	CI 上限值
总计	176.7	186.0	179.8	170.0	177.0	197.9	195.2	193.9	196.9	198.8	201.8	204.8
男性	102.7	105.4	102.2	97.7	102.5	116.1	112.3	111.1	113.2	114.5	116.2	118.0
女性	74.0	80.5	77.6	72.2	74.5	81.8	82.9	82.9	83.7	84.3	85.6	86.9
青年人	74.2	78.0	75.2	70.1	71.8	76.0	74.9	73.5	73.8	73.3	74.5	75.7
成年人	102.5	108.0	104.6	99.9	105.2	121.9	120.3	120.5	123.2	125.5	127.3	129.1

注：*2013 年的数据为初步预估数据；CI = 置信区间。由于采取了四舍五入，总数或有差异。

资料来源：国际劳工组织，《趋势计量经济学模型》，2013 年 10 月；同时参见表 A2 的资料来源。

表 A5　全球和各地区就业人口/总人口比率（百分比）

男性和女性	2000 年	2005 年	2006 年	2007 年	2008 年	2009 年	2010 年	2011 年	2012 年	2013 年*		
										CI 下限值	初步预估数据	CI 上限值
全球	61.1	60.8	60.7	60.7	60.4	59.7	59.6	59.6	59.6	59.6	59.6	59.7
发达经济体和欧盟地区	56.6	56.1	56.6	57.0	57.0	55.3	54.9	54.8	54.8	54.7	54.8	54.8
中欧和东南欧（非欧盟）及独联体	52.3	53.0	53.1	53.8	54.1	53.1	53.7	54.4	54.9	54.8	54.9	55.0
东亚	72.7	69.6	69.2	68.8	68.0	67.5	67.3	67.4	67.5	67.5	67.5	67.6
东南亚和太平洋地区	66.9	66.0	66.0	66.4	66.6	66.7	67.0	67.3	67.5	67.4	67.4	67.5
南亚	57.0	58.2	57.6	57.0	56.1	55.4	54.9	54.4	53.9	53.9	53.9	54.0
拉丁美洲和加勒比地区	58.3	60.0	60.5	60.9	61.4	60.7	61.2	61.5	61.8	61.8	61.9	62.0
中东	41.1	42.8	42.7	43.0	42.5	42.6	42.7	43.1	43.4	43.6	43.6	43.7
北非	41.0	42.3	42.4	43.0	43.3	43.3	43.5	42.9	43.0	42.9	43.1	43.3
撒哈拉以南非洲	64.0	64.8	64.8	65.0	65.0	65.0	65.1	65.2	65.3	65.3	65.4	65.4
男性	2000 年	2005 年	2006 年	2007 年	2008 年	2009 年	2010 年	2011 年	2012 年	2013 年*		
										CI 下限值	初步预估数据	CI 上限值
全球	73.9	73.1	73.1	73.1	72.8	72.1	72.1	72.2	72.2	72.2	72.2	72.3
发达经济体和欧盟地区	65.8	64.2	64.7	65.0	64.7	62.3	61.6	61.6	61.6	61.5	61.5	61.6
中欧和东南欧（非欧盟）及独联体	61.9	62.4	62.3	63.2	63.7	62.3	63.2	64.1	64.6	64.6	64.7	64.8
东亚	78.3	75.5	75.1	74.9	74.1	73.7	73.6	73.7	73.8	73.8	73.9	73.9
东南亚和太平洋地区	78.4	77.7	77.7	77.7	77.7	77.8	78.3	78.6	78.8	78.6	78.7	78.7
南亚	79.5	79.9	79.7	79.4	78.9	78.5	78.5	78.2	77.8	77.6	77.7	77.8
拉丁美洲和加勒比地区	74.8	74.9	75.4	75.5	75.9	74.6	74.9	75.1	75.3	75.2	75.3	75.4
中东	67.1	67.4	67.3	67.6	67.2	67.3	67.4	67.9	68.3	68.4	68.5	68.6
北非	65.4	67.4	67.1	67.2	67.8	67.9	68.1	67.4	67.5	67.4	67.6	67.8
撒哈拉以南非洲	71.2	70.8	70.9	71.0	71.0	70.9	71.0	71.1	71.2	71.2	71.3	71.3
女性	2000 年	2005 年	2006 年	2007 年	2008 年	2009 年	2010 年	2011 年	2012 年	2013 年*		
										CI 下限值	初步预估数据	CI 上限值
全球	48.5	48.6	48.4	48.4	48.0	47.4	47.1	47.1	47.1	47.0	47.1	47.1
发达经济体和欧盟地区	48.0	48.4	49.0	49.5	49.7	48.8	48.6	48.4	48.4	48.4	48.4	48.4
中欧和东南欧（非欧盟）及独联体	43.9	44.8	45.0	45.6	45.7	45.1	45.3	46.0	46.4	46.3	46.3	46.4
东亚	66.8	63.4	62.9	62.5	61.6	61.1	60.7	60.8	60.9	60.9	60.9	60.9
东南亚和太平洋地区	55.6	54.6	54.7	55.4	55.8	55.9	56.0	56.4	56.6	56.5	56.6	56.6
南亚	33.1	35.2	34.3	33.4	32.2	31.1	30.1	29.5	29.0	29.0	29.1	29.1
拉丁美洲和加勒比地区	42.7	46.0	46.6	47.1	47.7	47.6	48.2	48.6	49.1	49.2	49.3	49.4
中东	12.8	15.2	15.0	15.0	14.3	14.5	14.3	14.6	14.7	14.9	14.9	15.0
北非	16.7	17.4	17.9	19.0	19.1	19.0	19.2	18.8	18.8	18.7	18.9	19.0
撒哈拉以南非洲	57.1	58.9	58.9	59.2	59.2	59.2	59.3	59.4	59.5	59.5	59.6	59.7

注：* 2013 年的数据为初步预估数据；CI = 置信区间。

资料来源：国际劳工组织，《趋势计量经济学模型》，2013 年 10 月；同时参见表 A2 的资料来源。

表 A6　全球和各地区年就业增长率（百分比）

地区	2001—2006 年	2007 年	2008 年	2009 年	2010 年	2011 年	2012 年	2013 年*		
								CI 下限值	初步预估数据	CI 上限值
全球	1.7	1.6	1.0	0.4	1.2	1.4	1.4	1.3	1.4	1.5
发达经济体和欧盟地区	0.9	1.5	0.6	-2.2	-0.2	0.4	0.5	0.3	0.4	0.4
中欧和东南欧（非欧盟）及独联体	1.2	2.0	1.1	-1.3	1.4	1.8	1.1	0.0	0.2	0.3
东亚	1.0	0.9	0.0	0.4	0.6	1.0	0.8	0.6	0.7	0.7
东南亚和太平洋地区	1.7	2.3	2.0	1.8	2.1	2.2	2.0	1.5	1.6	1.7
南亚	2.3	1.0	0.5	0.6	1.0	1.1	1.0	1.8	1.9	2.0
拉丁美洲和加勒比地区	2.6	2.3	2.6	0.7	2.4	2.2	2.3	1.7	1.8	2.0
中东	4.6	4.3	2.3	3.7	3.1	3.8	3.1	2.6	2.8	3.0
北非	3.3	3.6	2.9	2.0	2.4	0.6	1.9	1.6	2.0	2.4
撒哈拉以南非洲	3.0	3.0	2.9	2.8	2.9	3.0	3.1	3.0	3.1	3.2

注：* 2013 年的数据为初步预估数据；CI = 置信区间。

资料来源：国际劳工组织，《趋势计量经济学模型》，2013 年 10 月；同时参见表 A2 的资料来源。

表 A7　每个工作者的产出、水平和年增长率

地区	每个工作者的产出（2012 年）	2001—2006 年	2007 年	2008 年	2009 年	2010 年	2011 年	2012 年	2013 年*		
									CI 下限值	初步预估数据	CI 上限值
全球	23331	2.4	3.6	1.5	-1.1	3.8	2.2	1.6	1.3	1.4	1.5
发达经济体和欧盟地区	73224	1.5	1.1	-0.5	-1.6	2.8	1.1	0.6	0.6	0.6	0.7
中欧和东南欧（非欧盟）及独联体	25927	5.8	5.6	3.1	-4.9	4.3	3.8	2.0	2.1	2.3	2.5
东亚	15929	8.1	11.2	7.9	6.7	9.2	7.3	5.8	6.0	6.0	6.1
东南亚和太平洋地区	10416	4.1	4.3	2.4	-0.3	5.3	2.3	3.7	3.2	3.3	3.3
南亚	8116	4.8	8.0	3.3	7.1	8.4	4.9	2.6	1.9	2.0	2.1
拉丁美洲和加勒比地区	23654	1.1	3.3	1.5	-2.2	3.3	2.2	0.7	0.7	0.8	1.0
中东	42117	0.9	2.0	3.2	-1.7	2.1	1.2	-0.2	-0.9	-0.7	-0.5
北非	18737	1.4	2.0	2.0	1.6	1.8	-4.6	3.3	-0.1	0.3	0.7
撒哈拉以南非洲	5615	2.3	3.7	2.4	-0.3	2.4	2.0	1.9	1.5	1.6	1.7

注：* 2013 年的数据为初步预估数据；CI = 置信区间。产出的计算基于 2005 年购买力平价调整后的国际定值美元。

资料来源：国际劳工组织，《趋势计量经济学模型》，2013 年 10 月；同时参见表 A2 的资料来源。

表 A8　全球和各地区按性别划分的劳动力参与率（百分比）

男性和女性	2000年	2001年	2002年	2003年	2004年	2005年	2006年	2007年	2008年	2009年	2010年	2011年	2012年	2013年*
全球	65.3	65.1	65.0	64.8	64.8	64.8	64.5	64.2	64.0	63.7	63.4	63.4	63.4	63.5
发达经济体和欧盟地区	60.7	60.4	60.2	60.2	60.1	60.2	60.4	60.5	60.6	60.4	60.2	59.9	60.0	59.9
中欧和东南欧（非欧盟）及独联体	58.5	57.8	58.0	58.0	58.0	58.2	58.3	58.6	58.9	59.0	59.1	59.5	59.7	59.8
东南亚和太平洋地区	76.1	75.4	74.7	73.9	73.2	72.6	72.0	71.5	71.1	70.7	70.2	70.4	70.6	70.8
东南亚	70.4	70.7	70.4	70.6	70.6	70.4	70.2	70.2	70.2	70.3	70.3	70.4	70.4	70.4
南亚	59.7	59.9	60.1	60.4	60.7	61.0	60.3	59.4	58.6	57.8	57.1	56.6	56.1	56.1
拉丁美洲和加勒比地区	63.9	64.1	64.5	64.4	65.0	65.3	65.4	65.4	65.6	65.7	66.0	65.9	66.2	66.2
中东	46.5	46.6	46.9	47.3	47.7	48.2	47.9	47.8	47.2	47.5	48.0	48.4	48.7	49.0
北非	48.1	47.5	47.1	47.7	48.1	48.4	47.9	48.3	48.4	48.4	48.5	48.7	48.9	49.1
撒哈拉以南非洲	70.1	70.2	70.3	70.1	69.9	70.1	70.2	70.2	70.4	70.4	70.4	70.5	70.6	70.8
男性	2000年	2001年	2002年	2003年	2004年	2005年	2006年	2007年	2008年	2009年	2010年	2011年	2012年	2013年*
全球	78.7	78.4	78.1	77.8	77.7	77.6	77.4	77.2	77.0	76.7	76.5	76.5	76.5	76.6
发达经济体和欧盟地区	70.2	69.7	69.3	69.0	68.8	68.8	68.9	68.9	68.8	68.2	67.8	67.4	67.4	67.4
中欧和东南欧（非欧盟）及独联体	69.2	68.4	68.1	68.0	68.3	68.7	68.6	69.2	69.6	69.7	69.9	70.3	70.4	70.7
东亚	82.6	81.9	81.2	80.5	79.8	79.2	78.7	78.3	77.9	77.6	77.3	77.5	77.7	77.9
东南亚和太平洋地区	82.7	82.9	82.7	83.0	83.1	82.6	82.3	82.1	81.9	82.0	81.9	82.0	82.0	82.0
南亚	83.2	83.2	83.2	83.3	83.4	83.5	83.2	82.7	82.2	81.8	81.4	81.0	80.6	80.7
拉丁美洲和加勒比地区	80.7	80.5	80.3	79.9	80.2	80.1	80.1	79.8	80.0	79.6	79.7	79.5	79.6	79.5
中东	74.3	74.1	74.0	74.0	74.0	74.2	73.8	73.6	73.0	73.4	73.9	74.3	74.7	75.0
北非	74.8	74.0	73.9	74.3	74.7	74.9	73.9	73.8	73.9	73.9	73.9	74.1	74.3	74.5
撒哈拉以南非洲	77.3	77.0	76.8	76.4	76.0	76.1	76.1	76.1	76.4	76.3	76.3	76.3	76.5	76.6
女性	2000年	2001年	2002年	2003年	2004年	2005年	2006年	2007年	2008年	2009年	2010年	2011年	2012年	2013年*
全球	51.9	51.9	51.9	51.9	51.9	52.0	51.7	51.3	51.0	50.7	50.4	50.3	50.3	50.3
发达经济体和欧盟地区	51.8	51.7	51.7	51.9	52.0	52.2	52.5	52.6	52.9	53.0	53.0	52.8	52.9	52.9
中欧和东南欧（非欧盟）及独联体	49.1	48.6	49.1	49.3	48.9	49.1	49.2	49.4	49.5	49.7	49.7	50.1	50.2	50.3
东亚	69.4	68.7	67.9	67.1	66.3	65.6	65.0	64.4	63.9	63.4	62.9	63.0	63.2	63.3
东南亚和太平洋地区	58.5	58.9	58.5	58.5	58.5	58.6	58.5	58.7	58.9	58.9	59.0	59.1	59.2	59.2
南亚	34.7	35.1	35.6	36.1	36.7	37.3	36.2	34.9	33.7	32.7	31.6	31.0	30.4	30.5
拉丁美洲和加勒比地区	48.0	48.7	49.6	49.8	50.8	51.3	51.5	51.8	52.1	52.6	53.0	53.1	53.5	53.6
中东	16.3	16.7	17.2	17.8	18.4	19.0	18.7	18.6	17.8	17.9	18.3	18.5	18.7	18.9
北非	21.6	21.1	20.5	21.3	21.8	22.1	22.2	23.1	23.2	23.3	23.5	23.7	23.8	24.0
撒哈拉以南非洲	63.2	63.6	63.9	64.0	64.0	64.3	64.5	64.5	64.7	64.7	64.7	64.8	64.9	65.1

注：*2013 年的数据为初步预估数据。2013 年 10 月，国际劳工组织《经济活跃人口预计和测算》数据库更新版（第 7 版）仅更新了 2012 年印度估计数据，因此 2012 年为预测基准年。

资料来源：国际劳工组织，《经济活跃人口估算和预测》（EAPEP）数据库（第 7 版，2013 年 10 月更新）。

表 A9　全球和各地区成年人和年轻人的劳动力参与率（百分比）

青年	2000年	2001年	2002年	2003年	2004年	2005年	2006年	2007年	2008年	2009年	2010年	2011年	2012年	2013年*
全球	53.2	52.6	52.1	51.6	51.4	51.2	50.5	49.8	49.2	48.5	47.7	47.6	47.3	47.4
发达经济体和欧盟地区	52.6	51.7	50.8	49.8	49.8	49.9	50.3	49.9	49.8	48.6	47.4	47.0	47.0	47.3
中欧和东南欧（非欧盟）及独联体	43.3	42.0	41.6	40.5	40.4	40.2	40.1	40.3	41.3	41.4	40.9	41.1	40.3	40.5
东南亚和太平洋地区	66.3	64.4	62.6	60.9	59.5	58.2	57.3	56.6	55.9	55.2	54.2	54.7	55.1	55.1
东南亚	56.4	56.8	55.9	55.9	55.7	55.1	54.0	53.2	52.7	52.6	52.3	52.4	52.4	52.4
南亚	47.8	47.9	48.2	48.3	48.4	48.6	47.2	45.6	44.1	42.7	41.4	40.5	39.6	39.6
拉丁美洲和加勒比地区	54.6	54.5	54.3	53.6	54.1	54.2	53.7	53.4	53.3	52.5	52.6	52.4	52.5	52.5
中东	32.6	32.8	32.8	33.0	33.1	33.3	32.5	31.7	30.8	30.7	30.9	31.1	31.1	31.1
北非	36.1	34.1	34.7	35.5	36.2	36.6	34.6	34.1	34.0	33.6	33.4	33.5	33.6	33.6
撒哈拉以南非洲	54.3	54.4	54.5	54.4	54.4	54.4	54.3	54.2	54.3	54.2	54.1	54.1	54.2	54.3

成年人	2000年	2001年	2002年	2003年	2004年	2005年	2006年	2007年	2008年	2009年	2010年	2011年	2012年	2013年*
全球	69.4	69.3	69.3	69.3	69.3	69.4	69.2	69.1	68.9	68.6	68.4	68.3	68.2	68.2
发达经济体和欧盟地区	62.3	62.1	62.0	62.1	62.1	62.2	62.3	62.5	62.6	62.5	62.4	62.1	62.2	62.1
中欧和东南欧（非欧盟）及独联体	62.9	62.4	62.7	63.2	63.1	63.5	63.5	63.8	63.8	63.7	63.8	64.2	64.3	64.2
东亚	78.8	78.4	78.1	77.6	77.2	76.8	76.3	75.9	75.5	75.0	74.6	74.5	74.4	74.3
东南亚和太平洋地区	76.1	76.3	76.2	76.2	76.3	76.2	76.2	76.3	76.4	76.3	76.3	76.3	76.2	76.1
南亚	64.9	65.1	65.3	65.6	65.9	66.2	65.7	65.1	64.4	63.8	63.2	62.8	62.3	62.3
拉丁美洲和加勒比地区	67.6	67.9	68.4	68.5	69.1	69.4	69.6	69.6	69.9	70.2	70.5	70.3	70.6	70.5
中东	54.0	54.2	54.5	54.9	55.3	55.8	55.6	55.6	54.8	55.0	55.2	55.4	55.5	55.6
北非	54.0	53.9	53.1	53.5	53.7	53.8	53.9	54.6	54.6	54.7	54.7	54.7	54.8	54.8
撒哈拉以南非洲	79.0	79.1	79.1	78.9	78.6	78.8	79.0	79.1	79.3	79.3	79.2	79.3	79.4	79.5

注：*2013 年的数据为初步预估数据。

资料来源：国际劳工组织，《经济活跃人口估算和预测》数据库（第 7 版，2013 年 10 月更新）；同时参见表 A8 的资料来源。

表 A10　全球和各地区按行业和性别划分的就业份额（百分比）

男性和女性	农业				工业				服务业			
	2000年	2007年	2012年	2013年*	2000年	2007年	2012年	2013年*	2000年	2007年	2012年	2013年*
全球	40.4	35.3	31.9	31.8	20.5	22.2	23.0	23.0	39.1	42.5	45.0	45.1
发达经济体和欧盟地区	5.5	3.9	3.6	3.6	27.2	25.0	22.5	22.5	67.3	71.1	73.9	73.9
中欧和东南欧（非欧盟）及独联体	25.3	18.8	20.1	18.3	25.1	26.1	24.0	27.1	49.6	55.1	55.9	54.6
东亚	47.4	38.7	31.0	31.2	23.7	27.4	30.9	30.2	28.9	33.9	38.1	38.6
东南亚和太平洋地区	49.8	44.0	39.2	40.3	16.4	18.4	19.8	19.2	33.9	37.6	41.1	40.5
南亚	59.5	52.9	48.5	47.2	15.6	19.6	22.2	22.9	25.0	27.6	29.3	29.9
拉丁美洲和加勒比地区	21.5	17.8	15.7	15.5	21.2	22.2	21.1	20.9	57.3	60.0	63.2	63.5
中东	22.9	18.6	14.9	14.8	23.9	26.2	27.2	27.4	53.2	55.2	57.9	57.7
北非	33.8	32.6	30.1	30.0	20.1	21.6	21.5	21.1	46.1	45.9	48.3	48.9
撒哈拉以南非洲	65.5	62.6	61.1	61.3	8.1	8.7	8.9	8.9	26.3	28.7	30.0	29.9
男性	农业				工业				服务业			
	2000年	2007年	2012年	2013年*	2000年	2007年	2012年	2013年*	2000年	2007年	2012年	2013年*
全球	38.3	33.5	30.8	31.0	24.0	26.1	26.9	26.7	37.7	40.4	42.3	42.3
发达经济体和欧盟地区	6.1	4.5	4.3	4.4	36.4	34.8	32.0	31.9	57.6	60.7	63.6	63.7
中欧和东南欧（非欧盟）及独联体	25.3	19.1	20.9	17.5	30.9	33.3	28.4	33.7	43.8	47.7	50.7	48.8
东亚	41.6	34.6	28.6	29.8	26.5	30.2	33.8	32.1	31.8	35.2	37.6	38.1
东南亚和太平洋地区	48.7	43.4	38.4	40.8	18.4	21.0	22.5	21.4	33.0	35.6	39.1	37.8
南亚	53.3	46.0	42.2	40.9	17.4	21.7	24.1	24.8	29.3	32.3	33.7	34.3
拉丁美洲和加勒比地区	26.1	22.2	20.2	20.0	25.9	27.8	27.4	27.4	48.0	50.0	52.4	52.7
中东	20.8	16.2	12.8	12.7	26.0	28.4	30.1	30.4	53.2	55.4	57.1	56.8
北非	31.0	29.2	27.4	27.3	22.3	24.4	24.5	24.0	46.7	46.4	48.1	48.7
撒哈拉以南非洲	64.6	61.8	60.2	60.7	9.9	10.8	10.9	10.9	25.5	27.4	28.9	28.4
女性	农业				工业				服务业			
	2000年	2007年	2012年	2013年*	2000年	2007年	2012年	2013年*	2000年	2007年	2012年	2013年*
全球	43.7	38.0	33.7	33.2	15.2	16.2	17.2	17.4	41.1	45.7	49.2	49.4
发达经济体和欧盟地区	4.7	3.2	2.8	2.7	15.5	12.9	11.1	11.2	79.7	83.9	86.1	86.1
中欧和东南欧（非欧盟）及独联体	25.3	18.4	19.1	19.2	17.9	17.4	18.6	19.2	56.8	64.2	62.2	61.6
东亚	54.5	43.8	34.0	32.9	20.1	23.9	27.3	27.7	25.4	32.3	38.7	39.3
东南亚和太平洋地区	51.3	44.7	40.2	39.7	13.6	14.9	16.1	16.2	35.1	40.4	43.7	44.1
南亚	75.2	70.1	66.4	64.8	11.0	14.2	16.7	17.5	13.8	15.7	17.0	17.7
拉丁美洲和加勒比地区	13.8	11.2	9.2	9.1	13.5	13.8	12.1	11.7	72.7	75.1	78.7	79.2
中东	35.3	30.8	26.0	25.9	11.7	15.1	11.8	11.5	53.0	54.1	62.2	62.6
北非	44.5	44.5	40.0	39.7	11.5	11.5	11.0	10.8	44.0	44.0	49.0	49.5
撒哈拉以南非洲	66.7	63.5	62.2	61.9	6.0	6.2	6.5	6.5	27.4	30.3	31.4	31.6

注：*2013 年的数据为初步预估数据。

资料来源：国际劳工组织，《趋势计量经济学模型》，2013 年 10 月；同时参见表 A2 的资料来源。

表 A11　全球和各地区按行业和性别划分的就业量（百万）

男性和女性	农业				工业				服务业			
	2000年	2007年	2012年	2013年*	2000年	2007年	2012年	2013年*	2000年	2007年	2012年	2013年*
全球	1056.5	1038.1	990.9	1001.4	536.3	652.2	714.7	724.4	1020.6	1249.2	1396.91	1419.0
发达经济体和欧盟地区	24.6	18.7	17.2	17.2	122.1	119.4	106.5	106.8	301.5	339.3	349.5	351.0
中欧和东南欧（非欧盟）及独联体	36.8	29.6	33.1	30.2	36.5	41.3	39.5	44.8	72.3	87.1	92.1	90.0
东亚	355.2	309.6	254.8	258.2	177.4	219.5	254.4	250.1	216.7	271.5	313.4	319.8
东南亚和太平洋地区	120.6	120.4	118.5	124.0	39.6	50.4	59.9	59.0	82.1	103.2	124.3	124.5
南亚	302.3	313.7	300.2	297.5	79.3	116.1	137.2	144.3	126.9	163.6	181.3	188.6
拉丁美洲和加勒比地区	44.7	44.0	42.9	43.2	44.2	54.8	57.7	58.3	119.1	148.4	172.6	176.9
中东	9.5	10.5	9.9	10.1	9.9	14.8	18.0	18.7	22.0	31.2	38.3	39.3
北非	15.0	18.0	18.3	18.6	8.9	11.9	13.1	13.0	20.5	25.3	29.3	30.3
撒哈拉以南非洲	147.9	173.6	195.9	202.4	18.4	24.1	28.4	29.3	59.5	79.7	96.2	98.6
男性	农业				工业				服务业			
	2000年	2007年	2012年	2013年*	2000年	2007年	2012年	2013年*	2000年	2007年	2012年	2013年*
全球	602.5	591.9	578.0	589.0	378.2	461.7	504.4	508.7	594.0	713.0	794.1	804.9
发达经济体和欧盟地区	15.2	11.9	11.2	11.4	91.6	91.9	82.6	82.7	145.0	160.2	164.3	165.1
中欧和东南欧（非欧盟）及独联体	20.3	16.5	18.9	15.9	24.8	28.8	25.7	30.6	35.3	41.3	45.9	44.3
东亚	171.8	154.3	131.8	138.3	109.6	134.5	155.4	149.1	131.4	156.8	173.2	176.5
东南亚和太平洋地区	68.1	68.5	66.7	72.0	25.7	33.1	39.1	37.8	46.1	56.2	67.8	66.6
南亚	194.9	195.0	192.3	189.8	63.6	92.1	110.1	115.2	107.2	137.0	153.7	159.2
拉丁美洲和加勒比地区	33.9	33.0	32.7	32.8	33.6	41.3	44.2	44.9	62.2	74.4	84.6	86.5
中东	7.3	7.7	7.2	7.3	9.2	13.4	16.8	17.4	18.7	26.2	31.8	32.5
北非	11.0	12.5	13.0	13.2	7.9	10.5	11.6	11.6	16.5	19.9	22.8	23.5
撒哈拉以南非洲	80.0	92.6	104.2	108.4	12.3	16.1	18.9	19.4	31.6	41.0	49.9	50.6
女性	农业				工业				服务业			
	2000年	2007年	2012年	2013年*	2000年	2007年	2012年	2013年*	2000年	2007年	2012年	2013年*
全球	454.1	446.2	412.9	412.4	158.1	190.5	210.3	215.7	426.6	536.2	602.9	614.1
发达经济体和欧盟地区	9.3	6.8	5.9	5.8	30.5	27.4	23.9	24.1	156.5	179.1	185.2	185.9
中欧和东南欧（非欧盟）及独联体	16.5	13.1	14.2	14.3	11.7	12.4	13.8	14.2	37.1	45.8	46.2	45.8
东亚	183.4	155.3	123.0	119.9	67.8	84.9	99.0	101.1	85.3	114.6	140.1	143.3
东南亚和太平洋地区	52.5	51.9	51.8	52.0	14.0	17.3	20.8	21.2	36.0	46.9	56.5	57.9
南亚	107.4	118.6	107.9	107.7	15.7	24.0	27.1	29.2	19.7	26.6	27.6	29.4
拉丁美洲和加勒比地区	10.8	11.0	10.3	10.4	10.6	13.6	13.5	13.4	56.9	74.0	88.0	90.3
中东	2.2	2.8	2.7	2.8	0.7	1.4	1.2	1.2	3.3	5.0	6.5	6.8
北非	4.0	5.5	5.3	5.4	1.0	1.4	1.5	1.5	4.0	5.4	6.6	6.8
撒哈拉以南非洲	67.9	81.0	91.7	94.1	6.1	8.0	9.5	9.8	27.9	38.7	46.3	48.1

注：*2013 年的数据为初步预估数据。由于采取了四舍五入，总数或有差异。

资料来源：国际劳工组织，《趋势计量经济学模型》，2013 年 10 月；同时参见表 A2 的资料来源。

表 A12　全球和各地区按性别划分的弱势就业份额（百分比）

男性和女性	2000年	2005年	2006年	2007年	2008年	2009年	2010年	2011年	2012年	2013年*	2018年*
全球	52.4	51.3	50.7	50.2	49.1	49.0	49.1	48.5	48.0	47.8	46.8
发达经济体和欧盟地区	11.3	10.9	10.6	10.4	10.2	10.1	10.3	10.1	10.1	10.0	9.5
中欧和东南欧（非欧盟）及独联体	22.6	21.3	20.3	19.7	19.5	19.9	20.1	19.7	19.3	19.2	18.6
东亚	57.5	54.1	53.6	52.6	50.3	48.8	48.6	47.6	46.5	45.8	42.6
东南亚和太平洋地区	65.6	61.9	61.6	61.3	61.4	60.6	60.7	60.2	59.7	59.0	56.6
南亚	80.9	80.7	80.2	79.8	78.5	78.6	78.5	77.3	76.4	76.1	74.5
拉丁美洲和加勒比地区	35.4	33.5	32.5	31.8	31.5	31.7	31.8	31.7	31.7	31.6	30.8
中东	32.2	30.1	29.0	28.5	26.8	26.7	25.8	25.4	25.4	25.2	24.7
北非	39.1	40.8	39.5	39.7	36.7	37.3	36.3	36.0	35.8	35.6	34.8
撒哈拉以南非洲	79.9	78.0	77.8	77.6	77.2	77.8	77.7	77.6	77.6	77.4	76.4

男性	2000年	2005年	2006年	2007年	2008年	2009年	2010年	2011年	2012年	2013年*。	2018年*
全球	50.5	49.6	49.3	48.8	47.8	48.0	48.1	47.5	47.1	46.9	45.9
发达经济体和欧盟地区	11.9	12.0	11.7	11.6	11.4	11.4	11.7	11.3	11.4	11.3	10.9
中欧和东南欧（非欧盟）及独联体	22.8	21.9	20.8	19.9	19.6	20.1	20.0	19.6	19.2	19.1	18.5
东亚	52.2	49.1	48.5	47.8	45.8	44.8	44.6	43.7	42.9	42.3	39.7
东南亚和太平洋地区	61.9	58.5	58.3	57.6	58.2	57.4	57.5	57.1	56.6	56.0	53.8
南亚	77.9	77.9	78.1	77.7	76.5	76.7	76.6	75.5	74.7	74.4	72.8
拉丁美洲和加勒比地区	35.1	33.4	32.3	31.6	31.1	31.4	31.6	31.5	31.7	31.6	30.7
中东	30.3	27.7	26.8	26.4	25.1	25.1	24.4	24.1	23.9	23.7	23.1
北非	35.1	36.4	35.1	34.8	31.3	32.1	30.8	30.5	30.4	30.2	29.3
撒哈拉以南非洲	74.2	71.0	70.8	70.8	70.1	71.0	70.9	70.8	70.7	70.5	69.1

女性	2000年	2005年	2006年	2007年	2008年	2009年	2010年	2011年	2012年	2013年*	2018年*
全球	55.3	53.8	52.9	52.4	51.0	50.6	50.5	49.9	49.3	49.1	48.2
发达经济体和欧盟地区	10.5	9.5	9.2	9.0	8.8	8.6	8.7	8.5	8.5	8.3	7.9
中欧和东南欧（非欧盟）及独联体	22.3	20.5	19.7	19.4	19.3	19.6	20.2	19.9	19.3	19.3	18.7
东亚	64.0	60.4	59.8	58.7	55.8	53.9	53.7	52.5	51.2	50.3	46.4
东南亚和太平洋地区	70.7	66.6	66.2	66.3	65.7	64.8	65.0	64.4	63.9	63.1	60.4
南亚	88.7	87.4	85.3	85.1	83.6	83.8	83.8	82.4	81.1	80.9	79.2
拉丁美洲和加勒比地区	36.0	33.6	32.8	32.2	32.0	32.1	32.0	32.0	31.7	31.6	30.9
中东	43.3	41.8	40.2	39.2	35.7	35.0	33.7	32.9	33.3	33.2	32.7
北非	55.0	57.9	56.1	56.9	55.4	55.6	55.4	55.3	54.8	54.7	53.9
撒哈拉以南非洲	86.9	86.1	85.9	85.7	85.4	85.8	85.7	85.6	85.6	85.5	85.1

注：* 2013—2018 年的数据为预测数据。

资料来源：国际劳工组织，《趋势计量经济学模型》，2013 年 10 月；同时参见表 A2 的资料来源。

表 A13　全球和各地区按性别划分的弱势就业量（百万）

男性和女性	2000年	2005年	2006年	2007年	2008年	2009年	2010年	2011年	2012年	2013年*	2018年*
全球	1369.7	1460.0	1467.3	1475.8	1458.2	1462.0	1480.5	1483.8	1489.1	1502.5	1566.2
发达经济体和欧盟地区	50.7	50.3	49.9	49.8	49.0	47.6	48.4	47.3	47.7	47.4	46.3
中欧和东南欧（非欧盟）及独联体	32.9	32.7	31.5	31.1	31.2	31.3	32.2	32.2	31.7	31.6	30.9
东亚	430.7	425.4	425.0	421.4	402.3	392.2	392.7	388.2	382.6	379.2	358.5
东南亚和太平洋地区	159.1	163.0	165.0	167.9	171.5	172.3	176.2	178.7	180.8	181.4	187.0
南亚	411.5	469.0	471.3	473.7	468.0	471.8	475.9	473.6	472.5	480.0	513.8
拉丁美洲和加勒比地区	73.7	78.8	78.5	78.7	79.8	80.9	83.1	84.7	86.7	88.0	92.9
中东	13.3	15.7	15.7	16.1	15.5	16.0	16.0	16.3	16.8	17.2	19.0
北非	17.4	21.2	21.0	21.9	20.8	21.6	21.5	21.4	21.7	22.1	23.8
撒哈拉以南非洲	180.5	204.1	209.3	215.3	220.2	228.3	234.5	241.3	248.6	255.7	294.0

男性	2000年	2005年	2006年	2007年	2008年	2009年	2010年	2011年	2012年	2013年*	2018年*
全球	795.7	847.0	855.6	861.7	855.2	862.4	876.5	879.3	884.4	892.8	931.8
发达经济体和欧盟地区	30.1	30.8	30.5	30.6	30.1	29.2	29.8	29.1	29.5	29.3	28.9
中欧和东南欧（非欧盟）及独联体	18.3	18.5	17.7	17.2	17.3	17.4	17.6	17.6	17.4	17.3	17.0
东亚	215.4	214.0	214.1	213.1	204.5	201.1	201.7	199.7	197.4	196.1	187.7
东南亚和太平洋地区	86.6	89.2	90.4	90.9	93.4	93.7	96.0	97.2	98.3	98.7	101.9
南亚	284.9	319.5	326.0	329.6	328.5	333.8	340.0	339.8	340.6	345.6	367.8
拉丁美洲和加勒比地区	45.5	47.6	47.1	46.9	47.3	47.8	49.1	49.9	51.3	51.9	54.5
中东	10.7	12.1	12.2	12.5	12.3	12.7	12.7	13.0	13.3	13.6	14.9
北非	12.4	15.0	14.7	14.9	13.8	14.5	14.2	14.2	14.4	14.6	15.5
撒哈拉以南非洲	91.9	100.5	102.9	105.9	108.0	112.3	115.4	118.8	122.4	125.7	143.7

女性	2000年	2005年	2006年	2007年	2008年	2009年	2010年	2011年	2012年	2013年*	2018年*
全球	574.0	613.0	611.7	614.2	603.0	599.6	604.0	604.5	604.7	609.7	634.4
发达经济体和欧盟地区	20.7	19.5	19.4	19.3	18.9	18.4	18.6	18.2	18.2	18.0	17.4
中欧和东南欧（非欧盟）及独联体	14.5	14.2	13.8	13.9	13.9	14.0	14.6	14.6	14.4	14.3	13.9
东亚	215.3	211.3	210.9	208.3	197.8	191.1	191.0	188.5	185.2	183.1	170.8
东南亚和太平洋地区	72.5	73.7	74.6	77.0	78.2	78.6	80.3	81.5	82.5	82.7	85.1
南亚	126.7	149.5	145.3	144.0	139.4	137.9	135.9	133.8	131.9	134.4	146.0
拉丁美洲和加勒比地区	28.2	31.2	31.4	31.8	32.5	33.1	34.0	34.9	35.4	36.1	38.4
中东	2.7	3.7	3.6	3.6	3.3	3.3	3.3	3.3	3.5	3.6	4.1
北非	5.0	6.2	6.3	7.0	7.0	7.1	7.3	7.3	7.3	7.5	8.3
撒哈拉以南非洲	88.6	103.6	106.4	109.4	112.1	116.0	119.1	122.5	126.2	130.0	150.4

注：*2013—2018 年的数据为预测数据。由于采取了四舍五入，总数或有差异。

资料来源：国际劳工组织，《趋势计量经济学模型》，2013 年 10 月；同时参见表 A2 的资料来源。

表 A14a　全球和各地区的工作性贫困指标（每天 1.25 美元）

男性和女性	人口数量（百万）						占总就业人口的份额（百分比）					
	2000 年	2007 年	2011 年	2012 年	2013 年*	2018 年*	2000 年	2007 年	2011 年	2012 年	2013 年*	2018 年*
全球	692. 9	490. 9	406. 3	385. 0	374. 7	284. 7	26. 5	16. 7	13. 3	12. 4	11. 9	8. 5
发达经济体和欧盟地区	6. 6	2. 8	2. 0	1. 8	1. 6	0. 9	4. 6	1. 8	1. 2	1. 1	1. 0	0. 6
中欧和东南欧（非欧盟）及独联体	232. 8	94. 7	58. 0	47. 3	43. 1	19. 4	31. 1	11. 8	7. 1	5. 7	5. 2	2. 3
东亚	83. 0	49. 2	36. 9	34. 0	34. 4	24. 7	34. 2	18. 0	12. 4	11. 2	11. 2	7. 5
东南亚和太平洋地区	224. 5	201. 1	167. 2	160. 7	155. 0	111. 9	44. 2	33. 9	27. 3	26. 0	24. 6	16. 2
南亚	16. 4	10. 6	8. 9	8. 7	8. 5	6. 9	7. 9	4. 3	3. 3	3. 2	3. 0	2. 3
拉丁美洲和加勒比地区	0. 6	0. 8	0. 7	0. 8	0. 7	0. 6	1. 5	1. 5	1. 1	1. 2	1. 1	0. 8
中东	3. 1	2. 2	1. 9	1. 9	1. 8	1. 6	6. 9	3. 9	3. 2	3. 1	3. 0	2. 4
北非	125. 9	129. 5	130. 6	130. 0	129. 6	118. 6	55. 8	46. 7	42. 0	40. 5	39. 2	30. 8
撒哈拉以南非洲	224. 5	201. 1	167. 2	160. 7	155. 0	111. 9	44. 2	33. 9	27. 3	26. 0	24. 6	16. 2

注：* 2012—2018 年的数据为预测数据。由于采取了四舍五入，总数或有差异。

资料来源：国际劳工组织，《趋势计量经济学模型》，2013 年 10 月；同时参见表 A2 的资料来源。

表 A14b　全球和各地区的工作性贫困指标（每天 2 美元）

男性和女性	人口数量（百万）						占总就业人口的份额（百分比）					
	2000 年	2007 年	2011 年	2012 年	2013 年*	2018 年*	2000 年	2007 年	2011 年	2012 年	2013 年*	2018 年*
全球	1199. 2	989. 5	878. 1	851. 0	839. 0	736. 2	45. 9	33. 7	28. 7	27. 4	26. 7	22. 0
发达经济体和欧盟地区	17. 9	8. 1	6. 7	6. 4	6. 0	4. 7	12. 3	5. 1	4. 1	3. 9	3. 6	2. 8
中欧和东南欧（非欧盟）及独联体	412. 9	224. 1	144. 6	123. 5	111. 6	52. 4	55. 1	28. 0	17. 7	15. 0	13. 5	6. 2
东亚	150. 9	114. 8	98. 9	94. 8	93. 9	75. 9	62. 3	41. 9	33. 3	31. 3	30. 5	23. 0
东南亚和太平洋地区	399. 4	414. 6	392. 8	389. 0	387. 8	359. 8	78. 5	69. 9	64. 1	62. 9	61. 5	52. 2
南亚	33. 4	22. 6	19. 1	18. 9	18. 5	15. 9	16. 0	9. 1	7. 2	6. 9	6. 7	5. 3
拉丁美洲和加勒比地区	3. 8	4. 9	4. 9	5. 0	5. 0	4. 9	9. 3	8. 7	7. 6	7. 5	7. 4	6. 4
中东	10. 6	9. 2	8. 9	8. 8	8. 8	8. 6	23. 8	16. 7	14. 9	14. 6	14. 2	12. 6
北非	170. 3	191. 1	202. 2	204. 6	207. 4	214. 0	75. 4	68. 9	65. 0	63. 8	62. 8	55. 6
撒哈拉以南非洲	1199. 2	989. 5	878. 1	851. 0	839. 0	736. 2	45. 9	33. 7	28. 7	27. 4	26. 7	22. 0

注：* 2012—2018 年的数据为预测数据。由于采取了四舍五入，总数或有差异。

资料来源：国际劳工组织，《趋势计量经济学模型》，2013 年 10 月；同时参见表 A2 的资料来源。

表 A15a　发展中世界和地区按经济阶层划分的就业情况，包括男性和女性

地区	年份	按阶层划分的就业人口（百万）				
		极度贫困（低于1.25美元）	中度贫困（1.25—2美元）	接近贫困（2—4美元）	发展中国家的中产阶级（4—13美元）	发达国家的中产及以上阶级（13美元以上）
发展中国家	1991	810.6	424.0	275.0	242.1	88.9
	2001	674.8	513.5	518.9	404.1	95.1
	2011	406.3	471.7	669.4	787.2	255.5
	2012*	385.0	466.0	674.9	823.3	280.2
	2018*	284.7	451.5	688.3	984.8	448.8
中欧和东南欧（非欧盟）及独联体	1991	3.6	7.2	23.2	69.6	43.3
	2001	6.1	10.6	34.4	72.4	22.4
	2011	2.0	4.7	18.5	82.7	55.2
	2012*	1.8	4.6	18.4	83.0	56.9
	2018*	0.9	3.8	15.6	82.9	62.7
东亚	1991	374.8	176.1	83.0	34.2	3.9
	2001	217.8	175.9	212.2	136.2	13.8
	2011	58.0	86.6	222.6	367.9	80.7
	2012*	47.3	76.3	214.1	387.5	97.5
	2018*	19.4	33.1	137.0	436.8	214.3
东南亚和太平洋地区	1991	93.7	49.7	29.0	20.2	3.3
	2001	74.6	70.6	58.5	35.2	7.4
	2011	36.9	62.0	105.1	75.1	17.8
	2012*	34.0	60.8	108.1	80.4	19.4
	2018*	24.7	51.2	118.6	105.3	30.5
南亚	1991	225.1	134.2	54.1	5.3	2.0
	2001	228.2	180.8	99.8	13.8	1.8
	2011	167.2	225.6	174.2	41.7	3.9
	2012*	160.7	228.3	180.1	45.1	4.4
	2018*	111.9	247.9	232.2	88.1	9.6
拉丁美洲和加勒比地区	1991	13.6	14.3	37.6	73.6	25.3
	2001	17.4	18.0	47.5	93.5	36.5
	2011	8.9	10.2	42.0	131.7	74.4
	2012*	8.7	10.2	42.4	134.9	77.1
	2018*	6.9	8.9	40.8	147.2	97.6
中东	1991	0.7	2.8	7.7	14.1	5.4
	2001	0.7	3.4	11.6	20.2	7.3
	2011	0.7	4.1	14.0	31.0	14.2
	2012*	0.8	4.2	14.7	31.8	14.7
	2018*	0.6	4.3	16.8	36.6	18.8
北非	1991	3.5	7.0	13.5	9.9	1.6
	2001	3.0	7.5	19.3	14.2	1.2
	2011	1.9	7.0	26.8	22.5	1.5
	2012*	1.9	6.9	26.9	23.2	1.8
	2018*	1.6	7.0	28.6	28.1	3.0
撒哈拉以南非洲	1991	95.5	32.7	26.9	15.3	4.1
	2001	127.0	46.7	35.6	18.6	4.6
	2011	130.6	71.6	66.2	34.7	7.8
	2012*	130.0	74.7	70.2	37.4	8.3
	2018*	118.6	95.4	98.6	59.7	12.3

注：*2012—2018年的数据为预测数据。由于采取了四舍五入，总数或有差异。

资料来源：卡普索斯和博尔姆普拉模型2013年10月更新（2013年）。

表 A15b　发展中世界和地区按经济阶层划分的就业份额，包括男性和女性

地区	年份	按阶层划分的就业份额（占总就业人口的百分比）				
		极度贫困（低于1.25美元）	中度贫困（1.25—2美元）	接近贫困（2—4美元）	发展中国家的中产阶级（4—13美元）	发达国家的中产及以上阶级（13美元以上）
发展中国家	1991	44.0	23.0	14.9	13.2	4.8
	2001	30.6	23.3	23.5	18.3	4.3
	2011	15.7	18.2	25.8	30.4	9.9
	2012*	14.6	17.7	25.7	31.3	10.7
	2018*	10.0	15.8	24.1	34.5	15.7
中欧和东南欧（非欧盟）及独联体	1991	2.5	4.9	15.8	47.4	29.5
	2001	4.2	7.3	23.6	49.6	15.3
	2011	1.2	2.9	11.3	50.7	33.8
	2012*	1.1	2.8	11.2	50.4	34.6
	2018*	0.6	2.3	9.4	50.0	37.8
东亚	1991	55.8	26.2	12.3	5.1	0.6
	2001	28.8	23.3	28.1	18.0	1.8
	2011	7.1	10.6	27.3	45.1	9.9
	2012*	5.7	9.3	26.0	47.1	11.9
	2018*	2.3	3.9	16.3	52.0	25.5
东南亚和太平洋地区	1991	47.9	25.4	14.8	10.3	1.7
	2001	30.3	28.6	23.7	14.3	3.0
	2011	12.4	20.9	35.4	25.3	6.0
	2012*	11.2	20.1	35.7	26.5	6.4
	2018*	7.5	15.5	35.9	31.9	9.2
南亚	1991	53.5	31.9	12.9	1.3	0.5
	2001	43.5	34.5	19.0	2.6	0.3
	2011	27.3	36.8	28.4	6.8	0.6
	2012*	26.0	36.9	29.1	7.3	0.7
	2018*	16.2	35.9	33.7	12.8	1.4
拉丁美洲和加勒比地区	1991	8.3	8.7	22.9	44.8	15.4
	2001	8.1	8.5	22.3	43.9	17.2
	2011	3.3	3.8	15.7	49.3	27.8
	2012*	3.2	3.7	15.5	49.4	28.2
	2018*	2.3	3.0	13.5	48.8	32.4
中东	1991	2.4	9.2	25.1	45.7	17.6
	2001	1.5	7.9	26.8	46.7	17.0
	2011	1.1	6.4	21.9	48.4	22.2
	2012*	1.2	6.4	22.2	48.0	22.2
	2018*	0.8	5.6	21.8	47.5	24.4
北非	1991	9.8	19.8	38.1	27.9	4.4
	2001	6.5	16.5	42.8	31.5	2.7
	2011	3.2	11.7	45.0	37.7	2.5
	2012*	3.1	11.4	44.3	38.3	2.9
	2018*	2.4	10.2	41.9	41.1	4.4
撒哈拉以南非洲	1991	54.7	18.7	15.4	8.8	2.4
	2001	54.6	20.1	15.3	8.0	2.0
	2011	42.0	23.0	21.3	11.1	2.5
	2012*	40.5	23.3	21.9	11.7	2.6
	2018*	30.8	24.8	25.6	15.5	3.2

注：*2012—2018年的数据为预测数据。由于采取了四舍五入，总数或有差异。

资料来源：卡普索斯和博尔姆普拉模型2013年10月更新（2013年）。

附录 2　失业预测

表 P1　2007—2017 年的失业率

地区	失业率（百分比）											
	2007年	2008年	2009年	2010年	2011年	2012年	2013年*	2014年*	2015年*	2016年*	2017年*	2018年*
全球	5.5	5.6	6.2	6.1	6.0	6.0	6.0	6.1	6.1	6.1	6.1	6.0
发达经济体和欧盟地区	5.8	6.1	8.4	8.8	8.4	8.6	8.6	8.6	8.4	8.2	8.0	7.9
中欧和东南欧（非欧盟）及独联体	8.2	8.1	9.9	9.2	8.5	8.0	8.2	8.3	8.2	8.2	8.2	8.1
东亚	3.8	4.3	4.4	4.2	4.3	4.4	4.5	4.7	4.8	4.9	4.9	5.0
东南亚和太平洋地区	5.5	5.2	5.1	4.7	4.4	4.1	4.2	4.3	4.3	4.3	4.3	4.4
南亚	4.1	4.1	4.2	3.8	3.8	3.9	4.0	4.0	4.1	4.1	4.1	4.1
拉丁美洲和加勒比地区	6.9	6.5	7.5	7.3	6.7	6.6	6.5	6.5	6.5	6.5	6.4	6.4
中东	10.2	10.1	10.3	11.1	10.8	10.9	10.9	11.0	10.9	10.8	10.8	10.7
北非	11.1	10.5	10.6	10.4	11.8	12.1	12.2	12.2	12.1	12.1	12.1	12.0
撒哈拉以南非洲	7.5	7.7	7.7	7.6	7.6	7.6	7.6	7.6	7.5	7.5	7.5	7.5
地区		自 2007 年以来的变化情况（百分点）										
		2008年	2009年	2010年	2011年	2012年	2013年*	2014年*	2015年*	2016年*	2017年*	2018年*
全球		0.2	0.8	0.6	0.5	0.5	0.6	0.6	0.6	0.6	0.6	0.6
发达经济体和欧盟地区		0.3	2.6	3.0	2.6	2.8	2.8	2.8	2.6	2.4	2.2	2.1
中欧和东南欧（非欧盟）及独联体		-0.1	1.7	1.0	0.3	-0.3	0.0	0.0	0.0	0.0	-0.1	-0.1
东亚		0.6	0.6	0.4	0.5	0.7	0.8	0.9	1.0	1.1	1.2	1.2
东南亚和太平洋地区		-0.2	-0.4	-0.8	-1.1	-1.3	-1.2	-1.2	-1.2	-1.2	-1.1	-1.1
南亚		0.1	0.1	-0.2	-0.2	-0.2	-0.1	0.0	0.0	0.0	0.0	0.0
拉丁美洲和加勒比地区		-0.4	0.6	0.4	-0.2	-0.3	-0.4	-0.4	-0.4	-0.5	-0.5	-0.5
中东		-0.1	0.0	0.8	0.6	0.7	0.7	0.8	0.7	0.6	0.6	0.5
北非		-0.5	-0.5	-0.7	0.8	1.0	1.1	1.1	1.0	1.0	1.0	0.9
撒哈拉以南非洲		0.2	0.2	0.1	0.1	0.1	0.1	0.1	0.1	0.0	0.0	0.0

注：* 2013 年的数据为初步预估数据；2014—2018 年的数据为预测数据；置信区间上限和下限参见附录 3 的数据。

资料来源：国际劳工组织，《趋势计量经济学模型》，2013 年 10 月；同时参见表 A2 的资料来源和附录 5。

表 P2　2007—2017 年的失业人口数量

地区	数量（百万）											
	2007年	2008年	2009年	2010年	2011年	2012年	2013年*	2014年*	2015年*	2016年*	2017年*	2018年*
全球	170.0	177.0	197.9	195.2	193.9	196.9	201.8	206.0	208.8	211.0	213.1	215.2
发达经济体和欧盟地区	29.4	31.1	42.9	45.0	43.4	44.5	44.7	44.7	44.0	43.1	42.2	41.6
中欧和东南欧（非欧盟）及独联体	14.2	14.2	17.4	16.2	15.2	14.3	14.8	14.9	14.8	14.8	14.7	14.7
东亚	31.4	36.2	37.1	35.5	36.8	38.1	39.4	40.6	41.8	42.8	43.7	44.4
东南亚和太平洋地区	15.8	15.4	15.3	14.3	13.6	13.1	13.6	13.9	14.2	14.5	14.8	15.0
南亚	25.1	25.8	26.3	24.3	24.4	25.0	26.0	26.9	27.7	28.2	28.7	29.2
拉丁美洲和加勒比地区	18.4	17.5	20.8	20.6	19.3	19.3	19.3	19.7	19.9	20.2	20.4	20.7
中东	6.4	6.5	6.9	7.7	7.8	8.1	8.3	8.6	8.8	8.9	9.1	9.2
北非	6.9	6.7	6.8	6.9	8.0	8.4	8.6	8.8	8.9	9.0	9.2	9.3
撒哈拉以南非洲	22.4	23.7	24.4	24.8	25.5	26.3	27.2	27.9	28.7	29.4	30.2	31.1

地区	自 2007 年以来的变化情况（百万）										
	2008年	2009年	2010年	2011年	2012年	2013年*	2014年*	2015年*	2016年*	2017年*	2018年*
全球	7.1	28.0	25.3	24.0	27.0	31.8	36.1	38.8	41.0	43.1	45.2
发达经济体和欧盟地区	1.7	13.5	15.6	14.0	15.1	15.4	15.3	14.7	13.7	12.9	12.2
中欧和东南欧（非欧盟）及独联体	0.0	3.3	2.0	1.1	0.1	0.6	0.7	0.7	0.6	0.6	0.5
东亚	4.8	5.7	4.1	5.4	6.8	8.0	9.3	10.4	11.4	12.3	13.0
东南亚和太平洋地区	-0.4	-0.5	-1.5	-2.3	-2.8	-2.3	-2.0	-1.6	-1.4	-1.1	-0.8
南亚	0.6	1.1	-0.9	-0.8	-0.2	0.8	1.8	2.5	3.1	3.6	4.0
拉丁美洲和加勒比地区	-0.8	2.4	2.2	0.9	0.9	1.0	1.4	1.6	1.8	2.1	2.3
中东	0.0	0.4	1.3	1.4	1.6	1.9	2.2	2.4	2.5	2.7	2.8
北非	-0.2	0.0	0.0	1.1	1.5	1.7	1.9	2.0	2.2	2.3	2.5
撒哈拉以南非洲	1.3	2.0	2.4	3.1	3.8	4.7	5.5	6.2	7.0	7.8	8.6

注：*2013 年的数据为初步预估数据；2014—2018 年的数据为预测数据；置信区间上限和下限参见附录 3 的数据。

资料来源：国际劳工组织，《趋势计量经济学模型》，2013 年 10 月；同时参见表 A2 的资料来源和附录 5。

表 P3　下滑情形下，2007—2018 年的失业率

地区	失业率（百分比）											
	2007年	2008年	2009年	2010年	2011年	2012年	2013年*	2014年*	2015年*	2016年*	2017年*	2018年*
全球	5.5	5.6	6.2	6.1	6.0	6.0	6.0	6.1	6.1	6.2	6.2	6.2
发达经济体和欧盟地区	5.8	6.1	8.4	8.8	8.4	8.6	8.6	8.7	8.6	8.6	8.5	8.4
中欧和东南欧（非欧盟）及独联体	8.2	8.1	9.9	9.2	8.5	8.0	8.2	8.3	8.3	8.3	8.3	8.3
东亚	3.8	4.3	4.4	4.2	4.3	4.4	4.5	4.7	4.8	4.9	5.0	5.0
东南亚和太平洋地区	5.5	5.2	5.1	4.7	4.4	4.1	4.2	4.3	4.3	4.4	4.4	4.5
南亚	4.1	4.1	4.2	3.8	3.8	3.9	4.0	4.0	4.1	4.1	4.1	4.1
拉丁美洲和加勒比地区	6.9	6.5	7.5	7.3	6.7	6.6	6.5	6.6	6.5	6.5	6.5	6.5
中东	10.2	10.1	10.3	11.1	10.8	10.9	10.9	11.0	11.0	10.9	10.9	10.8
北非	11.1	10.5	10.6	10.4	11.8	12.1	12.2	12.2	12.1	12.1	12.1	12.1
撒哈拉以南非洲	7.5	7.7	7.7	7.6	7.6	7.6	7.6	7.6	7.6	7.5	7.5	7.5

地区	自 2007 年以来的变化情况（百分点）										
	2008年	2009年	2010年	2011年	2012年	2013年*	2014年*	2015年*	2016年*	2017年*	2018年*
全球	0.2	0.8	0.6	0.5	0.5	0.6	0.6	0.7	0.7	0.7	0.7
发达经济体和欧盟地区	0.3	2.6	3.0	2.6	2.8	2.8	2.9	2.8	2.8	2.7	2.6
中欧和东南欧（非欧盟）及独联体	-0.1	1.7	1.0	0.3	-0.3	0.0	0.1	0.1	0.1	0.1	0.1
东亚	0.6	0.6	0.4	0.5	0.7	0.8	0.9	1.0	1.1	1.2	1.3
东南亚和太平洋地区	-0.2	-0.4	-0.8	-1.1	-1.3	-1.2	-1.2	-1.1	-1.1	-1.0	-1.0
南亚	0.1	0.1	-0.2	-0.2	-0.2	-0.1	-0.1	0.0	0.0	0.0	0.1
拉丁美洲和加勒比地区	-0.4	0.6	0.4	-0.2	-0.3	-0.4	-0.3	-0.4	-0.4	-0.4	-0.4
中东	-0.1	0.0	0.8	0.6	0.7	0.7	0.8	0.8	0.7	0.7	0.6
北非	-0.5	-0.5	-0.7	0.8	1.0	1.1	1.1	1.1	1.0	1.0	1.0
撒哈拉以南非洲	0.2	0.2	0.1	0.1	0.1	0.1	0.1	0.1	0.1	0.1	0.0

注：* 2013 年的数据为初步预估数据；2014—2018 年的数据为基于下滑情形的预测数据；可根据要求提供置信区间的上限和下限。

资料来源：国际劳工组织，《趋势计量经济学模型》，2013 年 10 月；同时参见表 A2 的资料来源和附录 5。

表 P4　下滑情形下，2007—2018 年的失业人口数量

地区	数量（百万）											
	2007年	2008年	2009年	2010年	2011年	2012年	2013年*	2014年*	2015年*	2016年*	2017年*	2018年*
全球	170.0	177.0	197.9	195.2	193.9	196.9	201.8	206.7	210.7	214.2	217.2	220.0
发达经济体和欧盟地区	29.4	31.1	42.9	45.0	43.4	44.5	44.7	45.1	45.1	44.9	44.7	44.4
中欧和东南欧（非欧盟）及独联体	14.2	14.2	17.4	16.2	15.2	14.3	14.8	15.0	15.0	15.1	15.1	15.0
东亚	31.4	36.2	37.1	35.5	36.8	38.1	39.4	40.6	41.8	42.9	43.8	44.5
东南亚和太平洋地区	15.8	15.4	15.3	14.3	13.6	13.1	13.6	13.9	14.3	14.7	15.1	15.5
南亚	25.1	25.8	26.3	24.3	24.4	25.0	26.0	26.8	27.8	28.4	29.1	29.6
拉丁美洲和加勒比地区	18.4	17.5	20.8	20.6	19.3	19.3	19.3	19.9	20.1	20.5	20.7	21.0
中东	6.4	6.5	6.9	7.7	7.8	8.1	8.3	8.6	8.8	9.0	9.2	9.3
北非	6.9	6.7	6.8	6.9	8.0	8.4	8.6	8.8	8.9	9.1	9.2	9.4
撒哈拉以南非洲	22.4	23.7	24.4	24.8	25.5	26.3	27.2	27.9	28.7	29.6	30.4	31.3

地区	自 2007 年以来的变化情况（百万）										
	2008年	2009年	2010年	2011年	2012年	2013年*	2014年*	2015年*	2016年*	2017年*	2018年*
全球	7.1	28.0	25.3	24.0	27.0	31.8	36.7	40.7	44.2	47.3	50.1
发达经济体和欧盟地区	1.7	13.5	15.6	14.0	15.1	15.4	15.8	15.8	15.6	15.3	15.0
中欧和东南欧（非欧盟）及独联体	0.0	3.3	2.0	1.1	0.1	0.6	0.9	0.8	0.9	0.9	0.9
东亚	4.8	5.7	4.1	5.4	6.8	8.0	9.3	10.5	11.5	12.4	13.2
东南亚和太平洋地区	-0.4	-0.5	-1.5	-2.3	-2.8	-2.3	-1.9	-1.5	-1.1	-0.7	-0.4
南亚	0.6	1.1	-0.9	-0.8	-0.2	0.8	1.6	2.6	3.3	3.9	4.5
拉丁美洲和加勒比地区	-0.8	2.4	2.2	0.9	0.9	1.0	1.5	1.8	2.1	2.4	2.7
中东	0.0	0.4	1.3	1.4	1.6	1.9	2.2	2.4	2.6	2.7	2.9
北非	-0.2	0.0	0.0	1.1	1.5	1.7	1.9	2.1	2.2	2.4	2.5
撒哈拉以南非洲	1.3	2.0	2.4	3.1	3.8	4.7	5.5	6.3	7.1	8.0	8.8

注：* 2013 年的数据为初步预估数据；2014—2018 年的数据为基于下滑情形的预测数据；可根据要求提供置信区间的上限和下限。

资料来源：国际劳工组织，《趋势计量经济学模型》，2013 年 10 月；同时参见表 A2 的资料来源和附录 5。

表 P5　2007—2018 年的青年失业率

地区	失业率（百分比）											
	2007年	2008年	2009年	2010年	2011年	2012年	2013年*	2014年*	2015年*	2016年*	2017年*	2018年*
全球	1.6	12.0	12.9	12.9	12.7	12.9	13.1	13.2	13.2	13.2	13.2	13.2
发达经济体和欧盟地区	12.5	13.3	17.4	18.1	17.6	18.0	18.3	18.0	17.4	16.8	16.3	16.0
中欧和东南欧（非欧盟）及独联体	17.5	16.9	20.0	19.0	17.9	17.5	18.0	18.1	18.1	18.0	18.0	18.0
东亚	8.0	9.2	9.4	9.1	9.4	9.7	10.1	10.5	10.8	11.1	11.4	11.6
东南亚和太平洋地区	14.8	14.1	13.9	14.5	12.9	12.7	13.0	13.3	13.5	13.6	13.8	14.0
南亚	9.2	9.5	9.8	9.7	9.7	10.1	10.2	10.4	10.4	10.4	10.4	10.4
拉丁美洲和加勒比地区	14.1	13.6	15.5	15.0	14.3	13.8	13.6	13.5	13.4	13.3	13.2	13.1
中东	23.9	24.1	23.7	26.2	26.0	26.6	27.2	27.9	28.2	28.4	28.5	28.6
北非	24.2	23.7	23.9	23.7	28.1	29.2	29.4	29.5	29.5	29.5	29.5	29.5
撒哈拉以南非洲	11.7	12.1	12.1	12.0	11.9	11.9	11.9	11.8	11.7	11.7	11.7	11.7

地区	自 2007 年以来的变化情况（百分点）										
	2008年	2009年	2010年	2011年	2012年	2013年*	2014年*	2015年*	2016年*	2017年*	2018年*
全球	0.4	1.2	1.2	1.1	1.2	1.4	1.5	1.6	1.6	1.6	1.6
发达经济体和欧盟地区	0.8	4.9	5.6	5.1	5.6	5.8	5.5	4.9	4.3	3.8	3.5
中欧和东南欧（非欧盟）及独联体	-0.6	2.6	1.5	0.4	0.0	0.5	0.6	0.6	0.6	0.5	0.5
东亚	1.1	1.3	1.0	1.3	1.7	2.1	2.4	2.8	3.1	3.3	3.6
东南亚和太平洋地区	-0.7	-0.9	-0.3	-1.9	-2.1	-1.8	-1.5	-1.3	-1.2	-1.0	-0.8
南亚	0.3	0.6	0.5	0.5	0.9	1.1	1.2	1.2	1.2	1.2	1.3
拉丁美洲和加勒比地区	-0.6	1.4	0.9	0.2	-0.3	-0.5	-0.6	-0.8	-0.9	-1.0	-1.0
中东	0.2	-0.2	2.4	2.1	2.7	3.4	4.0	4.3	4.5	4.6	4.7
北非	-0.5	-0.3	-0.6	3.8	5.0	5.2	5.2	5.3	5.3	5.3	5.3
撒哈拉以南非洲	0.3	0.4	0.3	0.2	0.1	0.2	0.1	0.0	0.0	0.0	-0.1

注：* 2013 年的数据为初步预估数据；2014—2018 年的数据为预测数据；置信区间上限和下限参见附录 3 的数据。

资料来源：国际劳工组织，《趋势计量经济学模型》，2013 年 10 月；同时参见表 A2 的资料来源和附录 5。

表 P6　2007—2018 年的青年失业人口数量

地区	数量（百万）											
	2007年	2008年	2009年	2010年	2011年	2012年	2013年*	2014年*	2015年*	2016年*	2017年*	2018年*
全球	70.1	71.8	76.0	74.9	73.5	73.8	74.5	74.5	74.2	73.8	73.5	73.4
发达经济体和欧盟地区	8.1	8.6	10.9	11.0	10.5	10.7	10.9	10.6	10.2	9.8	9.5	9.3
中欧和东南欧（非欧盟）及独联体	4.6	4.5	5.2	4.8	4.4	4.1	4.1	4.0	3.8	3.7	3.6	3.5
东亚	12.0	13.6	13.6	12.7	12.8	12.8	12.7	12.5	12.2	11.9	11.7	11.4
东南亚和太平洋地区	8.6	8.1	7.9	8.3	7.4	7.3	7.5	7.7	7.8	7.9	7.9	8.0
南亚	12.7	12.8	12.9	12.5	12.3	12.6	12.9	13.1	13.2	13.3	13.3	13.4
拉丁美洲和加勒比地区	8.0	7.7	8.7	8.5	8.1	7.9	7.8	7.8	7.7	7.7	7.7	7.7
中东	3.2	3.2	3.5	3.5	3.5	3.6	3.6	3.6	3.6	3.5	3.5	
北非	3.3	3.2	3.2	3.1	3.7	3.8	3.9	3.8	3.8	3.8	3.8	3.8
撒哈拉以南非洲	9.6	10.2	10.4	10.6	10.8	11.0	11.3	11.5	11.8	12.1	12.4	12.7

地区	自 2007 年以来的变化情况（百万）										
	2008年	2009年	2010年	2011年	2012年	2013年*	2014年*	2015年*	2016年*	2017年*	2018年*
全球	1.8	6.0	4.8	3.4	3.7	4.4	4.5	4.1	3.7	3.4	3.3
发达经济体和欧盟地区	0.5	2.8	2.9	2.4	2.6	2.7	2.5	2.1	1.7	1.4	1.2
中欧和东南欧（非欧盟）及独联体	-0.1	0.7	0.2	-0.2	-0.5	-0.5	-0.6	-0.7	-0.8	-1.0	-1.0
东亚	1.6	1.6	0.7	0.8	0.8	0.7	0.5	0.2	-0.1	-0.3	-0.6
东南亚和太平洋地区	-0.5	-0.7	-0.3	-1.2	-1.3	-1.1	-0.9	-0.8	-0.7	-0.6	-0.6
南亚	0.2	0.2	-0.2	-0.3	0.0	0.2	0.5	0.6	0.6	0.7	0.7
拉丁美洲和加勒比地区	-0.3	0.7	0.5	0.0	-0.2	-0.3	-0.3	-0.3	-0.4	-0.4	-0.4
中东	0.0	-0.1	0.3	0.2	0.3	0.3	0.4	0.3	0.3	0.3	0.3
北非	-0.1	-0.1	-0.1	0.4	0.6	0.6	0.6	0.6	0.6	0.6	0.6
撒哈拉以南非洲	0.5	0.8	1.0	1.1	1.4	1.7	1.9	2.2	2.4	2.7	3.0

注：*2013 年的数据为初步预估数据；2014—2018 年的数据为预测数据；置信区间上限和下限参见附录 3 的数据。

资料来源：国际劳工组织，《趋势计量经济学模型》，2013 年 10 月；同时参见表 A2 的资料来源和附录 5。

表 P7　下滑情形下，2007—2018 年的青年失业率

地区	失业率（百分比）											
	2007年	2008年	2009年	2010年	2011年	2012年	2013年*	2014年*	2015年*	2016年*	2017年*	2018年*
全球	11.6	12.0	12.9	12.9	12.7	12.9	13.1	13.2	13.3	13.4	13.5	13.5
发达经济体和欧盟地区	12.5	13.3	17.4	18.1	17.6	18.0	18.3	18.1	17.9	17.6	17.4	17.2
中欧和东南欧（非欧盟）及独联体	17.5	16.9	20.0	19.0	17.9	17.5	18.0	18.2	18.3	18.4	18.5	18.6
东亚	8.0	9.2	9.4	9.1	9.4	9.7	10.1	10.5	10.8	11.1	11.4	11.6
东南亚和太平洋地区	14.8	14.1	13.9	14.5	12.9	12.7	13.0	13.3	13.7	14.0	14.3	14.5
南亚	9.2	9.5	9.8	9.7	9.7	10.1	10.2	10.3	10.5	10.5	10.6	10.6
拉丁美洲和加勒比地区	14.1	13.6	15.5	15.0	14.3	13.8	13.6	13.6	13.5	13.4	13.4	13.3
中东	23.9	24.1	23.7	26.2	26.0	26.6	27.2	27.9	28.4	28.6	28.8	29.0
北非	24.2	23.7	23.9	23.7	28.1	29.2	29.4	29.5	29.5	29.6	29.6	29.7
撒哈拉以南非洲	11.7	12.1	12.1	12.0	11.9	11.9	11.9	11.8	11.8	11.8	11.8	11.8

地区	自 2007 年以来的变化情况（百分点）										
	2008年	2009年	2010年	2011年	2012年	2013年*	2014年*	2015年*	2016年*	2017年*	2018年*
全球	0.4	1.2	1.2	1.1	1.2	1.4	1.6	1.7	1.8	1.8	1.9
发达经济体和欧盟地区	0.8	4.9	5.6	5.1	5.6	5.8	5.6	5.4	5.1	4.9	4.7
中欧和东南欧（非欧盟）及独联体	-0.6	2.6	1.5	0.4	0.0	0.5	0.7	0.8	0.9	1.0	1.1
东亚	1.1	1.3	1.0	1.3	1.7	2.1	2.4	2.8	3.1	3.4	3.6
东南亚和太平洋地区	-0.7	-0.9	-0.3	-1.9	-2.1	-1.8	-1.5	-1.1	-0.8	-0.5	-0.3
南亚	0.3	0.6	0.5	0.5	0.9	1.1	1.2	1.3	1.4	1.4	1.4
拉丁美洲和加勒比地区	-0.6	1.4	0.9	0.2	-0.3	-0.5	-0.5	-0.7	-0.7	-0.8	-0.8
中东	0.2	-0.2	2.4	2.1	2.7	3.4	4.0	4.5	4.8	5.0	5.1
北非	-0.5	-0.3	-0.6	3.8	5.0	5.2	5.3	5.3	5.3	5.4	5.4
撒哈拉以南非洲	0.3	0.4	0.3	0.2	0.1	0.2	0.1	0.1	0.1	0.0	0.0

注：* 2013 年的数据为初步预估数据；2014—2018 年的数据为基于下滑情形的预测数据；可根据要求提供置信区间的上限和下限。

资料来源：国际劳工组织，《趋势计量经济学模型》，2013 年 10 月；同时参见表 A2 的资料来源和附录 5。

表 P8　下滑情形下，2007—2018 年的青年失业人口数量

地区	数量（百万）											
	2007年	2008年	2009年	2010年	2011年	2012年	2013年*	2014年*	2015年*	2016年*	2017年*	2018年*
全球	70.1	71.8	76.0	74.9	73.5	73.8	74.5	74.7	74.9	74.9	75.0	75.1
发达经济体和欧盟地区	8.1	8.6	10.9	11.0	10.5	10.7	10.9	10.7	10.5	10.3	10.2	10.0
中欧和东南欧（非欧盟）及独联体	4.6	4.5	5.2	4.8	4.4	4.1	4.1	4.0	3.9	3.8	3.7	3.6
东亚	12.0	13.6	13.6	12.7	12.8	12.8	12.7	12.5	12.2	12.0	11.7	11.5
东南亚和太平洋地区	8.6	8.1	7.9	8.3	7.4	7.3	7.5	7.7	7.9	8.1	8.2	8.3
南亚	12.7	12.8	12.9	12.5	12.3	12.6	12.9	13.1	13.3	13.4	13.5	13.6
拉丁美洲和加勒比地区	8.0	7.7	8.7	8.5	8.1	7.9	7.8	7.8	7.8	7.8	7.8	7.8
中东	3.2	3.2	3.2	3.5	3.5	3.5	3.6	3.6	3.6	3.6	3.6	3.6
北非	3.3	3.2	3.2	3.1	3.7	3.8	3.9	3.8	3.8	3.8	3.9	3.9
撒哈拉以南非洲	9.6	10.2	10.4	10.6	10.8	11.0	11.3	11.6	11.8	12.1	12.5	12.8

地区	自 2007 年以来的变化情况（百万）										
	2008年	2009年	2010年	2011年	2012年	2013年*	2014年*	2015年*	2016年*	2017年*	2018年*
全球	1.8	6.0	4.8	3.4	3.7	4.4	4.6	4.8	4.9	4.9	5.0
发达经济体和欧盟地区	0.5	2.8	2.9	2.4	2.6	2.7	2.6	2.4	2.2	2.0	1.9
中欧和东南欧（非欧盟）及独联体	-0.1	0.7	0.2	-0.2	-0.5	-0.5	-0.6	-0.7	-0.8	-0.8	-0.9
东亚	1.6	1.6	0.7	0.8	0.8	0.7	0.5	0.2	0.0	-0.3	-0.5
东南亚和太平洋地区	-0.5	-0.7	-0.3	-1.2	-1.3	-1.1	-0.9	-0.7	-0.5	-0.4	-0.2
南亚	0.2	0.2	-0.2	-0.3	0.0	0.2	0.4	0.7	0.8	0.9	1.0
拉丁美洲和加勒比地区	-0.3	0.7	0.5	0.0	-0.2	-0.3	-0.2	-0.3	-0.3	-0.3	-0.2
中东	0.0	-0.1	0.3	0.2	0.3	0.3	0.4	0.4	0.4	0.4	0.3
北非	-0.1	-0.1	-0.1	0.4	0.6	0.6	0.6	0.6	0.6	0.6	0.6
撒哈拉以南非洲	0.5	0.8	1.0	1.1	1.4	1.7	1.9	2.2	2.5	2.8	3.2

注：*2013 年的数据为初步预估数据；2014—2018 年的数据为基于下滑情形的预测数据；可根据要求提供置信区间的上限和下限。

资料来源：国际劳工组织，《趋势计量经济学模型》，2013 年 10 月；同时参见表 A2 的资料来源和附录 5

附录3　全球和地区性数据图

全球

总失业人口(百万)

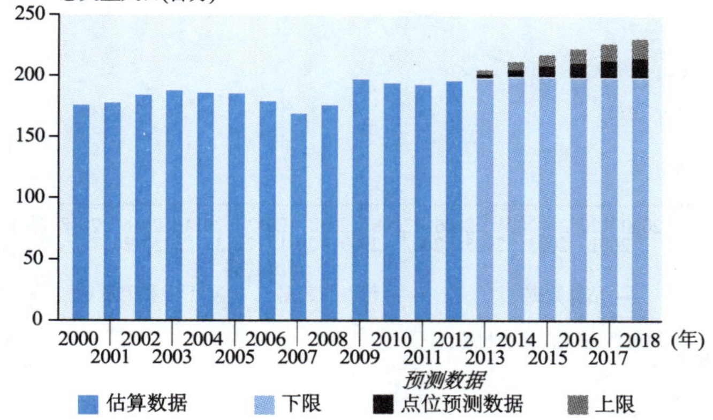

总失业率(百分比)

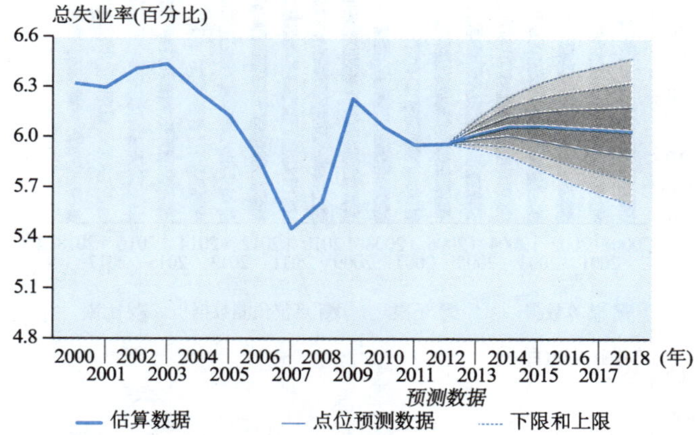

总就业人口(百万)

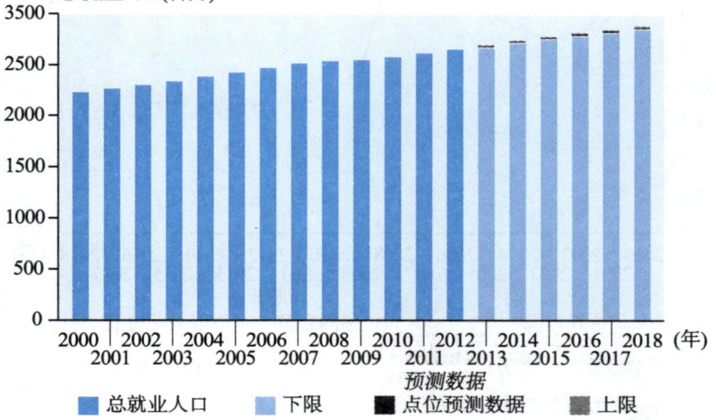

总就业人口/总人口比率(百分比)

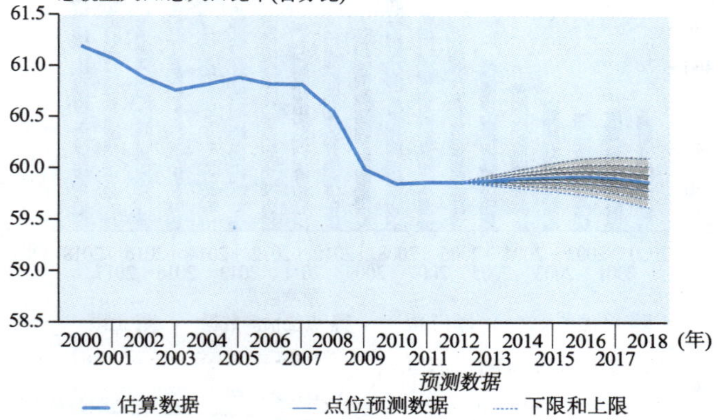

占总就业人口的份额(百分比)

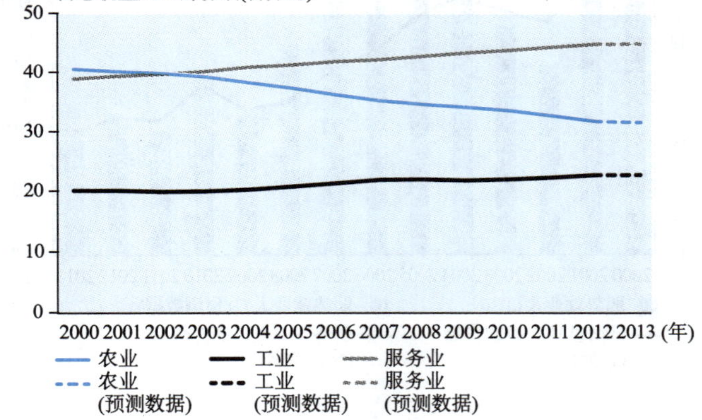

弱势就业人口(百万)　弱势就业人口的份额(百分比)

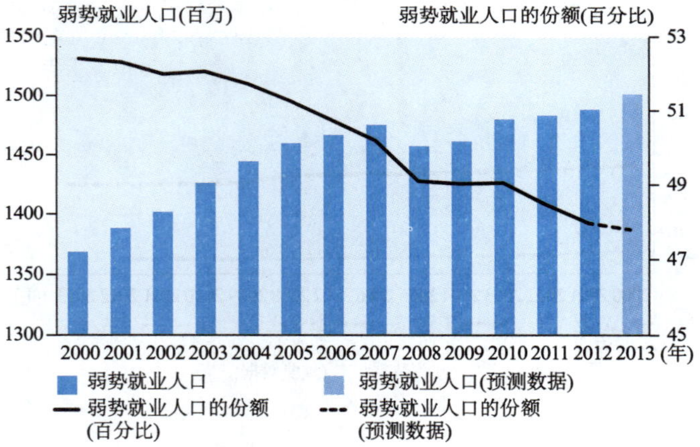

工作性贫困人口(百万)——1.25美元/天　工作性贫困人口占总就业人口的比重(百分比)

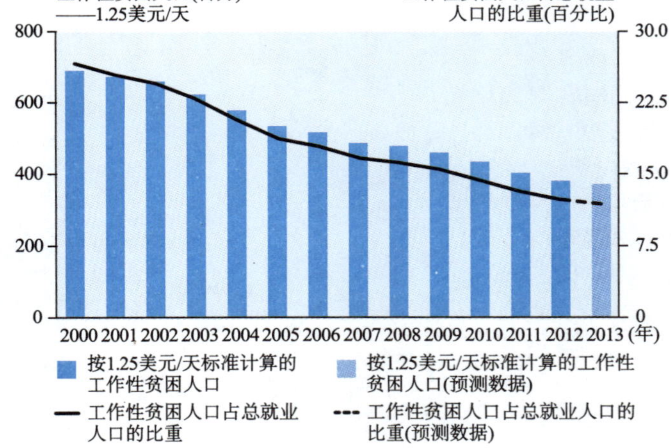

工作性贫困人口(百万)——2美元/天　工作性贫困人口占总就业人口的比重(百分比)

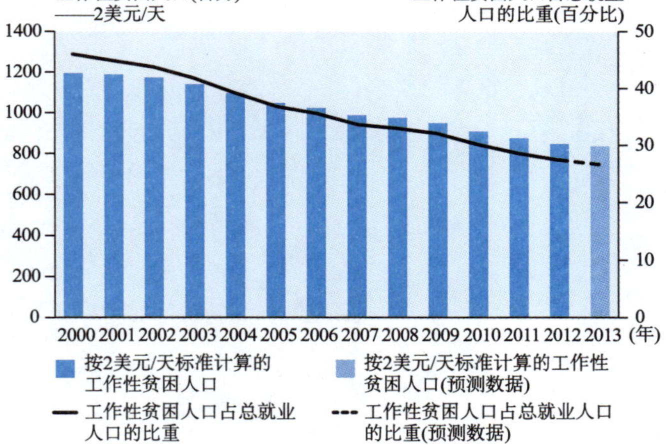

发达经济体和欧盟地区

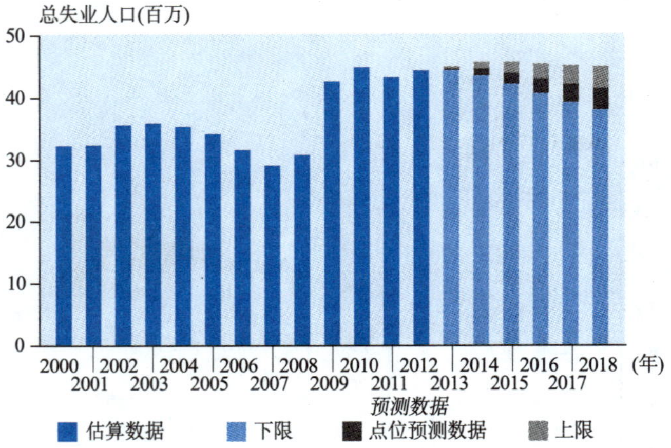

总失业人口(百万)
50
40
30
20
10
0
2000 2001 2002 2003 2004 2005 2006 2007 2008 2009 2010 2011 2012 2013 2014 2015 2016 2017 2018 (年)
预测数据
估算数据
下限
点位预测数据
上限

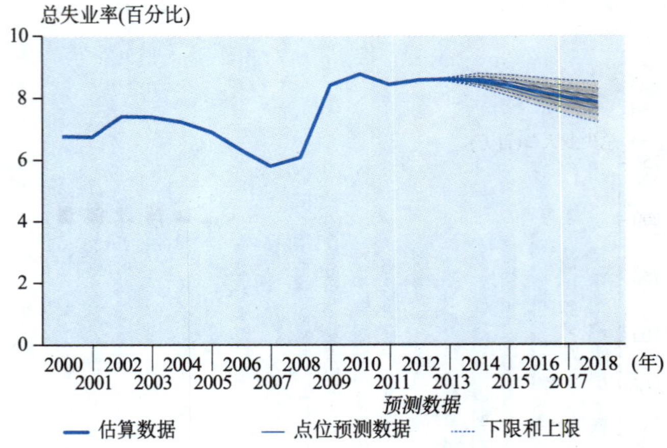

总失业率(百分比)
10
8
6
4
2
0
2000 2001 2002 2003 2004 2005 2006 2007 2008 2009 2010 2011 2012 2013 2014 2015 2016 2017 2018 (年)
预测数据
估算数据
点位预测数据
下限和上限

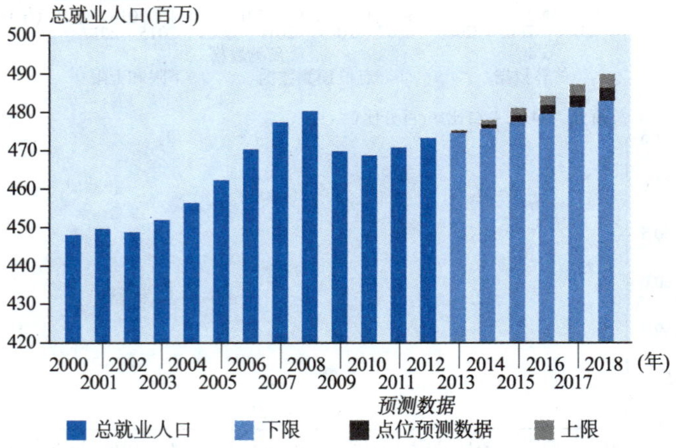

总就业人口(百万)
500
490
480
470
460
450
440
430
420
2000 2001 2002 2003 2004 2005 2006 2007 2008 2009 2010 2011 2012 2013 2014 2015 2016 2017 2018 (年)
预测数据
总就业人口
下限
点位预测数据
上限

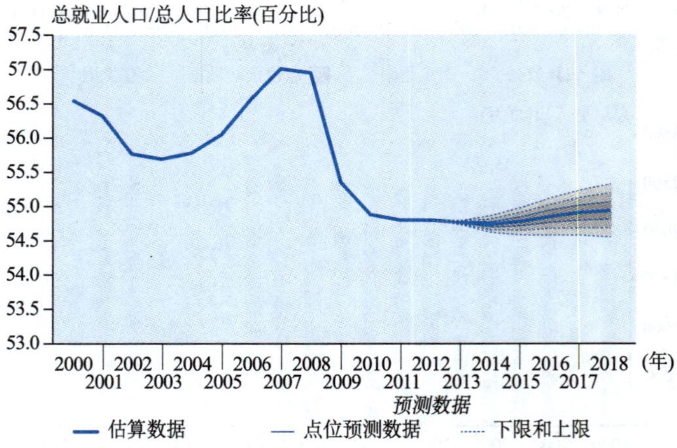

总就业人口/总人口比率(百分比)
57.5
57.0
56.5
56.0
55.5
55.0
54.5
54.0
53.5
53.0
2000 2001 2002 2003 2004 2005 2006 2007 2008 2009 2010 2011 2012 2013 2014 2015 2016 2017 2018 (年)
预测数据
估算数据
点位预测数据
下限和上限

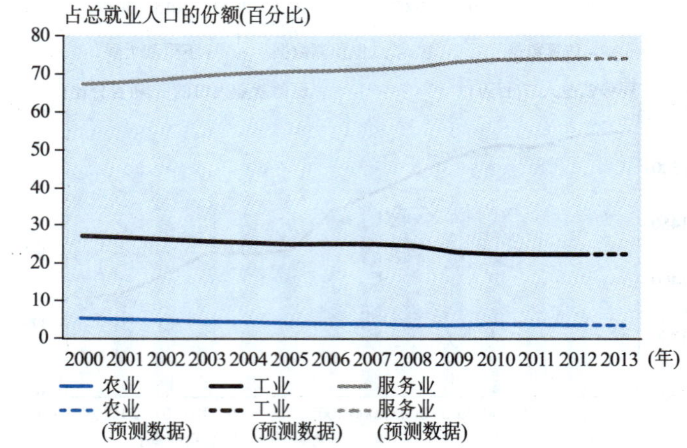

占总就业人口的份额(百分比)
80
70
60
50
40
30
20
10
0
2000 2001 2002 2003 2004 2005 2006 2007 2008 2009 2010 2011 2012 2013 (年)
农业
工业
服务业
农业 (预测数据)
工业 (预测数据)
服务业 (预测数据)

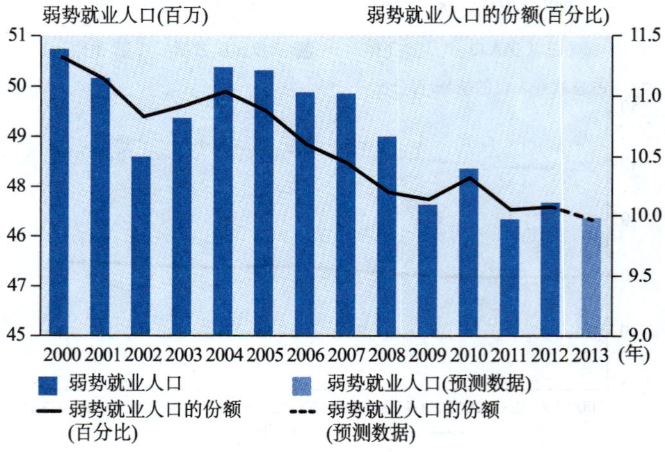

弱势就业人口(百万)
弱势就业人口的份额(百分比)
51
50
49
48
46
47
45
11.5
11.0
10.5
10.0
9.5
9.0
2000 2001 2002 2003 2004 2005 2006 2007 2008 2009 2010 2011 2012 2013 (年)
弱势就业人口
弱势就业人口(预测数据)
弱势就业人口的份额 (百分比)
弱势就业人口的份额 (预测数据)

中欧和东南欧（非欧盟）及独联体

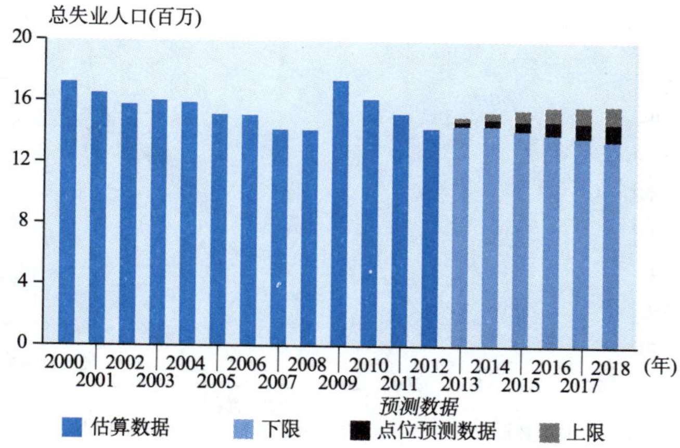

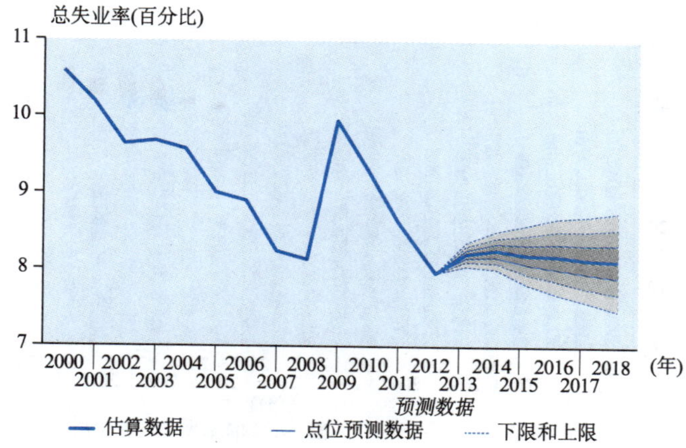

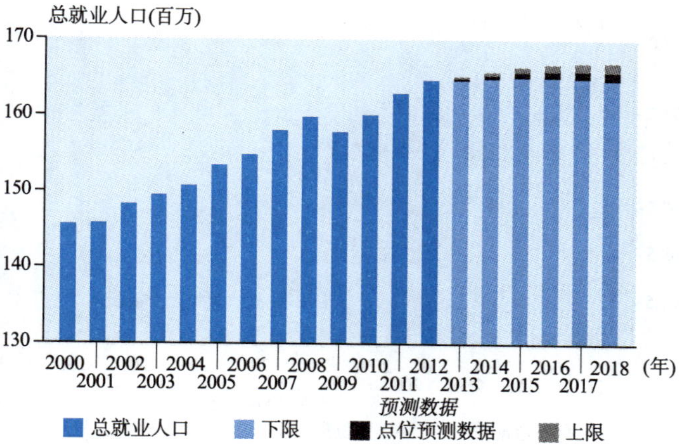

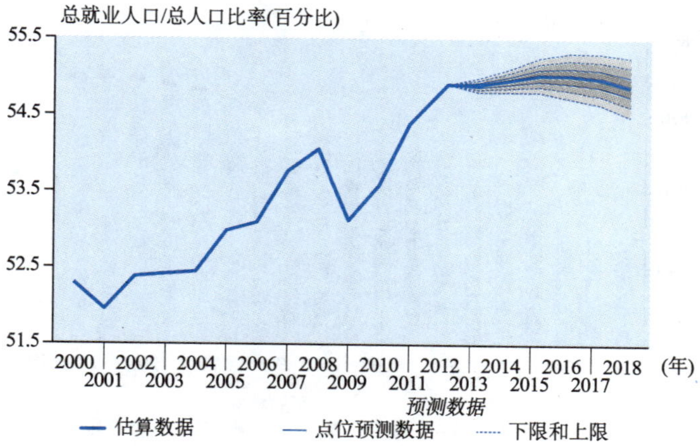

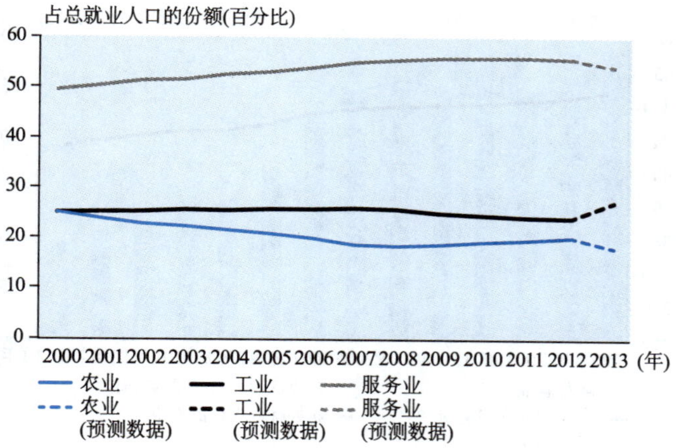

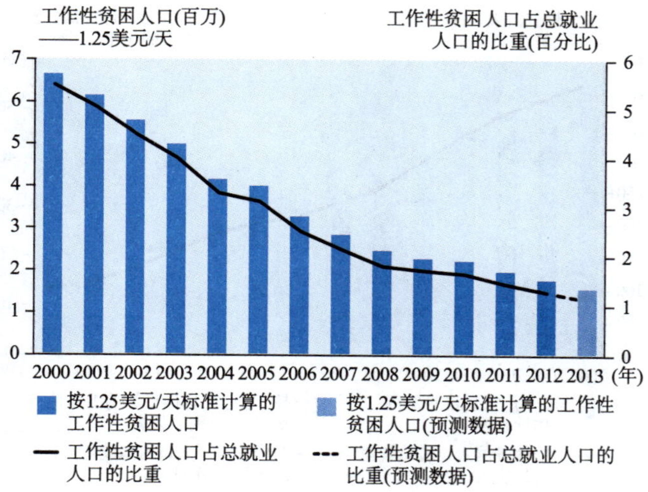

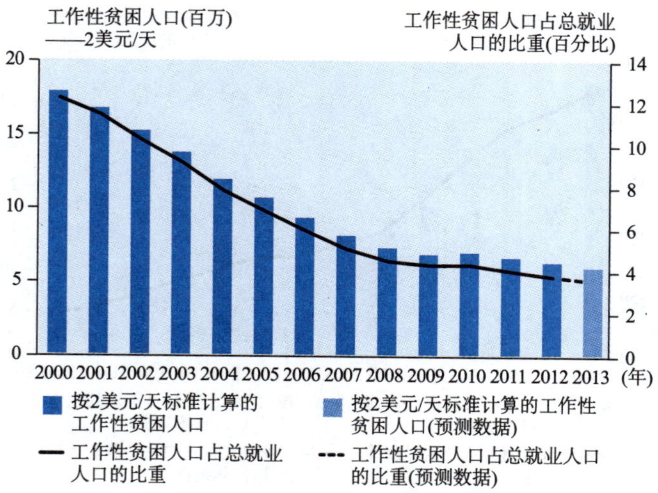

东亚

总失业人口(百万)

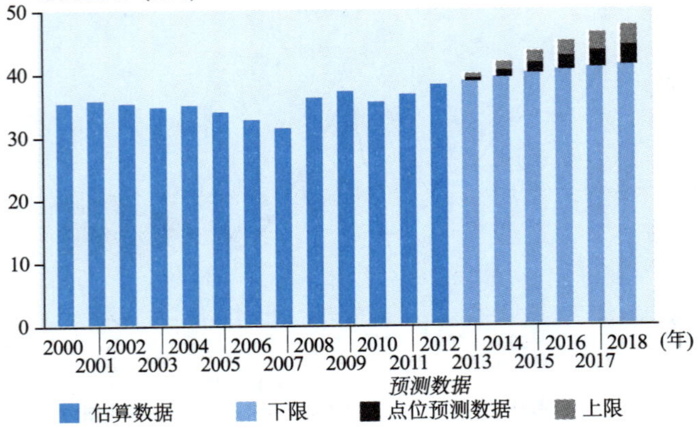

估算数据　下限　点位预测数据　上限

总失业率(百分比)

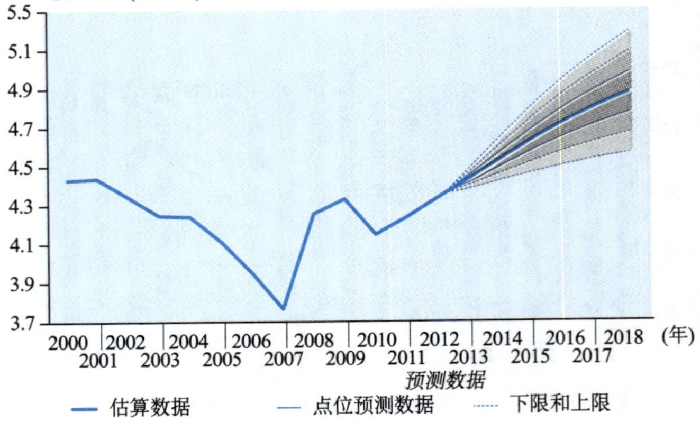

估算数据　点位预测数据　下限和上限

总就业人口(百万)

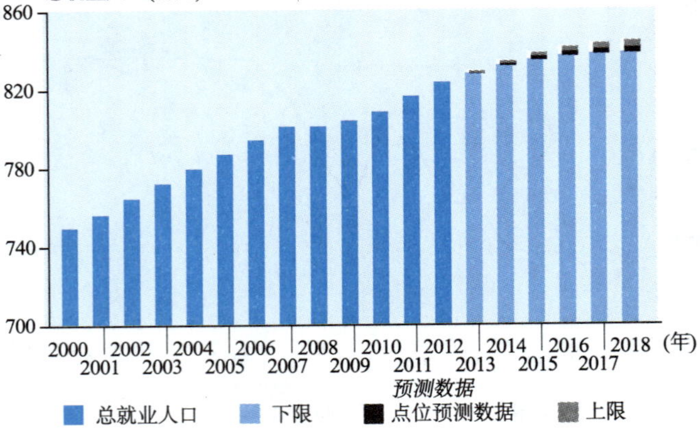

总就业人口　下限　点位预测数据　上限

总就业人口/总人口比率(百分比)

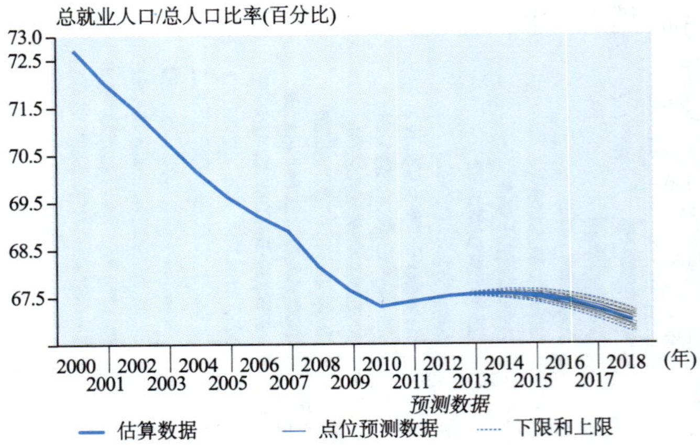

估算数据　点位预测数据　下限和上限

占总就业人口的份额(百分比)

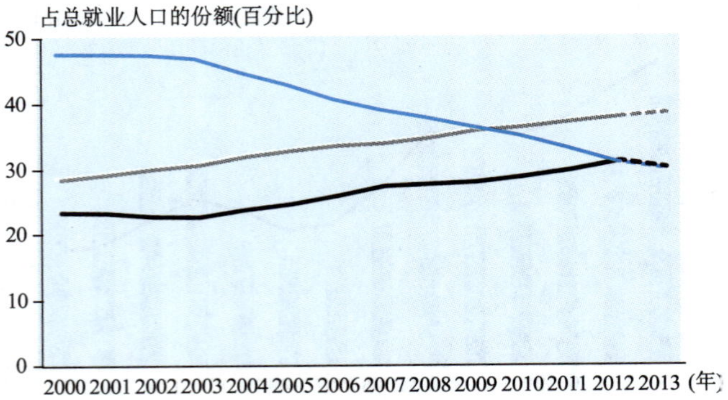

农业　工业　服务业
农业(预测数据)　工业(预测数据)　服务业(预测数据)

弱势就业人口(百万)　弱势就业人口的份额(百分比)

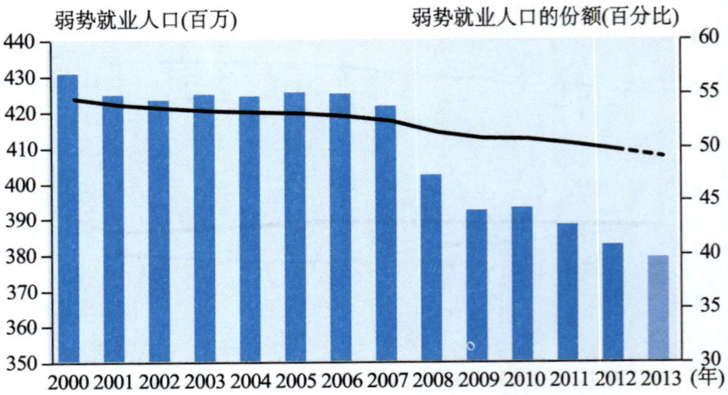

弱势就业人口　弱势就业人口(预测数据)
弱势就业人口的份额(百分比)　弱势就业人口的份额(预测数据)

工作性贫困人口(百万)——1.25美元/天　工作性贫困人口占总就业人口的比重(百分比)

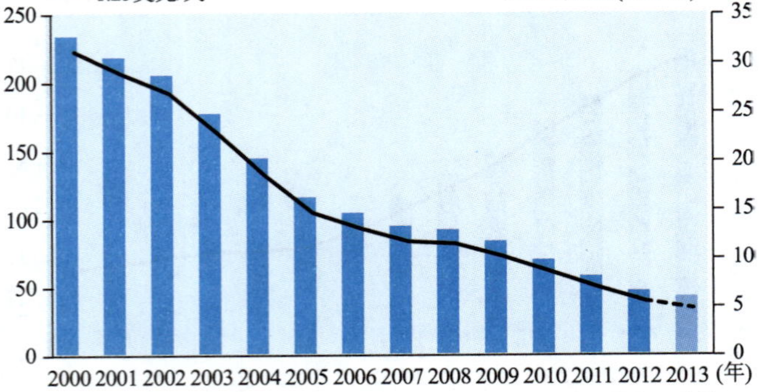

按1.25美元/天标准计算的工作性贫困人口　按1.25美元/天标准计算的工作性贫困人口(预测数据)
工作性贫困人口占总就业人口的比重　工作性贫困人口占总就业人口的比重(预测数据)

工作性贫困人口(百万)——2美元/天　工作性贫困人口占总就业人口的比重(百分比)

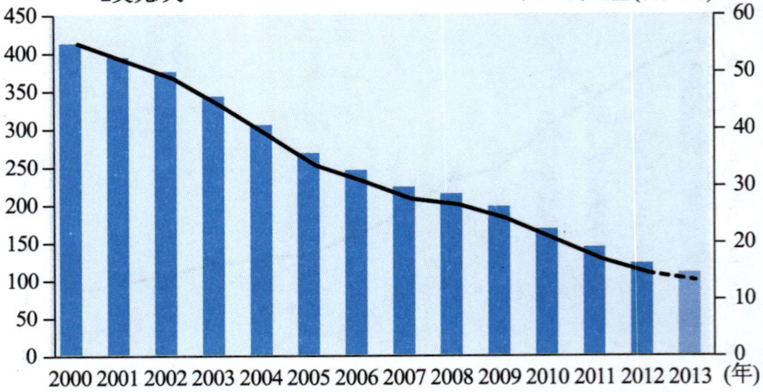

按2美元/天标准计算的工作性贫困人口　按2美元/天标准计算的工作性贫困人口(预测数据)
工作性贫困人口占总就业人口的比重　工作性贫困人口占总就业人口的比重(预测数据)

东南亚和太平洋地区

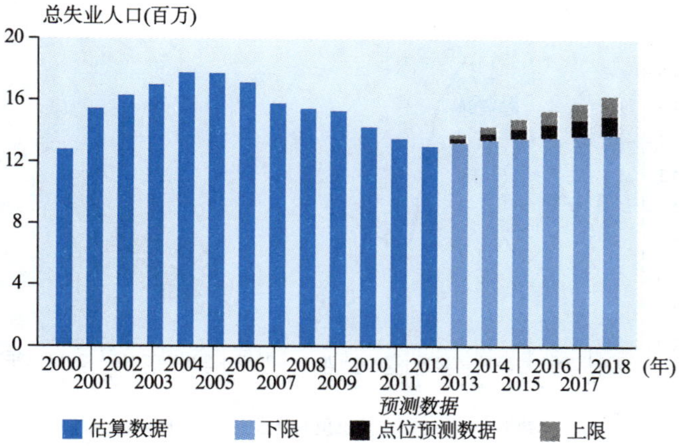
总失业人口(百万)
0 4 8 12 16 20
2000 2001 2002 2003 2004 2005 2006 2007 2008 2009 2010 2011 2012 2013 2014 2015 2016 2017 2018 (年)
预测数据
估算数据
下限
点位预测数据
上限

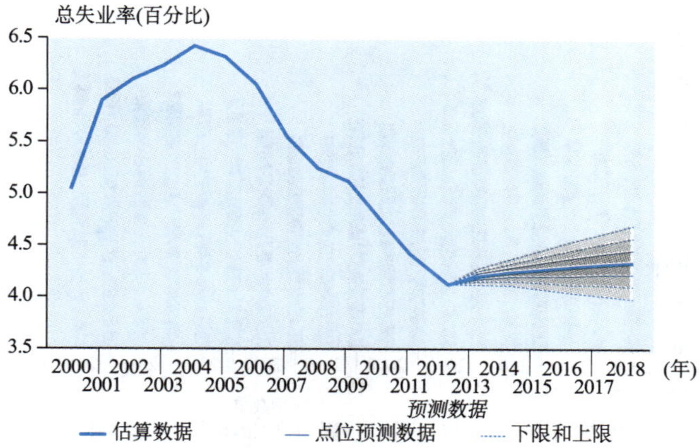
总失业率(百分比)
3.5 4.0 4.5 5.0 5.5 6.0 6.5
2000 2001 2002 2003 2004 2005 2006 2007 2008 2009 2010 2011 2012 2013 2014 2015 2016 2017 2018 (年)
预测数据
估算数据
点位预测数据
下限和上限

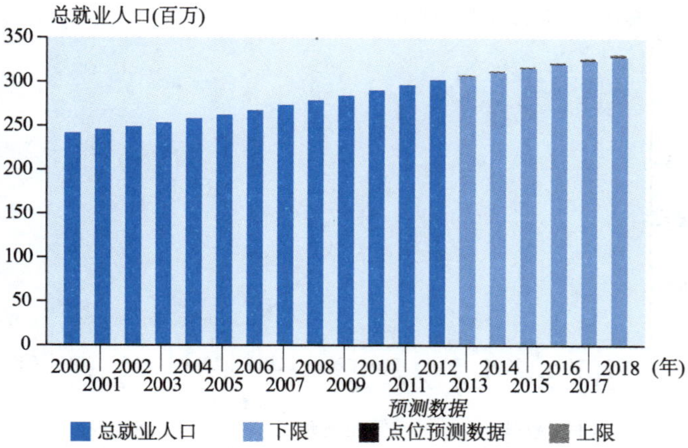
总就业人口(百万)
0 50 100 150 200 250 300 350
2000 2001 2002 2003 2004 2005 2006 2007 2008 2009 2010 2011 2012 2013 2014 2015 2016 2017 2018 (年)
预测数据
总就业人口
下限
点位预测数据
上限

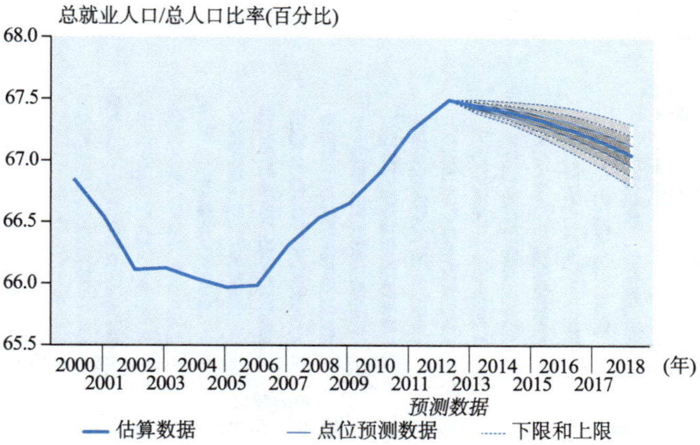
总就业人口/总人口比率(百分比)
65.5 66.0 66.5 67.0 67.5 68.0
2000 2001 2002 2003 2004 2005 2006 2007 2008 2009 2010 2011 2012 2013 2014 2015 2016 2017 2018 (年)
预测数据
估算数据
点位预测数据
下限和上限

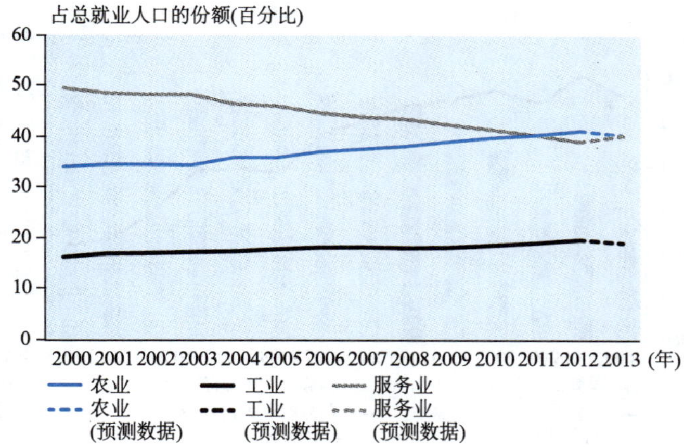
占总就业人口的份额(百分比)
0 10 20 30 40 50 60
2000 2001 2002 2003 2004 2005 2006 2007 2008 2009 2010 2011 2012 2013 (年)
农业
农业(预测数据)
工业
工业(预测数据)
服务业
服务业(预测数据)

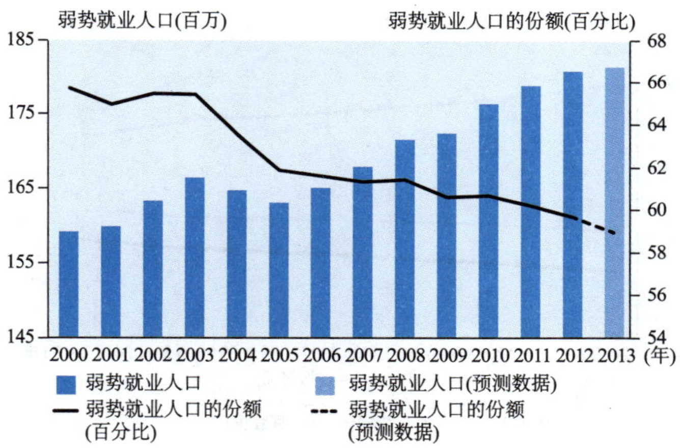
弱势就业人口(百万)
弱势就业人口的份额(百分比)
145 155 165 175 185
54 56 58 60 62 64 66 68
2000 2001 2002 2003 2004 2005 2006 2007 2008 2009 2010 2011 2012 2013 (年)
弱势就业人口
弱势就业人口(预测数据)
弱势就业人口的份额(百分比)
弱势就业人口的份额(预测数据)

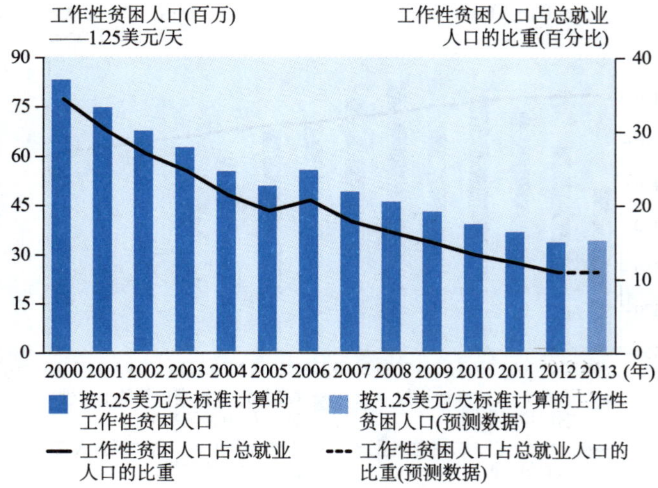
工作性贫困人口(百万)——1.25美元/天
工作性贫困人口占总就业人口的比重(百分比)
0 15 30 45 60 75 90
0 10 20 30 40
2000 2001 2002 2003 2004 2005 2006 2007 2008 2009 2010 2011 2012 2013 (年)
按1.25美元/天标准计算的工作性贫困人口
按1.25美元/天标准计算的工作性贫困人口(预测数据)
工作性贫困人口占总就业人口的比重
工作性贫困人口占总就业人口的比重(预测数据)

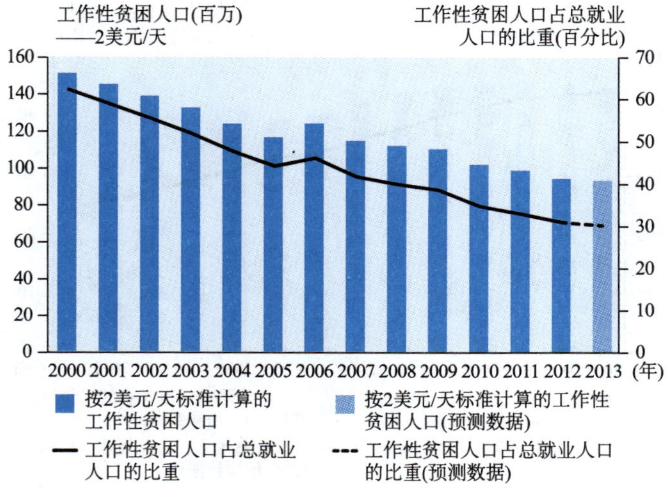
工作性贫困人口(百万)——2美元/天
工作性贫困人口占总就业人口的比重(百分比)
0 20 40 60 80 100 120 140 160
0 10 20 30 40 50 60 70
2000 2001 2002 2003 2004 2005 2006 2007 2008 2009 2010 2011 2012 2013 (年)
按2美元/天标准计算的工作性贫困人口
按2美元/天标准计算的工作性贫困人口(预测数据)
工作性贫困人口占总就业人口的比重
工作性贫困人口占总就业人口的比重(预测数据)

南亚

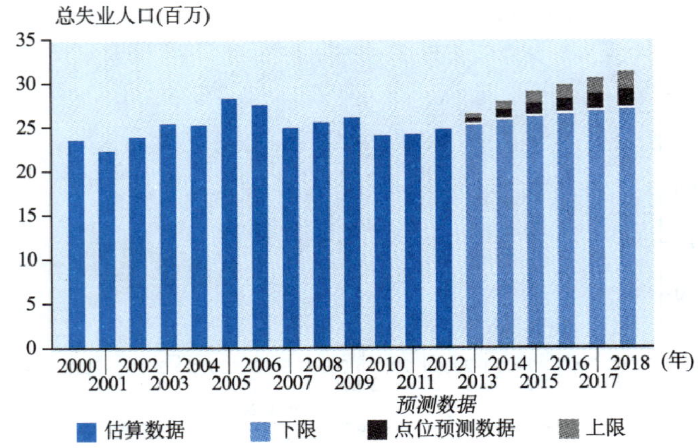
总失业人口(百万)
(年)
预测数据
估算数据
下限
点位预测数据
上限

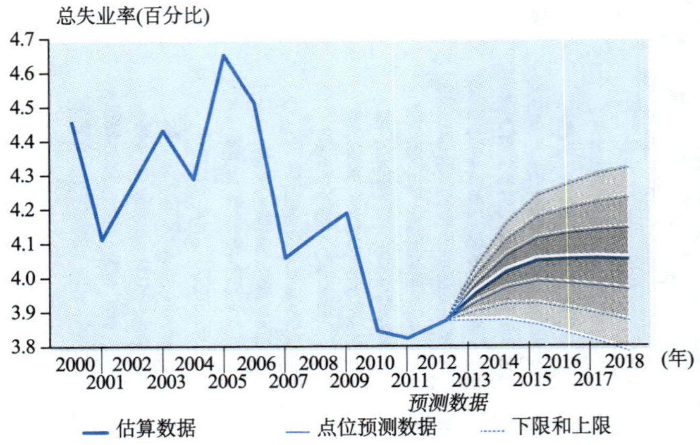
总失业率(百分比)
(年)
预测数据
估算数据
点位预测数据
下限和上限

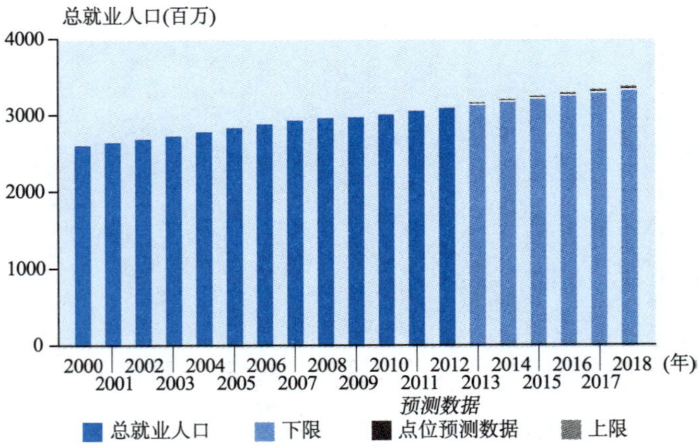
总就业人口(百万)
(年)
预测数据
总就业人口
下限
点位预测数据
上限

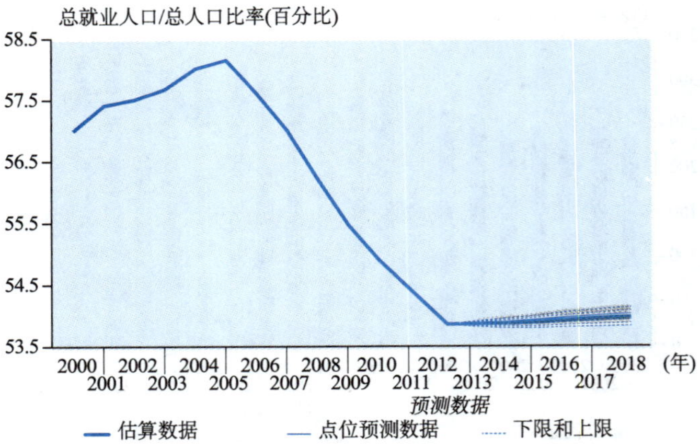
总就业人口/总人口比率(百分比)
(年)
预测数据
估算数据
点位预测数据
下限和上限

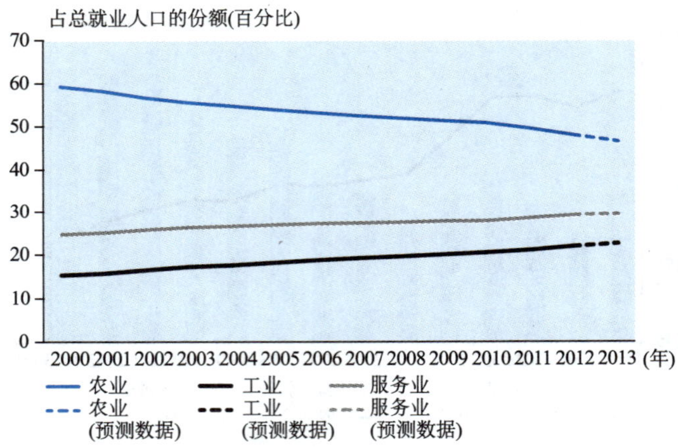
占总就业人口的份额(百分比)
(年)
农业
工业
服务业
农业(预测数据)
工业(预测数据)
服务业(预测数据)

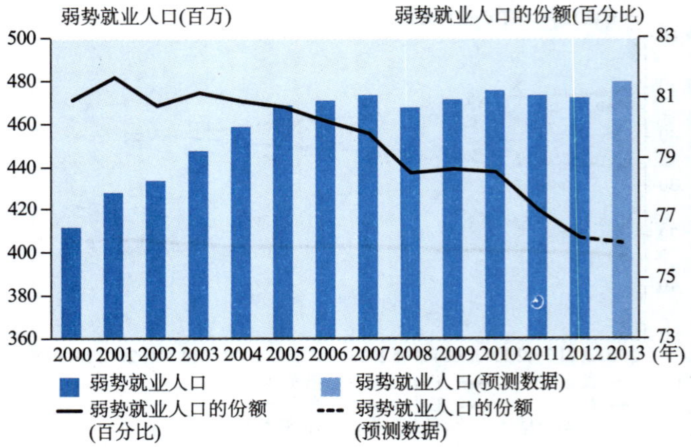
弱势就业人口(百万)
弱势就业人口的份额(百分比)
(年)
弱势就业人口
弱势就业人口(预测数据)
弱势就业人口的份额(百分比)
弱势就业人口的份额(预测数据)

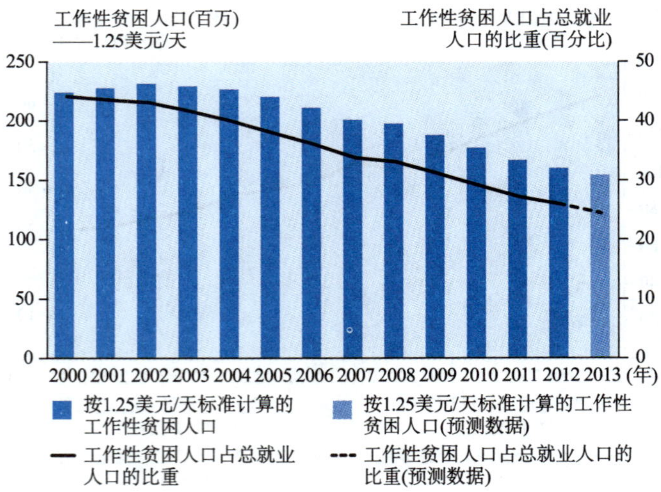
工作性贫困人口(百万)——1.25美元/天
工作性贫困人口占总就业人口的比重(百分比)
(年)
按1.25美元/天标准计算的工作性贫困人口
按1.25美元/天标准计算的工作性贫困人口(预测数据)
工作性贫困人口占总就业人口的比重
工作性贫困人口占总就业人口的比重(预测数据)

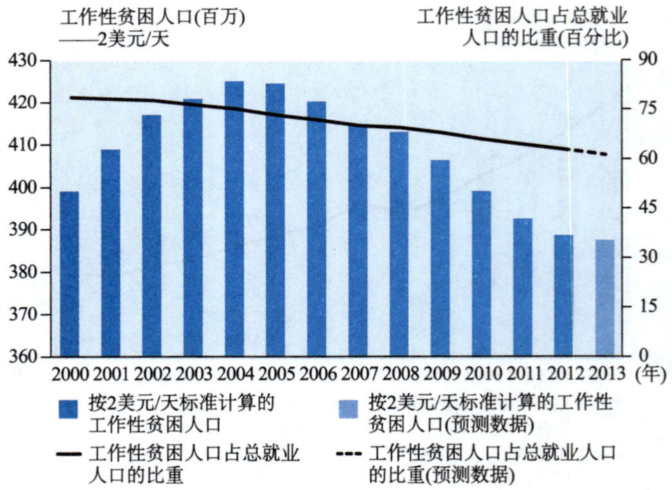
工作性贫困人口(百万)——2美元/天
工作性贫困人口占总就业人口的比重(百分比)
(年)
按2美元/天标准计算的工作性贫困人口
按2美元/天标准计算的工作性贫困人口(预测数据)
工作性贫困人口占总就业人口的比重
工作性贫困人口占总就业人口的比重(预测数据)

拉丁美洲和加勒比地区

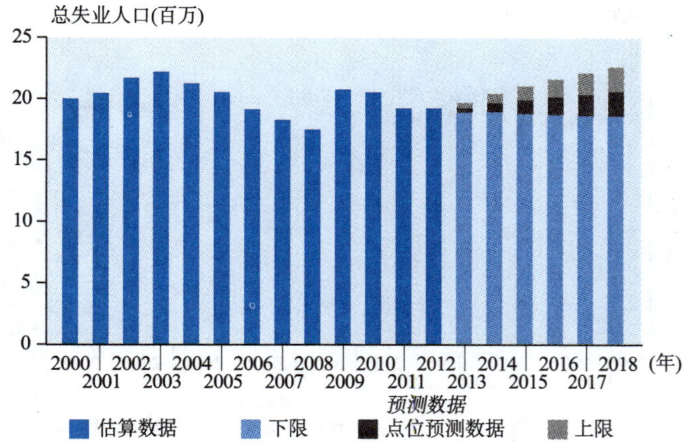
总失业人口(百万)
(年)
预测数据
估算数据
下限
点位预测数据
上限

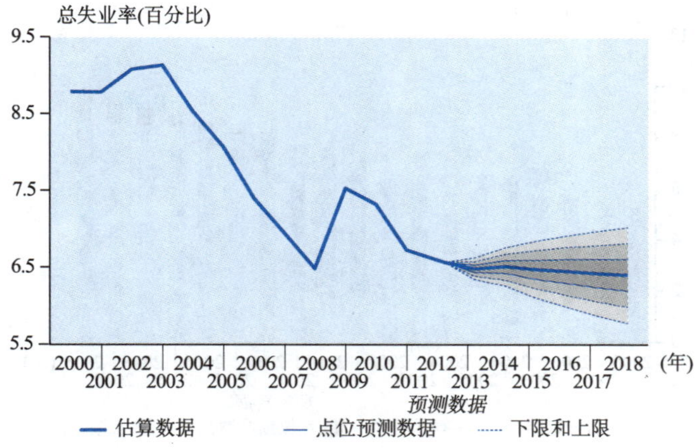
总失业率(百分比)
(年)
预测数据
估算数据
点位预测数据
下限和上限

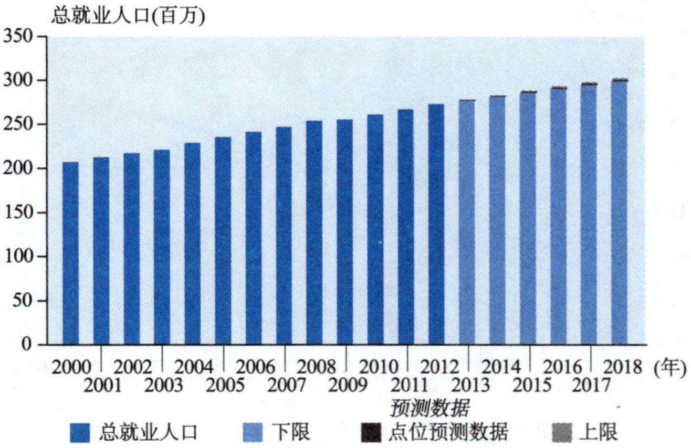
总就业人口(百万)
(年)
预测数据
总就业人口
下限
点位预测数据
上限

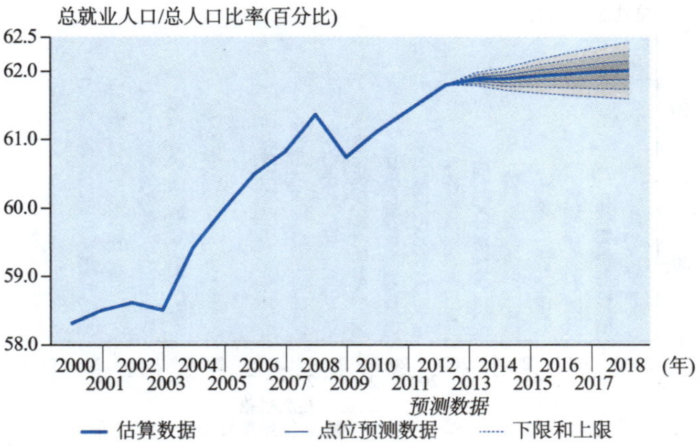
总就业人口/总人口比率(百分比)
(年)
预测数据
估算数据
点位预测数据
下限和上限

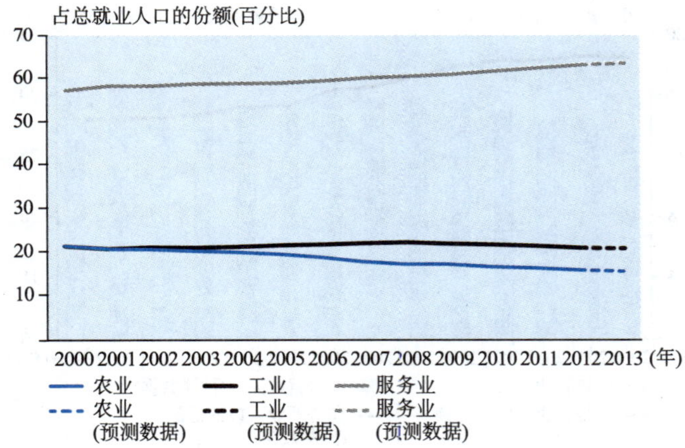
占总就业人口的份额(百分比)
(年)
农业
工业
服务业
农业(预测数据)
工业(预测数据)
服务业(预测数据)

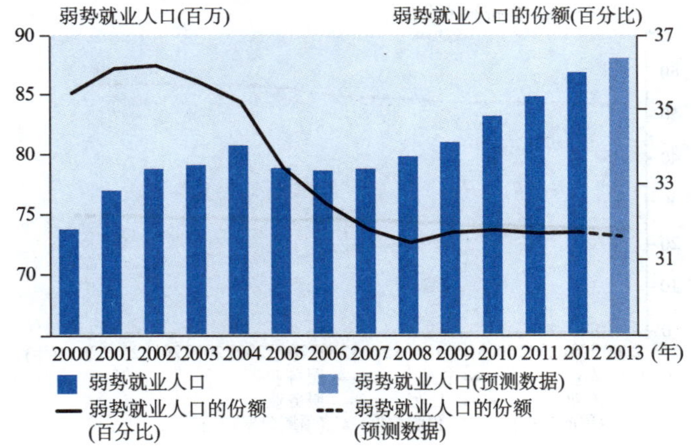
弱势就业人口(百万)
弱势就业人口的份额(百分比)
(年)
弱势就业人口
弱势就业人口(预测数据)
弱势就业人口的份额(百分比)
弱势就业人口的份额(预测数据)

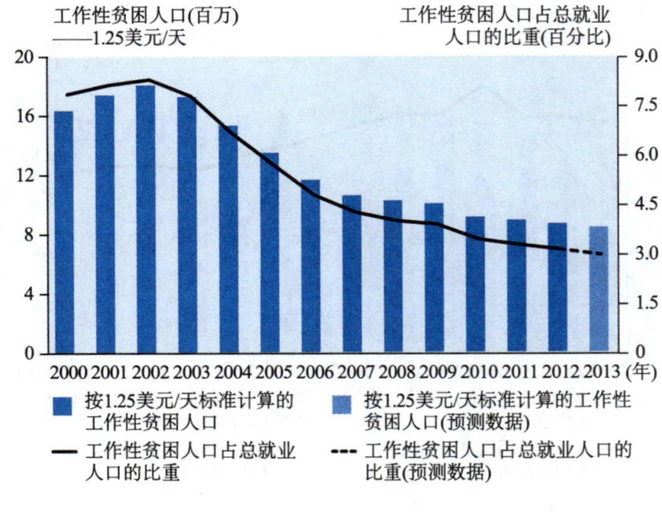
工作性贫困人口(百万)——1.25美元/天
工作性贫困人口占总就业人口的比重(百分比)
(年)
按1.25美元/天标准计算的工作性贫困人口
按1.25美元/天标准计算的工作性贫困人口(预测数据)
工作性贫困人口占总就业人口的比重
工作性贫困人口占总就业人口的比重(预测数据)

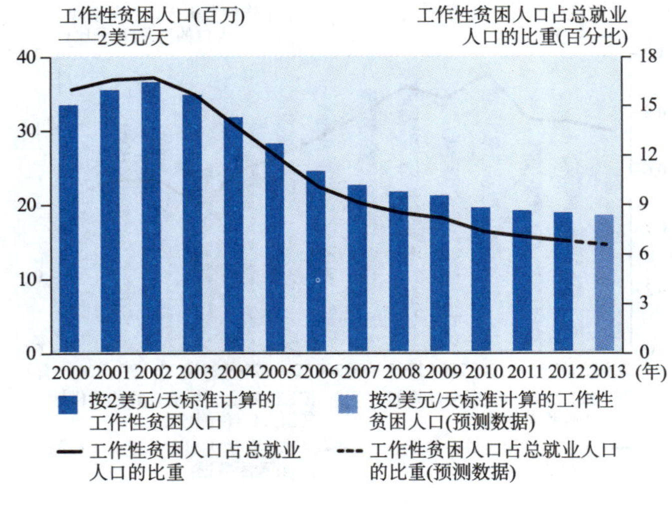
工作性贫困人口(百万)——2美元/天
工作性贫困人口占总就业人口的比重(百分比)
(年)
按2美元/天标准计算的工作性贫困人口
按2美元/天标准计算的工作性贫困人口(预测数据)
工作性贫困人口占总就业人口的比重
工作性贫困人口占总就业人口的比重(预测数据)

中东

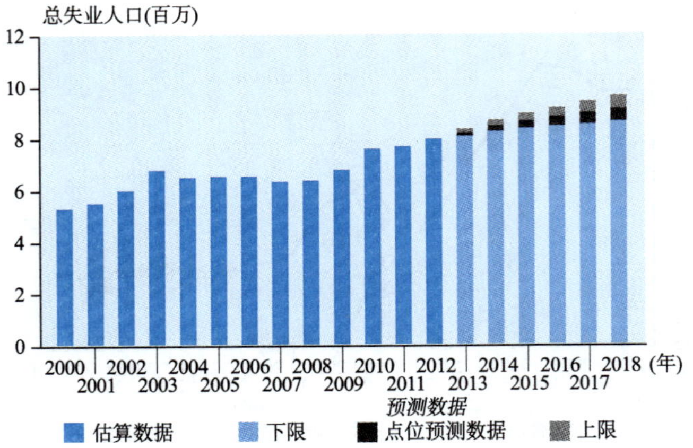
总失业人口(百万)
(年)
预测数据
估算数据
下限
点位预测数据
上限

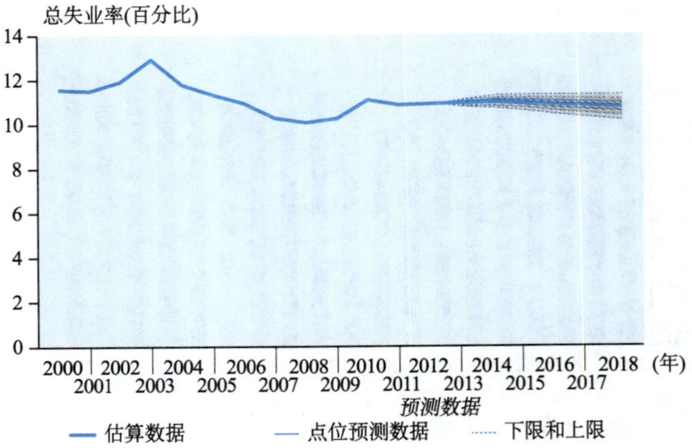
总失业率(百分比)
(年)
预测数据
估算数据
点位预测数据
下限和上限

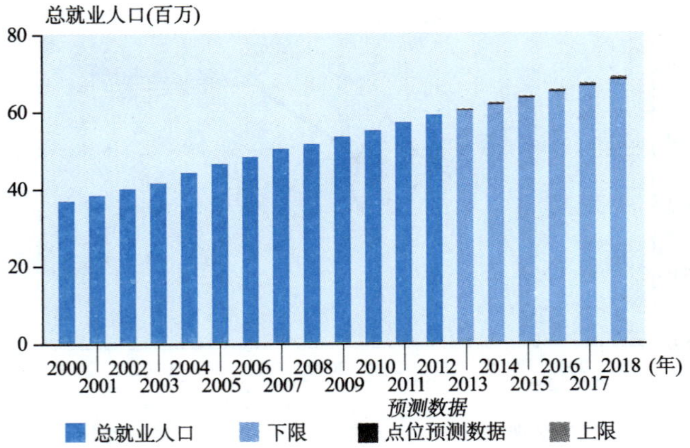
总就业人口(百万)
(年)
预测数据
总就业人口
下限
点位预测数据
上限

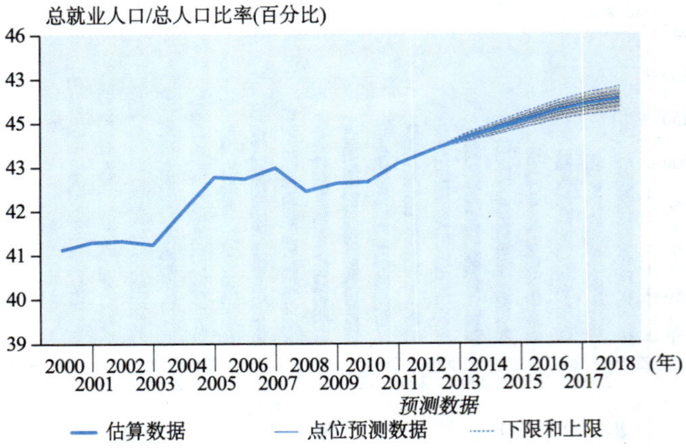
总就业人口/总人口比率(百分比)
(年)
预测数据
估算数据
点位预测数据
下限和上限

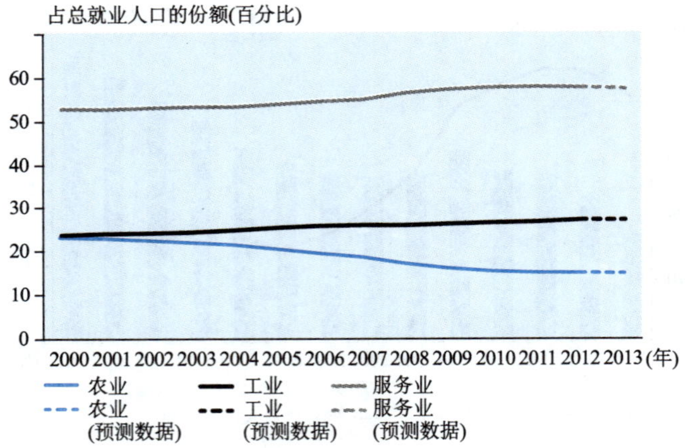
占总就业人口的份额(百分比)
(年)
农业
工业
服务业
农业(预测数据)
工业(预测数据)
服务业(预测数据)

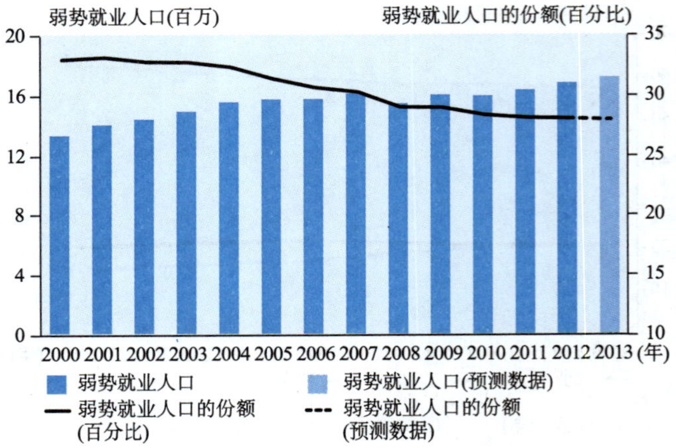
弱势就业人口(百万)
弱势就业人口的份额(百分比)
(年)
弱势就业人口
弱势就业人口(预测数据)
弱势就业人口的份额(百分比)
弱势就业人口的份额(预测数据)

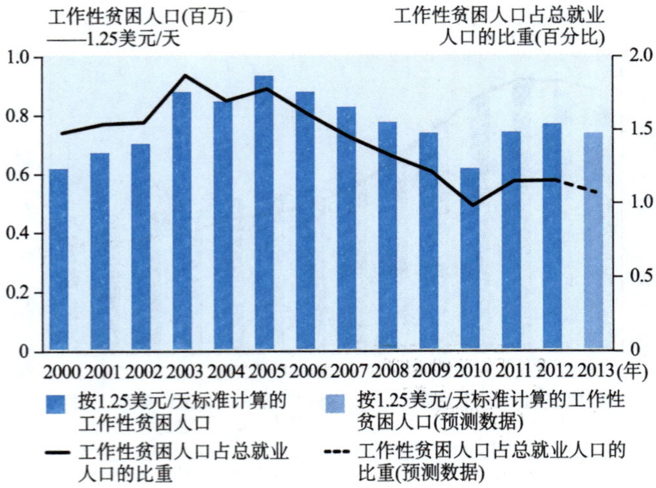
工作性贫困人口(百万)——1.25美元/天
工作性贫困人口占总就业人口的比重(百分比)
(年)
按1.25美元/天标准计算的工作性贫困人口
按1.25美元/天标准计算的工作性贫困人口(预测数据)
工作性贫困人口占总就业人口的比重
工作性贫困人口占总就业人口的比重(预测数据)

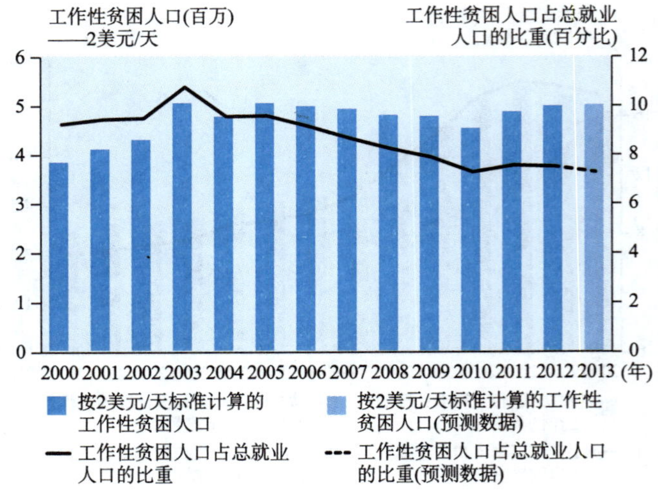
工作性贫困人口(百万)——2美元/天
工作性贫困人口占总就业人口的比重(百分比)
(年)
按2美元/天标准计算的工作性贫困人口
按2美元/天标准计算的工作性贫困人口(预测数据)
工作性贫困人口占总就业人口的比重
工作性贫困人口占总就业人口的比重(预测数据)

北非

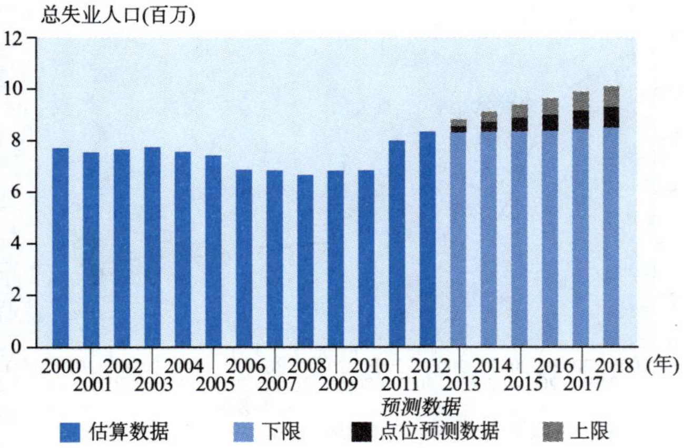
总失业人口(百万)
(年)
预测数据
估算数据
下限
点位预测数据
上限

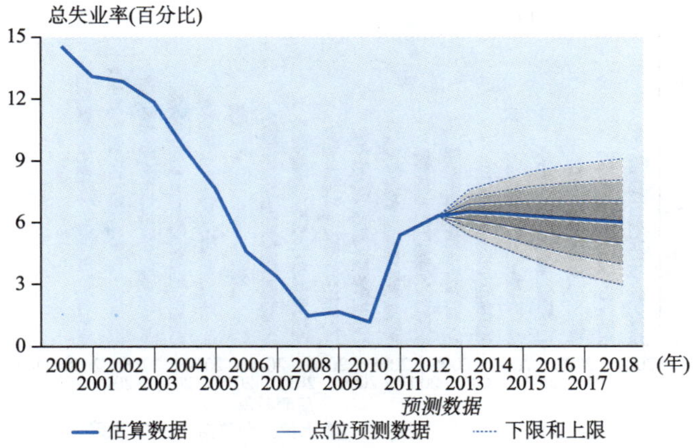
总失业率(百分比)
(年)
预测数据
估算数据
点位预测数据
下限和上限

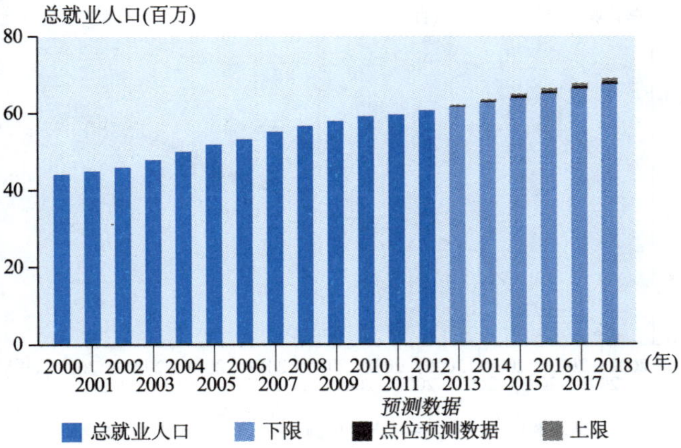
总就业人口(百万)
(年)
预测数据
总就业人口
下限
点位预测数据
上限

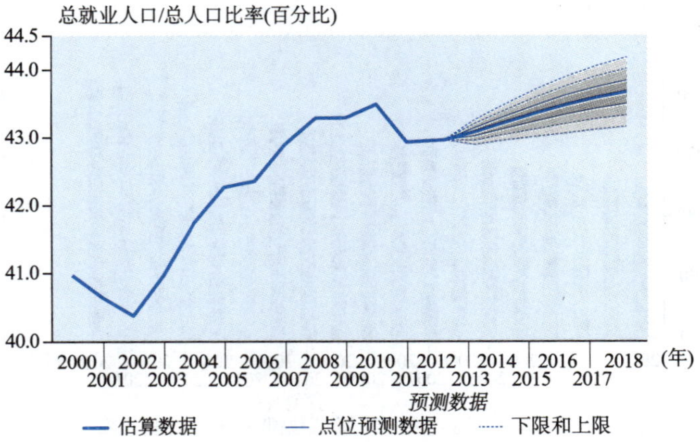
总就业人口/总人口比率(百分比)
(年)
预测数据
估算数据
点位预测数据
下限和上限

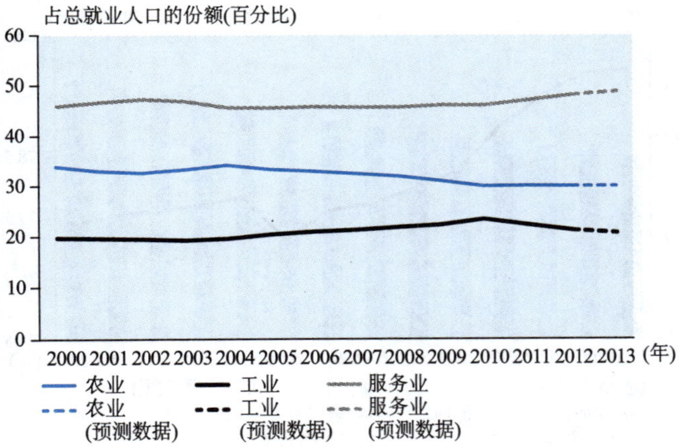
占总就业人口的份额(百分比)
(年)
农业
工业
服务业
农业(预测数据)
工业(预测数据)
服务业(预测数据)

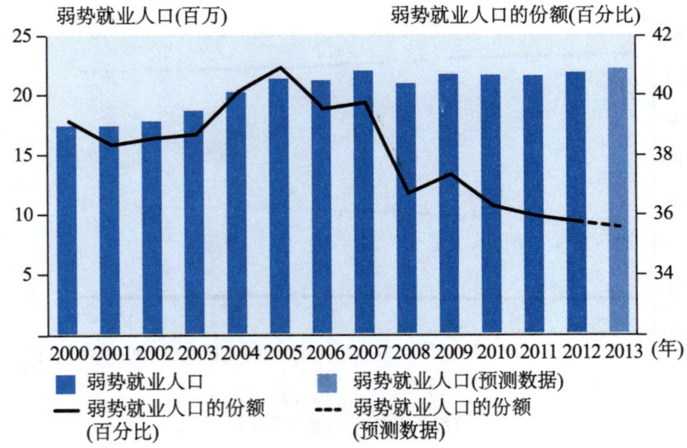
弱势就业人口(百万)
弱势就业人口的份额(百分比)
(年)
弱势就业人口
弱势就业人口(预测数据)
弱势就业人口的份额(百分比)
弱势就业人口的份额(预测数据)

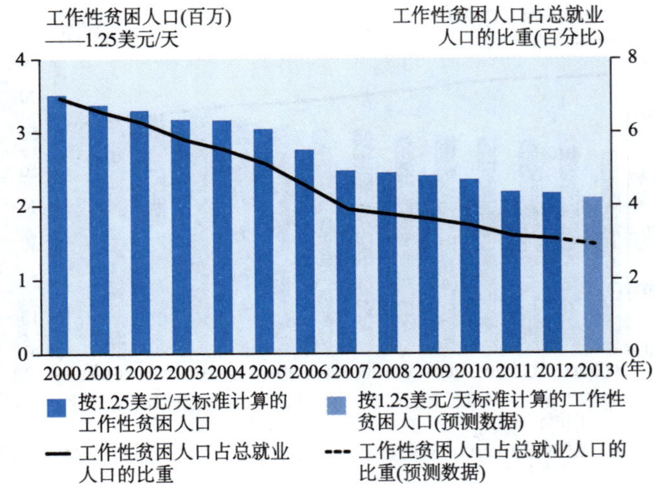
工作性贫困人口(百万)——1.25美元/天
工作性贫困人口占总就业人口的比重(百分比)
(年)
按1.25美元/天标准计算的工作性贫困人口
按1.25美元/天标准计算的工作性贫困人口(预测数据)
工作性贫困人口占总就业人口的比重
工作性贫困人口占总就业人口的比重(预测数据)

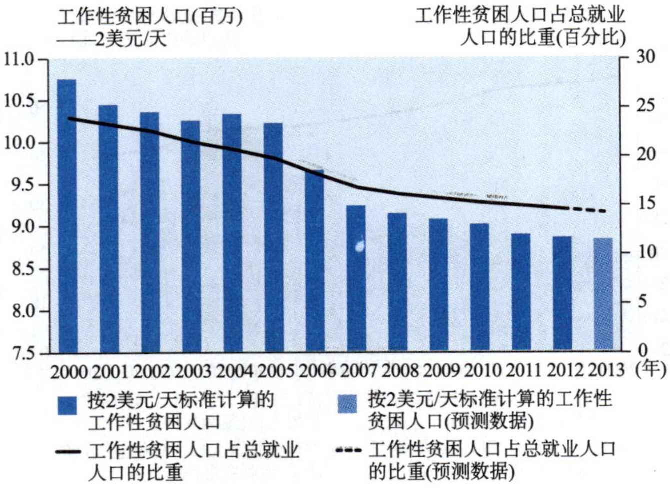
工作性贫困人口(百万)——2美元/天
工作性贫困人口占总就业人口的比重(百分比)
(年)
按2美元/天标准计算的工作性贫困人口
按2美元/天标准计算的工作性贫困人口(预测数据)
工作性贫困人口占总就业人口的比重
工作性贫困人口占总就业人口的比重(预测数据)

撒哈拉以南非洲

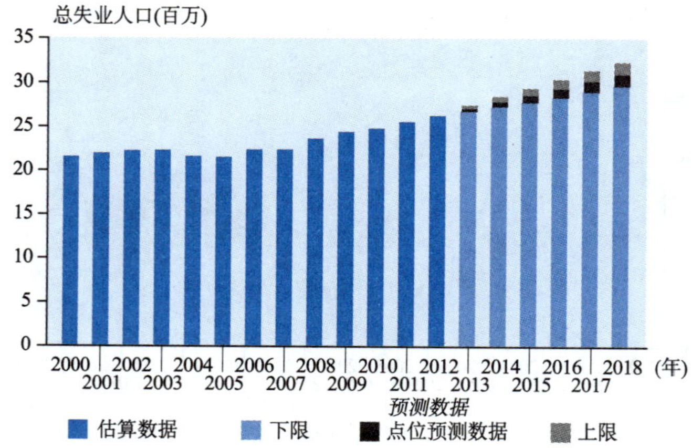
总失业人口(百万)
35
30
25
20
15
10
5
0
2000 2002 2004 2006 2008 2010 2012 2014 2016 2018 (年)
2001 2003 2005 2007 2009 2011 2013 2015 2017
预测数据
估算数据
下限
点位预测数据
上限

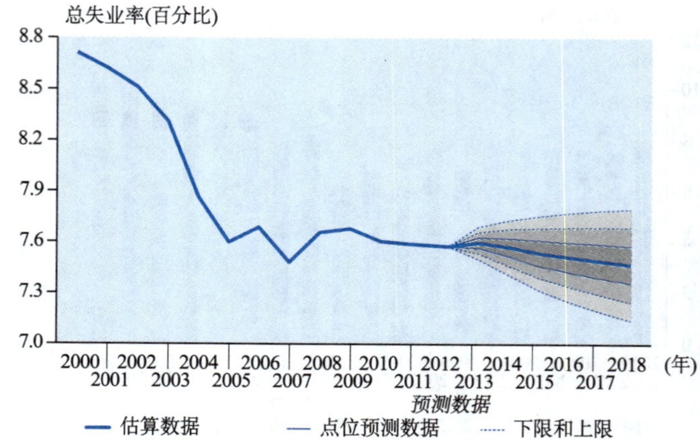
总失业率(百分比)
8.8
8.5
8.2
7.9
7.6
7.3
7.0
2000 2002 2004 2006 2008 2010 2012 2014 2016 2018 (年)
2001 2003 2005 2007 2009 2011 2013 2015 2017
预测数据
估算数据
点位预测数据
下限和上限

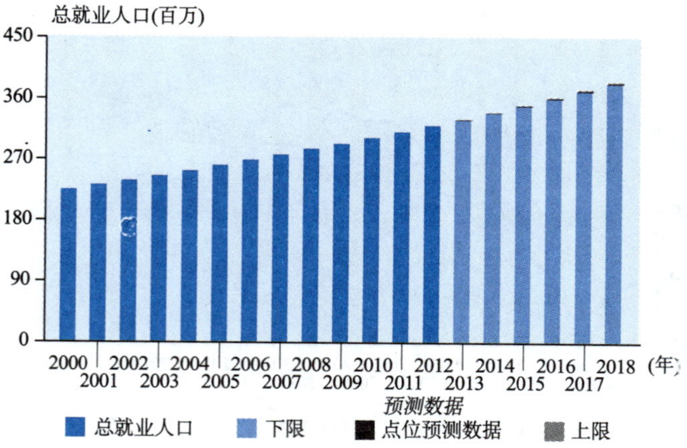
总就业人口(百万)
450
360
270
180
90
0
2000 2002 2004 2006 2008 2010 2012 2014 2016 2018 (年)
2001 2003 2005 2007 2009 2011 2013 2015 2017
预测数据
总就业人口
下限
点位预测数据
上限

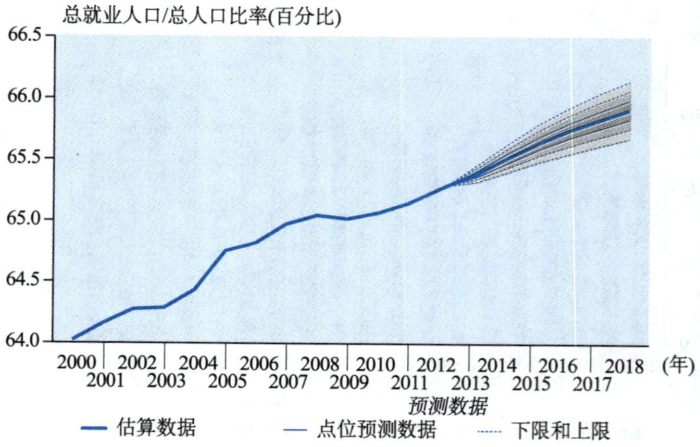
总就业人口/总人口比率(百分比)
66.5
66.0
65.5
65.0
64.5
64.0
2000 2002 2004 2006 2008 2010 2012 2014 2016 2018 (年)
2001 2003 2005 2007 2009 2011 2013 2015 2017
预测数据
估算数据
点位预测数据
下限和上限

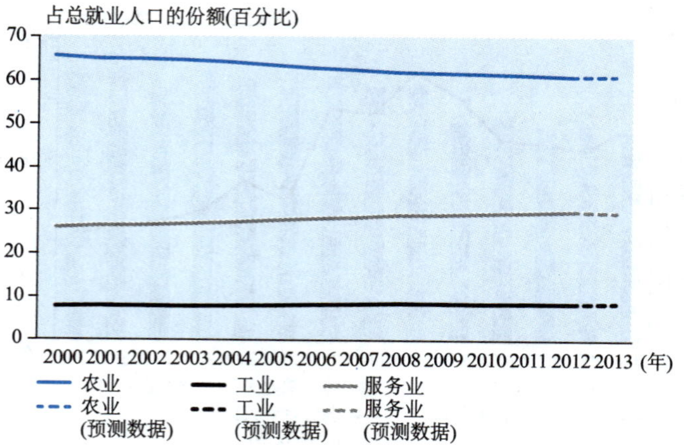
占总就业人口的份额(百分比)
70
60
50
40
30
20
10
0
2000 2001 2002 2003 2004 2005 2006 2007 2008 2009 2010 2011 2012 2013 (年)
农业
农业(预测数据)
工业
工业(预测数据)
服务业
服务业(预测数据)

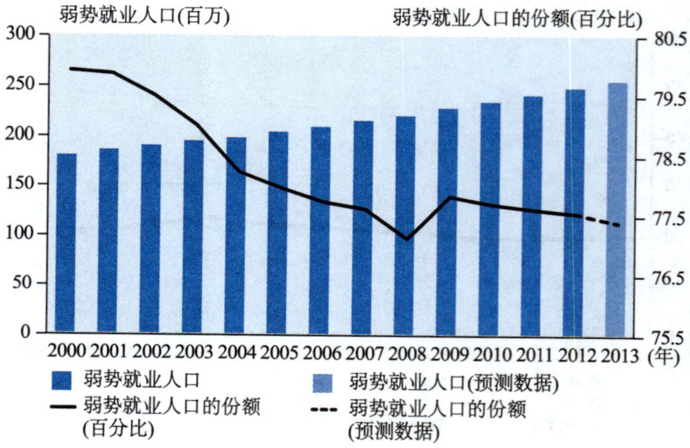
弱势就业人口(百万)
弱势就业人口的份额(百分比)
300
250
200
150
100
50
0
80.5
79.5
78.5
77.5
76.5
75.5
2000 2001 2002 2003 2004 2005 2006 2007 2008 2009 2010 2011 2012 2013 (年)
弱势就业人口
弱势就业人口(预测数据)
弱势就业人口的份额(百分比)
弱势就业人口的份额(预测数据)

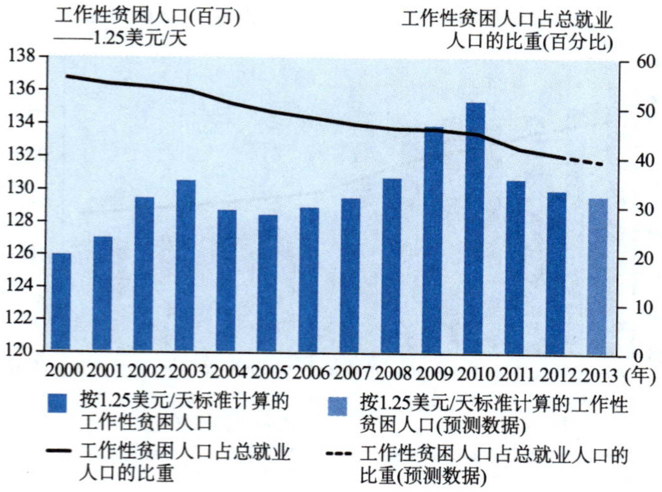
工作性贫困人口(百万)
——1.25美元/天
工作性贫困人口占总就业人口的比重(百分比)
138
136
134
132
130
128
126
124
122
120
60
50
40
30
20
10
0
2000 2001 2002 2003 2004 2005 2006 2007 2008 2009 2010 2011 2012 2013 (年)
按1.25美元/天标准计算的工作性贫困人口
按1.25美元/天标准计算的工作性贫困人口(预测数据)
工作性贫困人口占总就业人口的比重
工作性贫困人口占总就业人口的比重(预测数据)

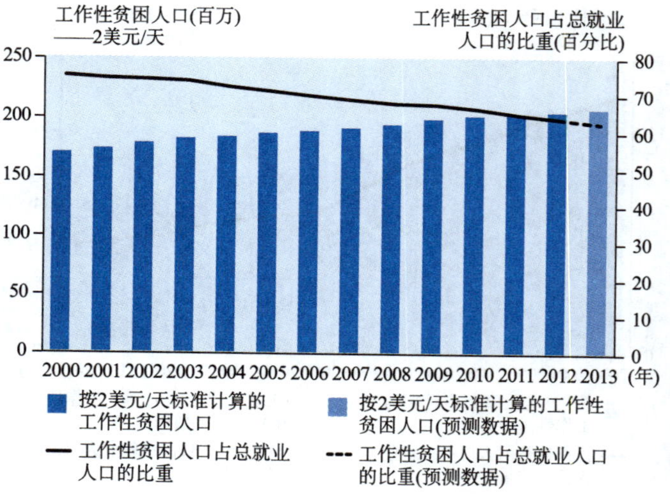
工作性贫困人口(百万)
——2美元/天
工作性贫困人口占总就业人口的比重(百分比)
250
200
150
100
50
0
80
70
60
50
40
30
20
10
0
2000 2001 2002 2003 2004 2005 2006 2007 2008 2009 2010 2011 2012 2013 (年)
按2美元/天标准计算的工作性贫困人口
按2美元/天标准计算的工作性贫困人口(预测数据)
工作性贫困人口占总就业人口的比重
工作性贫困人口占总就业人口的比重(预测数据)

附录4　针对全球和各地区估算数据的注释

在本《全球就业趋势》报告中，所有的全球性和地区性劳动力市场估算数据均依据国际劳工组织《趋势计量经济学模型》（2013 年 10 月）。国际劳工组织就业趋势处设计并积极地维护了此计量经济学模型，针对无法从某些国家报告中获取的数据，可利用此计量经济学模型生成按国家和年份划分的劳动力市场指标的估算数据。这些数据可确保国际劳工组织具有生成和分析劳动力市场关键指标的全球性和地区性估算数据及相关趋势的能力。

该“全球就业趋势模型”（GET 模型）用来生成失业率、就业率、就业状态和按部门划分的就业率等估算数据——如有需要，可按年龄和性别进行细分。该模型的输出值为 178 个国家的完整的数据矩阵。随后，可对国家层面的数据进行综合，以生成劳动力市场指标的地区性和全球性估算数据，如失业率、就业人口/总人口比率、部门层面就业份额、就业份额状态和弱势就业。

在运行 GET 模型之前，就业趋势处的劳动力市场信息专家与国际劳工组织的驻地办事处的专家共同努力，对现有的国家上报数据进行评估，并仅仅选择那些被认为在各个国家中具有足够同类比较作用的观测数据——其标准包括：(1) 资料来源的类型；(2) 地理覆盖范围；(3) 年龄群组的范围。

- 对于第一项标准，为了使数据纳入到模型中，必须借由劳动力人口调查或人口普查来获取上述数据。各个国家进行的劳动力人口调查通常十分相似，与从其他渠道获取的数据相比，从这些调查中获取的数据更具有可比性。因此，在选择过程中，往往优先考虑劳动力人口调查数据。然而，对于许多没有足够资源进行劳动力人口调查的发展中国家而言，的确是根据人口普查来报告劳动力市场信息数据。因此，鉴于对数据可比性和数据覆盖范围的相互冲突的目标进行平衡，故而需要在模型中加入一些从人口普查中所获取的数据。
- 第二项标准是指，仅采用具有国家代表性（即并非限于严格意义上的地理性）的劳动力市场指标。文中并未采用与纯粹城市或纯粹农村地区相对应的观测数据，因为农村和城市劳动力市场之间通常存在巨大的差异，如若仅采用农村数据或仅采用城市数据，都将出现与基准性指标（如 GDP）不相一致的情况。
- 第三项标准是指，观测数据所覆盖的年龄群组必须具有针对各个国家的足够的可比性。各个国家在报告劳动力市场信息时通常针对各种年龄群组，因此，所选定的年龄群组可对某一给定劳动力市场指标的观测值产生影响。

除了各国所报告的劳动力市场信息之外，GET 模型还采用了下列基准性文件：

- 联合国《世界人口前景》（2012 年修订版），用于人口估算和预测。
- 国际劳工组织《经济活动人口估算和预测》（2013 年 7 月版），用于劳动力估算和预测。[①]

- 国际货币基金组织/世界银行从《世界发展指标》和《世界经济展望》（2013 年 10 月数据库）中所获取的 GDP 数据（购买力平价、人均 GDP 和 GDP 增长率）。
- 世界银行依据 PovcalNet 数据库所进行的贫困估算数据。

GET 模型的第一个阶段生成了失业率的估算数据，同时也可计算出总的就业和失业人口数量及就业人口/总人口比率。在对所有同类的失业率进行汇编之后，再针对世界不同地区单独运行多元回归，在此过程中按年龄和性别（年轻男性、年轻女性、成年男性、成年女性）细分的失业率针对 GDP 增长率进行回归。回归中采用了加权法，以便纠正因报告失业率的国家与未报告失业率国家之间经常存在的差异性（在具有重要作用的数据统计方面）所造成的偏差。[②]针对无法获取国家报告数据的国家和年份，回归以及根据地区毗邻特征所进行的考量用以填补相应的缺失值。

在此后的阶段内，将对按部门划分的就业和就业状态进行估算。这些模型采用与 GET 模型相类似的方法，以便生成国家层面的缺失值。除 GDP 增长率之外，用作上述数据解释变量的变量为 GDP 中三大部门的增值份额、人均 GDP 和城市地区居住人口的份额。

其他的计量经济学模型用于生成工作性贫困和就业的全球和区域估算数据（按经济阶层划分）。[③]如欲了解生成全球性和地区性估算数据的方法的更多详情，请访问网站：www. ilo. org/trends。

全球和地区性估算数据的历史修订来源

在各种全球就业趋势模型运行过程中，全球和地区性估计数据修订的主要来源是基准性文件中的修订和变化（即，GDP、人口、劳动力）以及上报失业率原始样本的修订和变化。对主要解释变量的原始样本和/或修订版进行额外观测会造成估计关系（如，GDP 和失业率间的关系）的变化及后续评估率/估算率的变化。在统计基础相对匮乏的地区，这种情况非常普遍。2012 年统计数据将地区样本和基准文件中的修订变化相结合，因此，与《全球就业趋势 2013》报告相比，全球失业人口数据向下修正后为 38. 5 万人。

此外，印度全国家庭调查数据（2011 年 7 月和 2012 年 6 月之间进行的第 68 次调查计划，亦由国家抽样调查办公室执行）可用后，我们对印度失业率（2012 年）进行了向上修正。这次调查在全球范围内具有可比性并且可作为印度失业率历史数据组的可用来源。

---

① 本数据库于 2013 年 10 月更新，新增 2012 年印度观测数据。随后的预测采用了国际劳工组织《经济活跃人口预计和测算》数据库中相同的趋势，如欲了解完整的《经济活跃人口预计和测算》数据库，参见：http：//www. ilo. org/ilostat/faces/home/statisticaldata/data _ by _ subject? _ adf. ctrl - state = qsnwz2c91_187&_afrLoop = 266825864906349。

② 例如，假如采用了某一给定地区报告国失业率的简单平均数以估算那一地区的失业率，而且没有报告失业率的国家与报告国在失业率方面存在不同特征，则如果没有这样一种修正机制，那么所生成的地区性失业率估算数据将会有偏差。GET 模型中所采用的这种“加权最小二乘法”主要用于修正这种潜在性的问题。

③ 参见卡普索斯和博尔姆普拉模型更新（2013 年）。

附录 5 针对全球和各地区预测数据的注释

通过考察 1991 年至 2005 年期间和相应的经济复苏期间，每个国家在危机最深重/经济最低迷期，失业率和 GDP 之间的历史关系，可以获得失业率的预测数据。[①]实现这一点，需要纳入 GDP 固定效应面板回归的危机和复苏虚拟变量。[②]具体而言，经过逻辑转换的失业率针对一组协变量进行了回归，其中包括滞后失业率、GDP 增长率、滞后 GDP 增长率和一组由危机虚拟变量及经济复苏虚拟变量与每一个其他变量之间交互作用组成的协变量。

根据下列条件，对三种不同组别的国家运行单独的面板回归：

（1）地理毗邻和经济/制度相似性；

（2）收入水平；[③]

（3）出口依赖程度（依照出口占 GDP 的百分比来衡量）。[④]

这些分组的理论基础如下。位于同一地理区域内的国家或具有类似经济/制度特征的国家，受到危机影响的程度也可能相类似，并且在减轻危机对其劳动力市场影响的过程中所采取的机制也相类似。由于处于同一地理区域的国家彼此间常常存在十分紧密的贸易和金融联系，因而危机可能在一个经济体产生溢出效应，从而波及其邻国（例如，加拿大经济和劳动力市场的局势与美国的局势具有密切的联系）。同样，具有相似收入水平的国家也可能有更加相似的劳动力市场机构（如社会保障措施）和实施财政激励及其他政策以应对危机影响的类似能力。最后，由于出口下降是危机从发达国家至发展中国家的主要传输渠道，因此根据受此渠道影响的程度对各国进行分组。受此渠道影响的程度系根据其出口占 GDP 的百分比来衡量。危机通过出口渠道对劳动力市场形成的影响还取决于出口的类型（受到影响的经济部门）、出口的国内附加值占比及国内消费的相对重要性（例如，诸如印度和印度尼西亚等国家国内市场较大，因此与新加坡和泰国等

---

① 危机时期包括从一个国家的 GDP 增长遭受最大幅度的下降到危机之后 GDP 到达最低水平的“拐点年”（随后开始上升到危机前的水平）之间的一段时间。经济复苏时期包括从“拐点年”到增长恢复到危机前水平那一年之间的时间间隔。

② 为了预测当前经济复苏时期的失业情况，根据下述定义对危机年份和经济复苏年份的虚拟变量进行了调整：假如一个国家在 2007 年之后的 GDP 增长大于 1991 年至 2008 年期间 GDP 增长标准差绝对值的 75%，且/或超过 3 个百分点，则认为该国“目前处于危机之中”。

③ 收入分组与世界银行四个收入类别的收入分组情况相对应，其根据的是各国 2008 年的人均国民收入（利用图谱法来计算）：低收入国家，少于等于 975 美元；下中等收入国家，976—3855 美元；上中等收入国家，3856—11905 美元；高收入国家，11906 美元及以上。

④ 出口依赖型组别为：最高出口型（出口占 GDP 的比例≥70%）；高出口型（出口占 GDP 的比例 <70%，但≥50%）；中等出口型（出口占 GDP 的比例 <50%，但≥20%）；低出口型（出口占 GDP 的比例 <20%）。

国家相比，显得并不那么脆弱）。通过在回归中利用固定效应，对这些特征进行控制。

除了面板回归之外，还针对具有足够数据的国家运行国家层面的回归。采用普通最小二乘法的国家层面的回归包含与面板回归一样的变量。

考虑到 GDP 前景的不确定性以及体现所有国家 GDP 和失业率间关系的复杂性，当前运行的全球就业趋势模型使用了十种（类似的）多层次混合效应线性回归（变截距模型和变系数模型）。这十个版本中变化的主要部分是独立变量的滞后结构。这些模型的潜在优势不仅在于面板结构的充分利用（如自由度的增强），而且能够估算每个单位（国家）的具体系数，将集群层面未观测到的异制性考虑在内并对随机效应方法进行修改，这说明独立变量与随机效应项并无关联。

作为从三组面板回归、针对具有充足数据国家的回归和国家层面的回归中所获得估算值的简单平均数，得出最终的预测数据。为能更真实地体现出每个国家经济预测中发现的最新趋势，我们针对部分国家（从 178 个国家中选择 44 个国家），依据判断性检查得出了另一组预测数据组合的平均值。

对全球性和地区性预测数据的修正

2013 年第四季度初，正值此《全球就业趋势》报告撰写之际，在 178 个国家的总样本中，有 61 个国家发布了 2013 年部分月度或季度的失业估算数据。其中 1 个国家的数据截至 10 月份；25 个国家的估算数据截至 9 月份；9 个国家的估算数据截至 8 月份；3 个国家的估算数据截至 7 月份；21 个国家的估算数据截至 6 月份（第二季度）；2 个国家的估算数据截至 3 月份（第一季度）。我们利用了这些月度/季度性数据，以便生成 2013 年的年度失业率估算数据。如上所述，通过利用国家在经济复苏期之前的经济增长和失业率之间的关系，对 GET 模型进行扩展，从而生成样本中其余国家（无 2013 年数据的国家）的 2013 年预测数据及自 2014 年以后的预测数据。

对于提供有 2013 年数据的 61 个国家，在生成 2013 年的点估计数据的过程中，第一步是针对 2013 年提供有数据的月份和季度（被界定为点估计）的（根据季度调整的）失业率进行不加权平均。针对这个点估计，根据自 2008 年年初以来月度或季度性失业率的标准差，生成一个置信区间，再乘以剩余月份或季度的个数与 12（生成每月的估算数据）或 4（生成每个季度的估算数据）的比值。①因此，在其他条件都相同的情况下，一个国家提供数据的月份越多，年度性的失业率估算数据的确定性越大，同时，不确定性随着可获取数据月份的增加而成比例下降。

为了在失业率的变动中整合短期和中期趋势，需视两种趋势是否相一致而对上述的点估计进行调整。②具体而言，

- 假如两种趋势均为积极（负面）的，那么将上述点估计重新计算为 60%（40%）上限值和 40%（60%）下限值的加权平均值；
- 假如两种趋势呈现相反的方向，则将可获取数据的最近一个月或季度的失业率赋予 2012 年的其余月份或季度，并将上述点估计重新计算为 2012 年度 12 个月或 4 个季度的不加权平均值。

---

① 假如点估计和标准差之间的比值小于或等于 5，那么需从 2009 年年初开始构建标准差。其基本原理是，全球金融危机早期极高的失业率波动不太可能在短期至中期内一直持续下去。相反，最近的波动幅度可望在短期至中期内持续下去。

② 对短期和更长期趋势的定义分别为，可获得数据的最近一个月 M（或季度 Q）的失业率与 M3（或 Q1）之间的百分点差值，以及可获得数据的最近一个月 M（或季度 Q）的失业率与 M6（或 Q2）之间的百分点差值。

基本的假设是，假如在连续的两个时期内出现了清晰的上升（下降）趋势，那么该趋势将比最近一个可获得数据月份的失业率稍高（低）一些。假如在过去的两个时期内均未出现任何明确的趋势，那么失业率有望在最近的水平上保持不变，因此给予可获得的最近信息以更大权重。针对这些国家的2013年最终失业率估算数据等于经过调整的点估计数据。

对于具有2013年至少两个季度数据的国家（61个国家中有46个）而言，计算其年轻人子模块的数据可遵循同样的步骤。针对每一个子模块采用与计算总失业率时同样的模型参数，可对GET模型进行扩展，从而获得自2013年以后的其余子模块失业率的预测数据。对GET模型进行扩展，可估算出各种不同子模块的名义失业率，对其进行累加，可得出总的名义失业率，它或许不同于上述步骤对总的名义失业率的估算数据。通过累加子模块数据得出的总的名义失业率与单独估算的总的失业率之间的差值在子模块中的分布与其在总失业率中所占的份额成正比[①]。这些经调整的点估计值是针对子模块的最终点估计值。

对于提供有2013年数据的61个国家，其置信区间与上述情况并无二致。对于其余国家及自2014年以后的预测数据，围绕预测数据所生成的置信区间在通过各模型预测的数据之间出现了标准差，如上所述。为了针对每一个子模块构建置信区间，则针对总失业率的估算上限值和下限值采用子模块失业率与总失业率之间的比率。

预测数据基于下滑情形

在最新一期《世界经济展望》（WEO）中，国际货币基金组织将全球经济的高度不确定性引发下滑情形考虑在内。此情形使用欧元区模型（EUROMOD）。下滑情形假设了四个主要驱动力，包括：美国较高的利率和较低的生产率增长；欧元区风险溢价的上升和额外的财政紧缩；因投资薄弱、温和资本外流和金融条件紧缩造成的新兴市场经济体复苏缓慢；日本采用了三管齐下的复苏战略，实施情况不甚成功[②]。在此情形中，到2014年全球GDP与基线预测值相比将下降0.8个百分点，到2015年将下降0.9个百分点。根据国际货币基金组织对经济活动下滑情形的预估，国际劳工组织对GDP的增长进行了估算，基于此，国际劳工组织生成了全球失业情况的下滑情形。通过引入GDP年增长率的相应变化以及按照上述方法运行GET模型的扩展，这种情形得以在GET模型中实施。

---

① 其基本假设为，总失业率和GDP增长之间的关系比子类别工作者失业率和GDP增长之间的关系更易于理解。

② 如欲了解更多关于强调本情形的假设信息，参见国际货币基金组织《世界经济展望》（2013年10月）报告中的图1.17（国际货币基金组织，2013年）。

附录 6　地区分组

发达经济体和欧盟
欧盟
奥地利
比利时
保加利亚
塞浦路斯
捷克共和国
丹麦
爱沙尼亚
芬兰
法国
德国
希腊
匈牙利
爱尔兰
意大利
拉脱维亚
立陶宛
卢森堡
马耳他
荷兰
波兰
葡萄牙
罗马尼亚
斯洛伐克
斯洛文尼亚
西班牙
瑞典
英国
北美洲
加拿大
美国
其他发达经济体
澳大利亚
以色列
日本
新西兰
西欧（非欧盟）
冰岛
挪威
瑞士

中欧和东南欧（非欧盟）及独联体
中欧和东南欧（非欧盟）
阿尔巴尼亚
波黑
克罗地亚
黑山
塞尔维亚
前南马其顿
土耳其

独立国家联合体
亚美尼亚
阿塞拜疆
白俄罗斯
格鲁吉亚
哈萨克斯坦
吉尔吉斯斯坦
摩尔多瓦
俄罗斯联邦
塔吉克斯坦
土库曼斯坦
乌克兰
乌兹别克斯坦

南亚
阿富汗
孟加拉国
不丹
印度
马尔代夫
尼泊尔
巴基斯坦
斯里兰卡

东南亚和太平洋地区
东南亚
文莱
柬埔寨
印度尼西亚
老挝
马来西亚
缅甸
菲律宾
新加坡
泰国
东帝汶
越南
太平洋岛国
斐济
巴布亚新几内亚
所罗门群岛

东亚
中国
中国香港
朝鲜
韩国
中国澳门
蒙古
中国台湾

拉丁美洲和加勒比地区
加勒比地区
巴哈马
巴巴多斯
古巴
多米尼加共和国
瓜德罗普岛
圭亚那
海地
牙买加
马提尼克
波多黎各
苏里南
特立尼达和多巴哥
中美洲
伯利兹
哥斯达黎加
萨尔瓦多
危地马拉
洪都拉斯
墨西哥
尼加拉瓜
巴拿马
南美洲
阿根廷
玻利维亚
巴西
智利
哥伦比亚
厄瓜多尔
巴拉圭
秘鲁
乌拉圭
委内瑞拉

中东
巴林
伊朗
伊拉克
约旦
科威特
黎巴嫩
阿曼
卡塔尔
沙特阿拉伯
叙利亚
阿联酋
巴勒斯坦被占领土
也门

北非
阿尔及利亚
埃及
利比亚
摩洛哥
苏丹
突尼斯

撒哈拉以南非洲
东非
布隆迪
科摩罗
厄立特里亚
埃塞俄比亚
肯尼亚
马达加斯加岛
马拉维
毛里求斯
莫桑比克
留尼旺
卢旺达
索马里
坦桑尼亚
乌干达
赞比亚
津巴布韦
中非
安哥拉
喀麦隆
中非共和国
乍得
刚果
刚果民主共和国
赤道几内亚
加蓬
南非
博茨瓦纳
莱索托
纳米比亚
南非
斯威士兰
西非
贝宁
布基纳法索
佛得角
科特迪瓦
冈比亚
加纳
几内亚
几内亚比绍
利比里亚
马里
毛里塔尼亚
尼日尔
尼日利亚
塞内加尔
塞拉利昂
多哥